◀ 孔繁敏

▲ 1970年在北京大学校门口留影

▲ 在北京大学未名湖畔读书

◀ 1980 年与导师邓广铭先生及师兄张希清在一起

◀ 1985 年在吴小如先生家中

▶ 1989 年启功先生赠送的诗作

◀ 2006年与何振梁先生在一起

▶ 2008年与潘懋元先生在一起

▲ 孔繁敏部分著述书影

▲ 2009年北京联合大学应用文理学院党委集中学习合影

▲ 所带研究生在教师节之际慰问导师

▲ 为毕业生颁发证书

▲ 2010年校庆25周年与部分老领导在一起

▲ 参加北京奥运培训工作研讨会

▲ 做客雅虎讲堂

▲ 1998年在中央电视台《千秋史话》中讲《包拯》

▲ 2005年参加北京市属市管高校正职领导干部赴美教育管理培训

▲ 2010年与同事在希腊考察

▲ 2013年为建开封包公司法文化博物馆在合肥包公祠考察

▲ 在书房中

▲ 全家福

学知学术文库

敏 学 集
——孔繁敏文集

学苑出版社

图书在版编目（CIP）数据

敏学集：孔繁敏文集／《敏学集：孔繁敏文集》编委会编．－－北京：学苑出版社，2015.9
ISBN 978-7-5077-4852-9

Ⅰ．①敏… Ⅱ．①敏… Ⅲ．①史学－中国－文集 Ⅳ．①K207-53

中国版本图书馆 CIP 数据核字（2015）第 215039 号

出 版 人：孟　白
责任编辑：刘　丰
出版发行：学苑出版社
社　　址：北京市丰台区南方庄 2 号院 1 号楼
邮政编码：100079
网　　址：www.book001.com
电子信箱：xueyuanpress@163.com
经销电话：010-67601101（营销部）、67603091（总编室）
印 刷 厂：河北鑫宏源印刷包装有限责任公司
开本尺寸：787×1092　1/16
印　　张：19.5
字　　数：325 千字
版　　次：2015 年 10 月第 1 版
印　　次：2015 年 10 月第 1 次印刷
定　　价：88.00 元

《学知学术文库》编委会

主　　任：张连城　张宝秀
副主任：唐小恒　贾　方　王　彤　林　强
委　　员：(按姓氏笔画排序)

王　平　王　彤　吕俊杰　劳凤学
杜剑峰　张连城　张宝秀　张景秋
林　强　孟　斌　洪　文　赵　卓
唐小恒　贾　方　顾　军　聂延平
韩建业　谢永宪　董　媛

本书编委会

主　任：张连城

副主任：顾　军　杨丽华

委　员：(按姓氏笔画排序)

　　　　马金萍　王云松　吕红梅　杨丽华

　　　　杨　敏　张连城　顾　军　韩建业

《学知学术文库》总序

2015年,恰逢北京联合大学办学三十七周年(成立三十年)之际,更是"十二五"发展收官之年,北京联合大学应用文理学院于年初决定编辑出版《学知学术文库》,以资纪念。《学知学术文库》以北京联合大学应用文理学院的学科专业体系为框架,以各学科专业的带头人、资深教授为基本线索,精选他们的科研成果代表作,汇集成册,陆续编辑出版,坚持下去,蔚为大观,或不负"文库"之名。

我们的国家正处于前所未有的振兴时期。今天我们深刻感受到中华民族追求中国梦的民族自信、坚强和力量,其中包含着祖国历史的悠久绵长和民族文化的博大精深,这是我们赖以生存发展的不竭生命源泉。中国特色社会主义伟大实践推动着学术的繁荣与发展、实践的开拓与创新。学术研究作为高校的四大职能之一,重在传承和创新,科学、规范、系统和学科的综合交叉研究,显示出人类社会及其科学文明的不断进步与发展。高校的学术研究更是以推动学校教学工作和学科建设、促进国内外学术交流、适应为国家培养高级专门人才的需要、更好地发挥作用为己任。有历史,社会才有积淀,久而文化生成,人相继,代相传,脉脉承载,根基永固。这即是编辑出版本套文库的宗旨之所在。

编辑学术文库,并不是一件很特殊的事情,各类学术文库说不上汗牛充栋,也是比比皆是,诸如西方学术文库、上海三联学术文库、明清史学术文库、日本学术文库等。本套学术文库之所以用"学知"命名,一则缘于北京联合大学应用文理学院地处首都北京中关村科学城核心区的学知桥畔;二则缘于学院近来探索创建的学知书院;三则所谓"学以致其道,知者识与觉。

大学之道在于明德至善，格物以致知"。"学知"二字蕴含了"学而知之，学以致用，知行合一"的本义，是高校人才培养的基本指归。读书乃孕正气，学问以解国忧。北京联合大学应用文理学院几十度春华秋实，有声有色，有韵有律，以往的记叙不仅有难以忘怀的记忆，更有累代师资在学科专业建设中饱含心血、热情、才智的不懈探索，在科研领域的执着前行。这一切都是值得纪念的，也是不可多得的财富。这种积淀是学院得以发展的潜力和底蕴，是聚集起来继续奋发前行的力量。这套汇聚诸位教授多年研究成果的学术精品，以《学知学术文库》命名，自然是题中之意、缘由所在了。

北京联合大学，是改革开放的产物，是教育部于1985批准设立的综合性普通高等学校，其前身是1978年建立的30多所大学分校。应用文理学院，是北京联合大学下属的一所二级学院，从1978年建立的北京大学分校和中国人民大学二分校始，到1985年并入北京联合大学更名为北京联合大学文理学院和北京联合大学文法学院，再到1994年两院合并为北京联合大学应用文理学院，至今已走过了三十七个春秋。三十七年来，学院传承了老大学优秀的文化基因，在承继北京大学和中国人民大学部分基础性学科专业的基础上，为适应首都北京经济社会发展需要及高等教育大众化的变化，从20世纪80年代开始，开展深入调研和科学论证，探索发展应用文科、应用理科学科专业方向，优化学科专业结构，深化学科专业调整，逐步实现了学科专业由基础型向应用型、复合型的转变。

《学知学术文库》第一辑编辑出版六本文集，是由应用文理学院现有六个教学系各推荐一位学术造诣高、对学科专业发展起了重要作用、已经荣退的知名专家学者，收集他们多年发表的学术论文、研究报告等优秀科研成果，总结归纳，汇编而成。具体包括法学学科刘隆亨教授的《砺行集》、食品科学学科金宗濂教授的《食学集》、地理学学科张妙弟教授的《蓟草集》、新闻学学科周传家教授的《采菊集》、历史学学科孔繁敏教授的《敏学集》和档案学学科贺真教授的《兰台集》。本辑呈现了六位专家学者多年的学术探讨与实践收获，从史事探究、文献辑考，到戏曲文学、曲韵舞律，从史册档案、管理编研，到法治建设思想、制度政策研究，从地理生态研究、北京城市建设，到保健食品功能因子及作用机理研究、基础材料研究，既有宏观概括，又有微观分析,既有深入的理论探讨,也有具体的对策建议,既有基础科学研究,又有应用理论探索。

这套文库的核心与灵魂就是在于真实地展示学院的办学历程、发展足迹与不懈探索。这不仅是应用文理学院学科专业学术研究的成果荟萃,更是北京联合大学学术研究筚路蓝缕的纪念,是学术文脉薪火相递的传承。

《学知学术文库》编委会
2015 年 9 月 北京

序

  我与繁敏学兄相识于1992年秋。当时，中国首次包拯学术研讨会在河南开封举行，我们作为来自高等院校的与会代表，研究方向又同为宋史，会议期间交谈颇多，并由此结缘。

  在此后的二十多年里，我们互通信息、参加学术交流、合作申报国家社科课题。2004年我们一起完成了国家社会科学基金项目，并出版了《中国古代监察制度发展史》专著，2005年获河南省社会科学优秀成果一等奖。

  2013年7月，河南省高级人民法院与开封市中级人民法院筹建包公司法文化博物馆，邀请我组建专家队伍，我想到的第一个人就是繁敏教授。因为繁敏教授不仅是海内外著名的包拯研究专家，而且做事认真、责任心强。不出所料，繁敏教授上任后，很快成为专家组的核心成员，肩负起了撰写展陈脚本的主体重任，为开封包公司法文化博物馆建设做出了突出贡献，多次受到河南省高级人民法院与开封市中级人民法院领导的表扬。

  繁敏教授勤奋刻苦、毅力坚强。他长期担任学校领导职务，大部分的精力必须用在行政岗位上，要搞专业研究必须另挤时间。他以坚强的毅力，一般早晨5点左右起床，学习研究专业约1个半小时后吃早饭去单位上班，常年如此，养成了早起学习研究的习惯。这种锲而不舍的耕耘精神，令人佩服。

  繁敏教授喜欢读书、酷爱藏书。他根据自己学习研究的需要，在领导岗位上时常利用节假日到图书馆阅读书，退休后依然在国家图书馆办理了"读者卡"。读书成为他生活中的重要内容。他生活俭朴，但特别舍得花钱买书，并有逛书店、书市的习惯。读书、藏书已成为他生活中的一种享受。

  繁敏教授在包拯研究方面有很高的造诣，被誉为我国研究包拯第一人。他撰写的《包公年谱》及发表的系列高质量论文，在学术界产生了重要影响。其代表作《包拯研究》由中国社会科学出版社1998年出版，是研究包拯里程碑式的专著。曾任宋史研究会长的王曾瑜先生赞誉这部著作是"研究包拯的大全之作"。王先生评价说：该专著中所用"史料丰富程度不但是空前的，如果没有新的考古发现，也可能是绝后的"；对记载有关包拯文献的版本、史实诸问题的"考订精详"；对包拯的历史地位和影响"评论准确，不虚美"；对包公故事与清官文化及其在海外的流传和影响，作了系统地梳理，并提出了"精当的见解"。王先生感叹道："不论从哪个角度看，将《包拯研究》称之为研究包拯的大全之作，一部有高度科学性和思想性作品，是并不过誉的"（王曾瑜《研究包拯的大全之作》，《炎黄文化研究》第6期）。

繁敏教授是我国奥林匹克体育文化研究领域的开拓者之一。北京成功申办第29届奥运会之后，他开始探讨奥林匹克文化，曾主持"奥林匹克文化"、"北京体育文化"、"中央苏区体育文化"等多项省部级科研项目，率先在高校成立了奥林匹克文化研究机构，为本科生、研究生开设了"奥林匹克文化"选修课程，将科研与教学有机地结合起来，为奥林匹克体育文化的研究和普及做出了突出贡献。

繁敏教授积极探索地方本科院校改革理论。他曾在《中国高等教育》、《北京教育（高教版）》等刊物上发表了《应用型教育的抉择与探索》、《关于创建应用型大学的几点思考》多篇有分量的论文，主编出版了《建设应用型大学之路》等著作，承担了国家社科基金重点项目子课题"做强地方本科院校"、教育科学研究课题"应用型本科人才培养模式及途径的实践探索"等项目的研究工作，为地方本科院校走出传统办学模式、培养应用型创新人才进行了拓展性的理论探讨。

繁敏教授对中国古代监察制度、宋代军事及文献研究也有多种成果问世。其专著《国史镜鉴（谏诤篇）》、合著《中国古代监察制度发展史》、《二十五史导读词典》，以及有关南宋兵制演变、《宋史》诸志考证等成果，在学术界产生了重要影响。

宋代王安石诗云："看似寻常最奇崛，成如容易却艰辛。"细品繁敏教授的学术研究内容，除史学之外，又涉及了高等教育、奥林匹克体育文化，并取得了突出的成就，这其中饱含的艰辛可想而知。

在繁敏学兄文集即将出版之际，我赞叹他的勤奋精神，祝贺他取得的丰硕成果，同时也衷心祝愿他学养结合，实现学而寿，不仅"敏学"，而且"敏寿"。是为《敏学集》之序。

贾玉英

2015年9月于河南大学

（作者系河南大学历史文化学院二级教授、历史学博士、博士生导师、享受国务院特殊津贴专家）

自 序

回顾我的学术经历,要特别感谢两位学术大师——邓广铭与吴小如。我作为北京大学历史系首届工农兵学员,1973年留校工作以后,中国古代史教研组安排我跟邓先生学宋史。邓先生根据我初中生的学历基础,布置我读史学基本书:司马光《资治通鉴》,陈邦瞻《宋史纪事本末》、《元史纪事本末》,邓之诚《中华二千年史》(明清部分)。我用了两年左右时间读这些书,其间有检查总结汇报。1979年考上邓先生的研究生后,一方面安排我考证《宋史·兵志》,再是参与编写《中国通史参考资料》(宋辽金部分),由此打下历史研究的基本功。邓先生对我写字、写论文都提出严格要求。批评我字迹潦草,"可能写信你爱人都看不懂"(当时两地生活),建议我看看鲁迅、郭沫若的书信。写论文要特别注意逻辑性,可看一些名作,例如斯大林的论著。一个含义的表达可能有一百个用语,总有一句最合适,关键在下功夫。这些教诲我铭记在心。

我在研究生毕业留校后,参与校点宋代一部重要史书——赵汝愚《宋朝诸臣奏议》,具体由吴先生审核。我当时为讲授好外国留学生的文史知识课程,还选学了吴先生的中国古代文学史课程。又由于我们同住中关村,相互往来较多。吴先生曾在《中华读书报》的采访中说,他1982年从北大中文系调到历史系工作以后,"只培养了一个人——孔繁敏"。吴先生是多才多艺、"学术警察"式的严师,当面或通过信件对我指教颇多。不仅在学术上多次修改或推荐我的论著,而且在思想上提出很多警示意见。我还保留吴先生给我写的十几封信件,其中一封信中特别提醒我:"你勤奋细心,是优点;但外界的舆论总认为你有点自傲。我看,'学然后知不足',谦虚谨慎一点没有坏处。我前半生就吃了狂傲的亏。愿与君共勉。86年3月7日。"吴先生的言传身教一直砥砺我前行。

我在高校学习工作四十多年,尽管工作岗位有一些变化,但一直养成了读书写作的习惯,力所能及开展教学活动。为大学本科生与研究生开设的课程主要有《中国古代史》、《中国古代政治制度史》、《中国传统文化专题》、《历史文献学》。本来学术研究方向为中国宋代历史,硕士论文为《南宋兵制研究》,具体涉及政治军事制度、古籍整理、人物研究较多,但因调到北京联合大学以后,有近十五年时间担任高校教育领导工作,工作需要又用心研究教育管理及教育大众化背景下的应用型本科人才培养。主持编著《建设应用型大学之路》(北京大学出版社),算是对我校探索历程的重要记录。应用型人才也已成为高校培养的重要人才类型。2001年7月北京成功获得2008年第29届奥运会举办权,我为服务奥运又研究奥林匹克、中央苏区及北京地区体育文化的理论与实践。尤其是我的奥运情结浓重,申报成功两个有关奥林匹克方面的省部级课题,课题成果《奥林匹克文化研究》(人民体育出版社)、《北京体育文化研究》(光明日报出版社)皆正式出版。又用三年时间主持编写《走向成功——北京奥运会组织运行工作报告》(北京体育大学出版社),作为北京2008年奥运会文化遗产上报国际奥委会。这是我颇感自豪、欣慰的成果。历史是一切学科的重要基础,历史易于触类旁通,历史应为现实服务。主要由于工作与现实需要,我的研究方向,从中国宋代历史又拓展到高等教育、体育文化,形成三个主要方向。而其科研成果,也几乎是"三分天下",各占其一。

宋代学者吴缜在《新唐书纠谬》序中说:"为史之要有三:一曰事实,二曰褒贬,三曰文采。"尊重历史事实,"不虚美、不隐恶",是最重要的史德,当然兼备史识、史才等就更好了。我在学术研究中,比较注重三点:考据、创意与应用。历史研究历来重视考据,亦即要详细占有、鉴别、考证史料,尽量对所需史料"一网打尽"。这要付出较多智力与体力。我写的论著引文较多,看起来比较费劲,但符合科研的基本要求。我有少数文章是整理讲课或讲座稿,只是梳理强化已有研究成果。多数论文力争有些创意,或有一些新东西。学术前辈的成果既要继承弘扬,也要发展创新。我特别反对盲目轻信，甚至扭曲拔高。当然我的创意是否立得住，也要经得起大家或时间检验。我从北大到联大，学术也从基础偏向应用，强调"学以致用"。这既体现在研究方向的扩展，也体现在研究成果的应用。如清官包拯的研究成果，应用到合肥、开封等地建立包公廉政文化教育馆、包公司法文化博物馆中。

这次整理学术文集，主要从发表的约百篇学术文章中（有个别属合作或内部发表的文章），编选以史学为主的有代表性的22篇，略分史事探究、文献辑考、清官包拯、文化随笔四类。其中史事探究重点是宋代兵制与古代谏诤，文献辑考重点是《宋史·职官志》与《宋朝诸臣奏议》，清官包拯重点是生平事迹与历史评价，文化随笔重点是"清官"含义演变与长城文化。原作格式五花八门，这次分类编选进行了大致统一的调整，对个别不确字句进行了校改。编选的内容涉及历史研究中的某些热点话题，或属薄弱及争议问题，特别其中有与史学界信奉、流行的观点（如《宋史·职官志》史料来源）不同的见解。本着"学术贵在求真"的态度，将此编选出来，便于大家借鉴、指教。

《论语》中有"敏而好学"名句，我的禀赋不能说"敏"，然与我名相关；"好学"我扪心自问践行了。故借其字为书名。

2015年6月

孔繁敏小传

一、从故乡大连到丹东岫岩插队

孔繁敏于1950年1月22日出生在渤海之滨——大连。父母都是从山东烟台"闯关东"到大连的。父亲按孔家辈分取"庆"字，排在73代。或是受传统的儒家"唯有读书高"思想影响，父亲在老家读过私塾，写字漂亮，到大连后虽然为生计忙于经商，但对孩子的学习仍很在意。比如，孩子在家看书可以不干家务活，考试成绩五分（五分制）可奖励五分钢镚，每年过年前夕必须给外地亲戚长辈写拜年信。孔繁敏的基础教育是在黄河路小学、大连二十五中度过的。在他的印象中，老师都很慈祥、严厉，权威性超过家长。他的学习成绩长期在班里排到中上等，中学时曾任班级学习委员。至今，与小学、中学的同窗、玩伴还保持联系。

1966年夏"文化大革命"爆发，学校"停课闹革命"，处于无政府状态。孔繁敏正值初中毕业，虽不谙世事，却抱着一种参加"革命"的心，参与红卫兵运动。当时激进的批判、狂热的争斗、混乱的秩序，给年轻人的成长带来迷茫。

1968年秋，红卫兵运动被新的"知识青年上山下乡"运动所取代，他又与大连二十五中学生唱着《红太阳照边疆》，背起行囊，到辽宁省丹东市岫岩县红旗公社长征大队当上了一名知青。他和"青年点"的同学一起战天斗地，充满豪情。当时生活特别困难，平常饭基本是粗粮玉米楂子粥，白面少见、肉星难得。生产队学大寨、修梯田，要扛石头、垒石墙，中午在田间喝楂子粥，知青大都能喝七八碗。当时有一个"老革命"杨大娘（杨昆岚）下放到长征大队，看孔繁敏表现积极，发展他入了党。他又被村里选为政治队长，被推荐为辽宁省知青"活学活用"毛泽东思想积极分子。这段经历他留下较多日记资料。当时《丹东日报》三次报道他的事迹，题目是《在毛泽东思想阳光下茁壮成长》（1969年7月8日）、《在三大革命中锻炼成长》（1969年12月22日）、《伟大的毛泽东思想哺育我成长》（1970年8月22日）。

二、从"文革"中北京大学首届工农兵学员到改革初首届研究生

1968年7月，毛泽东主席讲大学还是要办的，但要从有实践经验的工人农民中间选拔学生。1970年8月，部分大学开始招收工农兵学员。由于孔繁敏在农村表现突出，通过政审、体检等一系列程序，得到正式通知，成为北京大学历史系首届工农兵学员。

北大历史系首届工农兵学员146人，分成9个班，孔繁敏在第五班。当时的北大在"文革"的风口浪尖上颠簸起伏，不断开展的"教育革命"，使学生学业大受影响。但众多堪称满腹经纶、学贯中西的专家、学者、教授热衷于教学科研，又哺育着莘莘学子健康成长。刚20岁的孔繁敏虽然仅有初中文化程度，学业基础薄弱，但思想单纯上进，学习用功上心，成绩也不错。学习期间，他担任过班党小组长、班长、学校学生会宣传组组长。毕业留校后做教师，兼任师生合编中国古代史教研室党支部书记、1973级工农兵学员班主任。专业方面安排到中国古代史教研室学习历史。留校后他系统听了邓广铭先生给中国史1973级工农兵学员等讲授的宋辽金史，为其博学、严谨所感染，促使他后来报考邓先生的研究生。

当时北大工会还利用晚间开日语班，他自愿参加，坚持学习。当1979年北大历史系首次招收中国史研究生时，他顺利通过全国统一考试，也成为北大历史系首届工农兵学员中唯一考上研究生的人员。当时许多工农兵学员没能考研究生，主要因外语不行，而他得益于利用业余时间学了外语。研究生期间他选择宋代兵制为研究方向，经过系统的科研训练，使他真正走上历史研究之路。

三、从北京大学中国中古史研究中心到北京大学分校

1982年，孔繁敏从北京大学研究生毕业后又留校在中国中古史研究中心

工作，继续研究宋代历史和整理古籍，兼任党支部书记。主要工作在学术大师邓广铭、吴小如先生指导下校点赵汝愚《宋朝诸臣奏议》，从抄写原稿、查阅诸书，到斟酌修改定稿，大致用了三年时间。其间他利用接触到的丰富资料，对感兴趣的包公生平及奏议进行了系统考证梳理，独立编写了史料价值极高的《包拯年谱》。这一段经历不仅使他筑牢历史研究的基本功，而且大致确定了科研方向。

1986 年，孔繁敏从北京大学历史系调到北京大学分校（即后来的北京联合大学应用文理学院）历史系工作，担任历史系党支部书记兼副系主任。系里教学任务重，他主要讲授《中国古代史》、《中国传统文化专题》等课程。1993 年他得到日本国际交流基金资助，进修半年日本语，回国以后又开设了日本语课程。科研方面侧重宋代军事制度、清官包拯以及历史文献研究。

北京大学分校实属地方院校，着重为地方培养应用型人才。当时学校大力推进学科专业从基础学术型向复合应用型转变。历史系的改革首先关注北京市对史学人才的要求，加强文史基本功训练，增开写作课、北京史、文物博物馆课程等。历史学科专业调整方向主要集中在历史学（文物博物馆）、文秘（行政管理）以及文博导游三个方面，同时通过举办夜大、短训班等进行试点。孔繁敏与系主任朱耀廷教授等同事紧密合作，大力推进历史学科的改革。这为历史系后来成为校级重点建设学科、北京市特色专业、硕士学位授权点等奠定了基础。

四、从北京联合大学教师走到局级党政领导岗位

1997 年以后，孔繁敏先后任北京联合大学应用文理学院副院长、院长和党委书记。从大学教师走到党政领导岗位，主要原因是当时北京市改革干部任免制度，实施公开招聘局级领导干部，他当时是后备干部人选，符合竞聘条件。竞聘结果他名列前茅，自此走到局级党政领导岗位，直到 2011 年退休。

在北京联合大学应用文理学院领导岗位上，要用较多时间与精力投入分管的工作。他在工作当中特别注意按照总揽全局、协调各方的原则，围绕学

院中心工作，协调好领导班子和各部门关系，保证重要工作的贯彻落实。他善于抓办学理念特色，抓领导班子民主管理，抓教育质量关键环节。鉴于近些年我国教育规模的扩大和高校培养类型的分化，他重视树立体现时代发展要求的治校方略和崭新的大学理念，不断思考教育规律与改革措施。他先后在《中国高等教育》、《北京教育（高教版）》等发表《应用型教育的抉择与探索》、《关于创建应用型大学的几点思考》等文章，阐明办学理念与办学定位，总结提升实践探索经验。他在履行工作职责的同时，尽量挤时间从事一些教学科研工作，被同事们称为平实型学者、学习型领导。他的教学科研成果主要涉及以下三个方面：

第一，创新应用型本科人才的培养模式

我国高等教育领域长期实行的是精英教育，培养学术型人才。而随着我国经济建设和教育发展，社会急需大量的应用型人才。孔繁敏在高校较早开展了普通本科院校适应大众化教育的实践，不断探索应用型本科人才的培养模式。主持编著的《建设应用型大学之路》一书获北京市第五届教育科学研究优秀成果二等奖（2008年）。承担中国高等教育学会"十一五"教育科学研究规划课题《应用型本科人才培养模式及途径的实践探索》，其研究成果获北京市高等教育学会"十一五"高教研究规划课题优秀成果一等奖（2011年）。承担国家社会科学基金"十一五"规划2008年度教育学重点课题子课题《做强地方本科院校》，高等教育研究的开拓者潘懋元称其研究成果《应用型本科人才培养的实证研究》（2010年），"为地方本科院校走出传统的'精英教育办学理念'和'学术型'培养模式，培养数以千万计的具有适度坚实的理论基础、能够较好地运用专业知识、解决生产和生活实际问题的应用型创新人才，提供了许多参考依据与实际经验"。

第二，开拓奥林匹克体育文化研究领域

2001年北京成功申办第29届奥运会以后，孔繁敏开始用较大精力探讨奥林匹克文化，在高校率先成立了奥林匹克文化研究机构，为本科生、研究生开设了奥林匹克文化选修课程。主持有关奥林匹克文化、北京体育文化、中央苏区体育文化等省部级研究项目。2007年3月被北京奥组委聘为首批北京奥运会、残奥会志愿者通用培训专家，在北京市各高校、政府机构等培训数十场，受到北京奥组委表彰。2007年12月当选为北京奥运经济研究会副会长兼常务理事。组织编写《汉英北京2008年奥运会、残奥会常用词语手册》，为诸多北京奥运工作者及信息交流提供便利。通过招标项目，主持编写《走向成功——北京奥运会组织运行工作报告》，写作团队历时三年多，反复斟酌修改，形成图文并茂的精品，已作为北京2008年奥运会文化遗产上报国际奥委会，并获北京奥运城市发展促进会颁发的荣誉证书（2010年）。他为北京奥运所做贡献，收入中共北京市委教育工委、北京市教委编《我们的足迹——北京高校奥运工作先进人物事迹汇编》（北京师范大学出版社2008年版）一书中。

第三，研究及传播中国优秀传统文化

中国古代史、宋代历史文化是孔繁敏的研究根基。在走到领导岗位后，他力所能及为本科生、研究生开设中国史专题课程，承担一些国家或北京市研究课题。教学中特别注意针对学生特点，进行历史研究的基本功训练，包括如何查阅资料、撰写研究动态、背诵基本知识等；同时注意将最新科研成果引入相关教学内容中，与学生互动讨论，激发学生思考与创新。他的研究特点是注重基础考据、史论结合、经世致用，具有代表性的研究成果为《包拯研究》。原中国宋史学会会长王曾瑜高度评价《包拯研究》一书"为研究包拯的大全之作，一部有高度科学性和思想性作品"。他对宋代史学、政治军事制度等也涉猎较多，有专著《国史镜鉴（谏诤篇）》以及合著《中国古代监察制度发展史》、《二十五史导读词典》等成果问世。所撰《〔宋〕赵汝愚国朝诸臣奏议初探》获北京市高等学校第二届哲学社会科学中青年优秀成果奖。他还曾兼任全国高等教育自学考试指导委员会文史专业委员会委员、中国国学文化艺术中心研究员、北京大学社会文化研究所兼职研究员、江西师范大学硕士研究生导师等。

五、退休后仍然忙碌着

孔繁敏退休前已被学校聘为二级教授。2011年退休以后，继续发挥自己

的专业特长，参与有关国学教育、北京学研究、教学督导等工作。由北京联合大学党委返聘，约两年多时间，担任学校校志校史工作小组组长，参与《北京联合大学校志（2001—2010）》的编纂和校史展陈工作。

热心老教授事业，长期担任中国老教授协会体育科学专业委员会常务副主任，组织一年一度体育工作研讨会。他酷爱网球活动，为北京联合大学网球队成员，经常以赛代练、以球会友，曾获2014北京高校第22届教职工网球赛老年组男子双打第一名。2013年被中国逻辑与语言函授大学聘为执行校长，还兼任北京改革和发展研究会副会长、京张冬奥研究中心副主任，参与合肥、开封等地弘扬包公文化等工作。他在退休以后，积极作为，仍在教育文化战线上发挥余热。

2015年6月

目 录

史 事 探 究 ········· 1
唐代广东的佛教 ········· 2
略论北宋初年的中央集权 ········· 18
南宋初年的诸大将兵 ········· 24
南宋的三衙诸军 ········· 41
略论中国封建皇帝的后妃 ········· 52
论中国古代谏诤的几个问题 ········· 62

文 献 辑 考 ········· 73
漫谈元修辽金宋三史 ········· 74
危素与《宋史》的纂修 ········· 86
新版《宋史·兵志》校点补正 ········· 98
《宋史·职官志》史料来源考辨 ········· 108
赵汝愚《国朝诸臣奏议》初探 ········· 130

清 官 包 拯 ········· 159
包拯、清官与廉政 ········· 160
包拯的法治思想与断案特色 ········· 173
包公的人格魅力与历史价值 ········· 184
包公传说研究 ········· 190
从台湾包公庙看海峡两岸文化之传承 ········· 202
附1：《包拯研究》题记 ········· 207
附2：研究包拯的大全之作 ········· 210

文化随笔 ·· 213
  文化的多元交融与竞争 ································ 214
  宋元时期"清官"含义的变化及其原因 ················ 220
  元朝的两都巡幸及长城边塞诗 ·························· 231
  历史丰碑,文学瑰宝——长城沿革与长城诗歌 ········ 236
  我所敬重的吴小如先生 ································ 256
  回忆当工农兵学员的那些事 ···························· 265

附录:著述目录 ·· 280

史事探究

唐代广东的佛教

印度佛教自东汉永平年间（58—75）开始传入中国，经过六朝隋唐的传播，其对汉文化的影响是十分深刻和广泛的，但由于佛教"在印度传播地区与时间之不同，及其辗转入华之时间与道路之不一，而其在华流传所受各地历史与文化之影响，亦多歧异"①，因此其在华分布的区域状况及其影响乃至嬗变是各具特色的。本文拟就此角度，探讨7至10世纪广东地区佛教的传播状况，及其融合、汇聚、发展中所体现的文化传播的规律及其变异。

一、唐代广东佛寺地理分布及其特点

今日广东地区大致相当于唐代岭南道东部的广、韶、循、潮、冈、康、泷、端、新、封、潘、春、勤、罗、辩、高、恩、雷、窦州，及江南西道西南角的连州，计20州，91县。② 据笔者辑考，③ 其中12州、25县内有佛寺分布，仅占该区的27.5%。其具体分布如下表所示：

州名	县名	佛寺数目	合计
广州	南海	17	28
	番禺	3	
	清远	3	
	浈阳	4	
	四会	1	

---

① 罗香林：《唐代广州光孝寺与中印交通之关系》，中国学社，1960年。
② 此据唐开元二十九年建制。中晚唐冈州并入广州，连州改属岭南道，见《旧唐书》卷41、《新唐书》卷43《地理志》。
③ 笔者依据《续高僧传》、《宋高僧传》、《景德传灯录》、阮元《广东通志》及唐宋人文集中与岭南相关的碑铭诗文，辑出唐时广东佛寺，删刘同寺异名及断限不详诸寺，尚得107所。

续表

州 名	县 名	佛寺数目	合 计
韶州	曲江	15	26
	乐昌	1	
	仁化	2	
	翁源	2	
	始兴	2	
	浈昌	4	
冈州	新会	3	3
康州	端溪	1	1
循州	归善	3	11
	博罗	7	
	兴宁	1	
潮州	海阳	1+1	11
	潮阳	3+1	
	程乡	2+3	
泷州	永宁	1	1
端州	高要	6	6
新州	新兴	12	12
恩州	阳江	3	3
雷州	海康	2	2
连州	桂阳	3	3
12州	25县	107	107

岭南易火，梵刹保存不易，① 多有兴衰迭废。本拟分期讨论该地区佛寺

---

① 《唐大和上东征传》。

分布状况,但限于部分佛寺兴建起始年限不详,难于归类,故本文所辑皆为绵历至唐末或晚唐兴建的佛寺,计107所。换言之,本文所讨论的是晚唐时广东地区的佛寺分布状况。该地区佛寺地理分布大势有如下特点:

其一,北疏南密,区域内分布极度不均衡。粤北地区除了韶州密集分布区孤峙北部,周围是大片的空白区,而沿海九州的沿海县面积不足全区1/4,佛寺却有43所,占全区40%强。

其二,纵贯南北的"人"字形带状分布。以广州为核心,北至郴、虔州,西南至桂、雷州,东南至潮州的几条交通干线囊括了全境107所佛寺中的101所,占94.4%。

其三,绝大部分佛寺都分布在由广州经虔州、郴州、桂州至长安、洛阳的交通干线上。尤其是张九龄开凿的大庾岭新路沿线,分布佛寺48所,占全广东佛寺的44.9%。

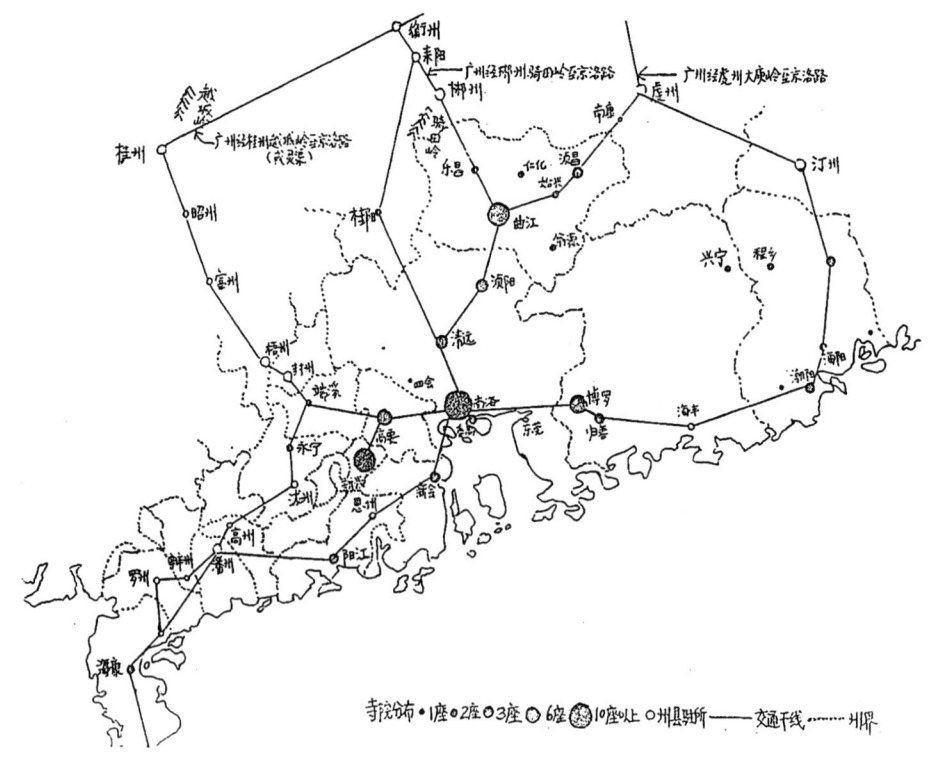

唐代广东佛寺地理分布图

广东境内唐代佛寺沿交通干线分布的特点，反映了该地区佛教发展的内在品质。如若我们将视野扩展到五代、宋，就会发现，广东境内佛寺分布虽仍极不均衡，但广大空白区纷纷被填充，佛寺几乎遍布境内每个县。① 如此反差，颇引人深思。又依唐令式，天下诸州皆必置佛寺。即使在武宗会昌五年（845）毁寺灭佛之际，各地上州尚且保留一所佛寺，以备国忌日行香。至宣宗大中元年（847），不仅恢复已毁诸寺，而且"诸道管内州，未置寺处，宜置僧尼寺各一所，每寺度三十人"②。虽然广东境内仅广州为中都督府，余皆为下州③，据令式亦合置佛寺数所，但就我们辑考所及，广东佛寺实际分布却非如此。唐代广东地区佛寺地理分布的如此特点，与岭南佛教发展内在联系究竟如何？本文将予以深入探讨。

二、唐代广东佛寺宗派传播及其变迁

自六朝至唐，随着东西方海上交通的发展，由海道往来中印之间的中外僧侣大德日渐增多。尤其是唐代，海道更盛往昔，已经取代了陆路。往来海上的中外诸僧，什九皆取路广州放洋、登陆。④ 广东作为必经之途，佛教诸家宗派在此流播传布，可想而知。

细绎史乘，影响此地较大的约有律宗、密宗及禅宗，试分述如下。

（一）律宗

自东晋隆安年间（397—401），"善诵毗波沙律"，人咸号"大毗波沙"的罽宾僧昙摩耶舍自海道达广州，住白沙寺，传法授众始⑤，梵僧在广州创设戒坛⑥，翻译僧律⑦，内地律师亦至此弘扬律学⑧，厥风所及，此地律学之风甚盛。爰及唐代，西行求法高僧中，"善闲律典，兼解瑜伽"的义朗律师、

---

① 阮元修：《广东通志》卷229《古迹略·寺观》。
② 《唐会要》卷48。
③ 此据唐开元二十九年建制。中晚唐冈州并入广州，连州改属岭南道，见《旧唐书》卷41、《新唐书》卷43《地理志》。
④ 梁启超：《中国印度之交通》，载于《佛学研究十八篇》，中华书局，1989年。
⑤ 《高僧传》卷1《昙摩耶舍传》。
⑥ 顾光：《光孝寺志》卷6《法系志·求那罗跋三藏》。
⑦ 罗香林：《唐代广州光孝寺与中印交通之关系》，中国学社，1960年。
⑧ 《高僧传》卷12《释昙弘传》。

"薄善经论,尤精律典"的会宁律师、"学兼内外,戒行清谨"的昙光律师、"遍闲律部、偏务禅寂"的玄逵律师皆曾来过广东。尤其是苾刍贞固律师在粤弘传律学,奠定了律宗——南山宗在粤的地位。

苾刍贞固,梵名娑罗笈多,郑地荥川人。律学"南山宗"开创人释道宣的门徒,精研《四分律疏》,所谓"先后经十六年不离函丈,研穷诸部,淘炼诸家,将首律师疏,以为宗本"。学成以后,贞固律师到各地敷扬律学。唐武后垂拱年间(685—688)移锡桂林,"适化游方,渐之清远峡谷,同缘赴感。后届番禺,广府法徒请开律典……三藏道场讲昆奈耶教,经乎九夏,爰竟七篇,善教法徒,泛诱时俗……劝悟诸人,共敦律教"。贞固律师声望夙著,以至于他初至粤中,就有仰慕者赶赴清远峡谷求学;后至广州,更是应诸法侣的敦请,讲经长达三月之久。此种情形,一则说明了粤中律学素有根基,二则表明律学南山宗的影响开始深入到粤中。

贞固后离广北返峡山(今广东清远境内)广庆寺(又名峡山飞来寺),在寺主的支持下,重加营构,"旁开坛界,冀闻七聚之芳规。复欲于戒坛后面造一禅龛,立方等道场,修法华三昧。功虽未就而情已决然,布萨轨仪,已绍纲目"。在此期间,粤人多有遣送子弟"慕法奉师门"。由此可见,贞固本拟将清远峡山寺拓展为粤中律宗重地,且已初具规模。至永昌元年(689)十一月,贞固应义净之邀,赴室利佛逝国(今印尼苏门答腊岛)译经。六年后,重返广州,遂留岭南,"于三藏道场敷扬律教,未终三载,染患身亡"。贞固对于广东律宗之盛可谓殚精竭虑。

武后时期在广东弘传律教的尚有苾刍道宏,梵名佛陀提婆,汴州雍丘人。早年在峡山随父出家,"往来广府,出入山门"。后随义净、贞固赴室利佛逝国译经,"既至佛逝,敦心律藏,随译随写,传灯是望,重莹戒珠,极所钦尚"。后随义净返广州,与贞固共留岭南弘传律教。贞固死后,"道宏独在岭南"①。道宏既与峡山寺、贞固关系密切,推测其所以敦心律藏,必受贞固之影响,故其所传授,亦当属南山宗系统。

到了唐玄宗天宝九至十载(750—751),江淮一带远近闻名的授戒大师鉴真因第五次航海赴日传法失败,从海南经雷州半岛,绕广西、广东而北返,沿途登坛授戒,引起轰动。其在广东境内的行程为,"至端州龙兴寺……端州

---

① 以上见《大唐西域求法高僧传》。

太守迎引送至广州，卢（奂）都督率诸道俗出迎城外，恭敬承事，其事无量。引入大云寺，四事供养，登坛授戒……大和尚住此一春，发往韶州，倾城远送。乘江七百余里，至韶州禅居寺留住三日。韶州官人又迎引入法泉寺，后移开元寺，后巡游灵鹫寺、广果寺，登坛授戒。至浈昌县，过大庾岭"①。鉴真大师乃是道宣门下弘景的弟子，亦属律宗的南山法系。因此，鉴真沿桂州——广州——虔州一线立坛授戒所引起的轰动效应，不仅为南山律宗在岭南的发展推波助澜，而且广州都督亲自敦请受戒，显示了律宗推行中的政治色彩。

总括而言，六朝以来，广东境内律学甚盛，唐代此地主要流行南山律宗，传播地区大致以清远峡山寺、广州光孝寺为核心，② 北至虔州，西至桂州，与佛寺地理分布特点颇为吻合。

（二）密宗

早在东晋时期，岭南广东地区就有早期密教传入的迹象。③ 此后，经海道来华的梵僧大都传译有密咒。唐高宗时，中印度僧人那提三藏弘传大乘，兼及密教咒术，所"至即敷演，度人立寺，所在扬扇"。那提在华译有"八曼荼罗礼佛法阿吒那智等三经，要约精要，最可常行学"④。他曾先后四度经过广东境内，弘法所及，其于岭南密教的发展，必有裨益。更值得一提的是密教中的重要经典《楞严经》，就是在广州光孝寺，由梵僧释极量在神龙元年于《灌顶部》中诵出一品，名《大佛顶如来密因修证了义诸菩萨万行首楞严经》，译成一部十卷，房融笔受，循州罗浮山南楼寺沙门怀迪证译的。⑤ 而密宗的肇始人不空与广东的因缘颇深，曾于天宝元年（742），在广州法性寺，应采访使刘巨麟恳请，设灌顶法会，"相次度人，百千聚众"⑥。引起极大的轰动，以至于不空一行离广时，"采访以下、举州士庶大会，陈设香花，遍于海浦，蠡梵括于天涯，奉送大师，凡数百里"⑦。此后，密宗在粤中广为

---

① 《唐大和上东征传》。
② 罗香林：《唐代广州光孝寺与中印交通之关系》，中国学社，1960年。
③ 《高僧传》卷9《耆域传》。
④ 以上见《续高僧传》卷4《那提三藏传》。
⑤ 《宋高僧传》卷2《极量传》、《智慧传》。
⑥ 《宋高僧传》卷1《不空传》。
⑦ 新修大正《大藏经》卷2056《不空三藏行状》。

传播。

唐德宗建中初年（780—783），又有梵僧释智慧来到广州。智慧，梵名般若剌，北天竺人。他在来华前，曾蒙南北竺灌顶师达摩耶舍授《瑜伽法入曼荼罗三密护身五部印契经》，于一年诵彻三千五百余颂。智慧来华后，滞留南方达五六年，至贞元二年（786）方至京都。① 其于岭南密教的发展所起的作用，可想而知。

在今广州光孝寺有唐宝历二年（826）造立的《大悲心陀罗尼经》幢，系唐同经略副使、将仕郎、前守辰州都督府医博士，庐江郡何宥则，为亡兄节度随军、文林郎、守康州司马宥卿所造。罗香林先生以经幢所刻经属密教部，指出"似非与密宗稍有关系者，不克至是。意当日辰州地方，或何氏本人，或信仰密宗也"②。按：何宥则此举必与密宗有关，此不待言。然而宥则所立经幢既为亡兄奠，则此经必为乃兄生前所信奉，方有此举。据此，可推知中晚唐之康州（今广东德庆一带）颇盛行密教，当与辰州（今湖南沅陵）无关。又此幢既立于光孝寺，又系"法性寺住持大德、兼蒲涧寺大德，僧钦造书"，实为9世纪初广州仍流行密宗的实证。

又唐文宗太和年间（827—835），岭南道南端的振州一带似有密教中人活动，所谓"海中人善咒术，俗谓得牟法"③。开成年间（836—840），广东北江清远峡山寺曾有密教中人活动。④ 传至五代南汉，则东至博罗一带，亦并盛行密宗。⑤

总括言之，六朝以来，早期密教逐渐流入广东地区。至唐中期以来，密宗以广州为核心，逐渐扩展范围，信仰渐遍广东。

（三）禅宗

南朝至唐广州光孝寺与禅宗兴起的关系，以及《楞伽经》、《涅槃经》等禅宗缘起诸经与广州的内在联系，前辈学者已有精深论断，一则说明禅宗与印度文化之间交融发展的关系，二则亦显示广东地区与禅宗源远流长的关系。禅宗兴起后，影响岭南广东地区最盛的自然是六祖慧能所创立的"南宗禅"。

---

① 《宋高僧传》卷2《极量传》、《智慧传》。
② 罗香林：《唐代广州光孝寺与中印交通之关系》，中国学社，1960年。
③ 《太平广记》卷286《幻术·陈武振》。
④ 〔清〕孙绳祖：《禺峡山志》卷1《仙释》。
⑤ 罗香林：《唐代广州光孝寺与中印交通之关系》，中国学社，1960年。

为了弄清岭南广东地区禅宗各宗派传播的状况，本文试依据专门记载禅宗历史的《景德传灯录》，辑考六祖慧能弟子中，驻锡此地区诸僧大德的辗转传授之系统，列为简表，以见其宗派传播变迁之大势。简表中加括号的表示该禅师并未驻锡广东，标出以示其师承转授的关系而已。

其一，岭南系（指慧能一传弟子中驻锡岭南广东地区的）（见表1）。

慧能岭南系弟子人数众多，《坛经》所云"大师住曹溪山，韶广二州行化四十余年。若论门人，僧之与俗三五千人说不尽"确是实情；表明在岭南禅宗群众基础深厚。但如此多头传播的岭南系却门庭冷落，再传子弟寥若晨星，虽然此与岭南系主要活动在边僻下层不无关系，但变化仍令人惊讶。

表1 岭南系

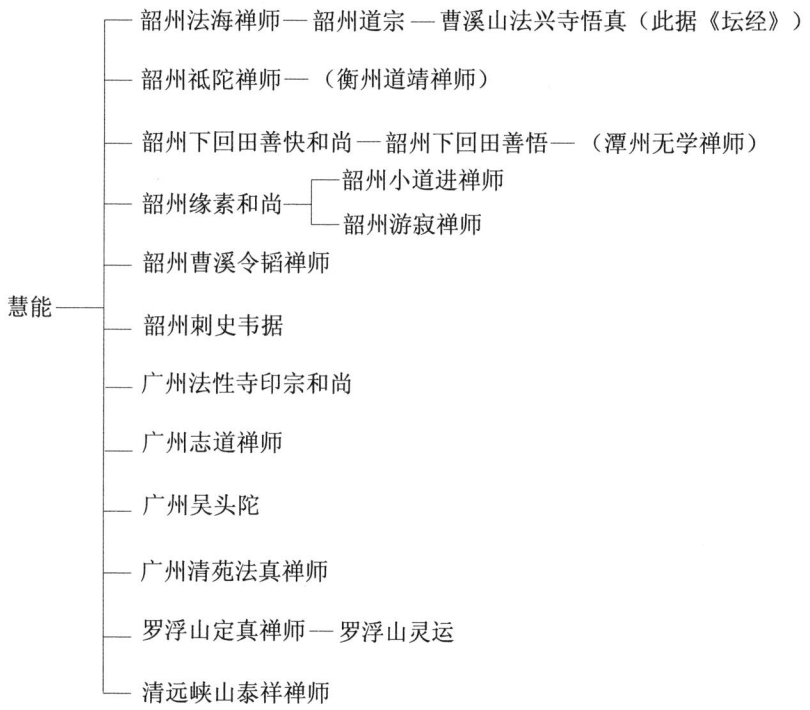

其二，江西禅系（通称洪门宗，奉慧能弟子怀让为本系始祖）（见表2）。

据简表2，流行广东的江西禅系主要是百丈怀海的农禅类。唐武宗会昌毁佛后复兴江西禅系的沩仰宗在岭南绵历时间久远，影响颇深。

总的看来，江西禅系在广东的影响自唐德宗时起，绵历至五代初年，其中沩仰宗绵延更久。

表2　江西禅系

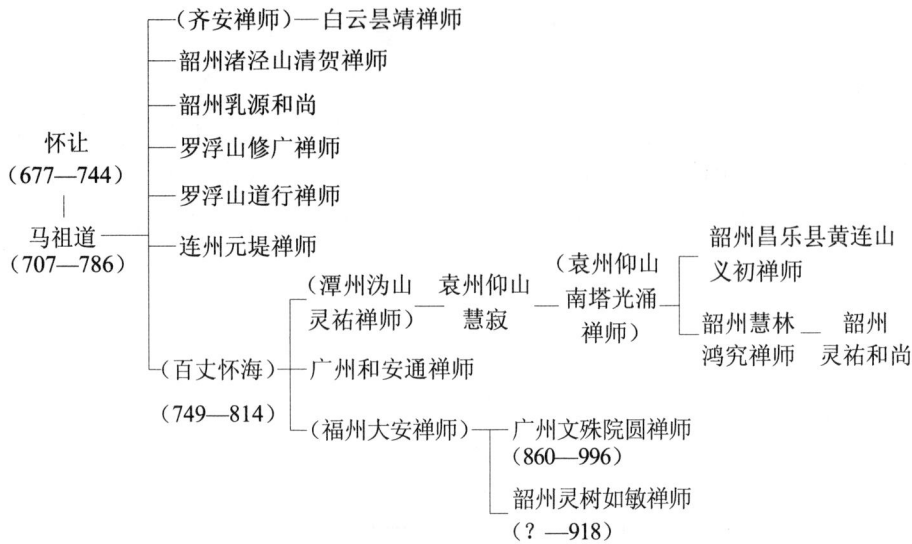

其三，湖南禅系（奉慧能弟子行思为始祖）（见表3）。

表3　湖南禅系

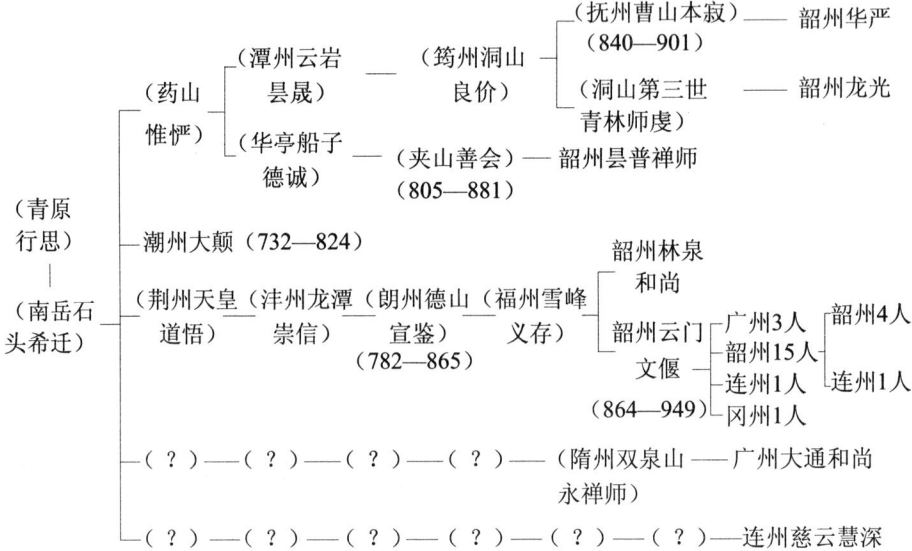

据简表3，禅宗五家中的曹洞宗、惟俨宗及云门宗都影响到了岭南广东，尤其是云门宗子弟鼎盛，更是粤中大派。总的看来，湖南禅系驻锡广东的弟子大多始于唐末，而盛于五代。

统观三表，我们发现活动在广东的慧能弟子的辗转传承有这样一种现象，即：一传、再传弟子皆属岭南禅系，三传、四传、五传弟子独属江西禅系，六传、七传、八传、九传弟子却是湖南禅系独领风骚。其中只有五代初年，曾演出属于江西禅系的沩仰宗与属于湖南禅系的曹洞宗、云门宗在韶州三家鼎足称雄的局面，随即演化成沩仰与云门的抗衡，最终是云门宗一枝独秀。

岭南、江西、湖南三禅系弟子弘阐禅教的地区皆以韶州为主，广州次之，偶尔向东南扩展到循州，西北扩展到连州，如此而已。

在同一区域内，演化出如此截然分明的宗系转变，是颇引人瞩目的。

更应申论的是至晚唐五代，岭南佛教重心广州已逐渐让位给粤北的韶州。一则由广州放洋、登陆的求法传经浪潮中唐以后已渐趋停息，二则晚唐广州遭到极度破坏，一度中落①；而韶州作为岭南与内地的第一交通要冲，"控扼五岭，咽喉交广"，又系禅宗六祖慧能祖庭所在，遂代广而成为粤中佛教第一重镇。广衰韶兴标志着粤中佛教发展的内在品质，由输入向输出型的转化，成为粤中佛教发展中颇值瞩目的关键点。

三、唐代广东佛教发展的特点厘析

关于唐代广东佛教发展的概貌前文已述，但何以形成如此局面，是哪些因素造成的呢？毋庸讳言，地方长官的信佛崇佛，士大夫的大力提携，甚至于商人的中介作用等，这些因素对岭南广东佛教的发展都曾起过积极的作用，但佛教能否在荒僻落后的岭南地区发展起来，不仅要有外界的输入扶植，更需要本地区自身文化状况的改善，两者的关系是辩证统一的。此消彼长的进程使得本地区佛教的发展在不同时期呈现出不同的特点。

（一）外因与唐代广东佛教

岭南广东地区佛教的发展，与其处于中印交通中海陆汇合的枢机地位的关系至关重要。岭南地区人文地理条件恶劣，被中原视作"荒蛮"之地，佛

---

① 桑原骘藏：《蒲寿庚考》，陈裕青译，中华书局，1954年。

教发展自然稀疏迟缓。而由于此地区处于中国与南亚以至印度等佛教国家文化交流的前哨，其接触佛教的机会远较其他诸道得天独厚，往来韶、广、交州的中外僧侣大德不断为该地区输入新鲜血液，滋长、提倡、推广其发展。绎之史乘，该地区佛教得以超越本土文化水平超前发展，得力于中外僧德，尤其是梵僧甚多。

乾隆《番禺县志》卷20《方外》序云："至吴时，虞翻居王园，杂植苹婆诃勒梨诸花果，疑时诸番向贾，已有西域道人，故能获此佛家物耶？……至晋隆安中，昙摩耶舍尊者，东游震旦，居翻故苑，遂为粤刹所创始。五代时，求那罗跋与智药三藏、达摩初祖，波罗末陀接踵继至。笔授之经，南中渐多，而梵宇亦渐崇矣。"饶宗颐先生曾指出："此文不啻是一篇百粤佛教起源考。"① 同时此文亦指出了梵僧译经、建梵刹对该地区的影响。绎之史乘，不仅岭南广东初建之梵刹与梵僧关系密切，② 延及唐代，梵僧至粤，仍大建佛寺。诸如广东新会县仙涌寺，"唐咸通间，有梵僧自西来，驻锡于此，始建"③。又《册府元龟》卷52《帝王部·崇释》："大历四年二月，南天竺僧三藏文殊德上言：'广州南界蕃人新营两寺，望赐寺名。'诏以宝应、广德二名赐之。"

关于梵僧在广东译经情况，罗香林先生在《六朝至唐梵僧在光孝寺之译经》已有深入研究。④ 略作稽补的是，作为教派贤首宗（华严宗）及天台宗（法华宗）两派所依经典《华严经》、《法华经》皆与广东有极深的渊源。

新修大正《大藏经》卷2073《华严经传记》卷二：

> 求那跋陀罗，中天竺人，以大乘学故，世号摩诃衍。……大乘师试令探取经匣，即得《华严》，师喜而叹曰："汝于大乘有重缘矣。于是读诵讲宣，莫能酬抗。……元嘉十二年至广州，刺史车朗表闻。"

---

① 饶宗颐：《读罗香林先生新著〈唐代广州光孝寺与中印交通之关系〉兼论交广道佛教之传播问题》，载《大陆杂志》21卷第7期。
② 广东境内最早的佛寺三归寺、王仁寺，即为梵僧伽摩罗在西晋太康二年（281）创建的，见黄佛颐《广州城坊志》卷3西濠街条引成化《广州府志》。
③ 阮元修：《广东通志》卷229《古迹略·寺观》。
④ 罗香林：《唐代广州光孝寺与中印交通之关系》，中国学社，1960年。

新修大正《大藏经》卷2068《法华经传记》卷二荆州隐士刘虬作《无量义经序》：

> 有武当山比丘慧表以齐建元三年，复访奇搜秘，远至岭南，于广州朝亭寺，遇中天竺沙门昙摩伽陀耶舍，手能隶书，口解齐言，欲传此经，未知所授。表便殷情致请，心形俱至，淹历旬朔，谨得一本，仍还峤北。

随着僧人来往的频繁，梵本佛经在唐代时仍不断传入，所谓"梵经初向竺僧求"①，就是这种情况的真实写照。

从某种意义上说，广东佛教的发展，正是中外佛教文化交融汇聚的产物，佛寺沿交通干线分布的特点正是这种特质的反映，或者说，是外因作用的结果。自海道输入的佛教，使得广州成为文化汇聚之处，形成了开放型的城市风貌，其文化水平远远超过其他诸多城市。作为中外僧侣的驻锡地，由于南往候信风、北上欲休整，广州常年拥聚大量的佛徒。但需要指出的是，广东并不是中外僧侣传教布道的重心所在，历代僧侣向京都移锡是一种规律，梵僧亦不例外，真正愿滞留广州的佛僧微乎其微。再加以广东内陆地区文化落后，地理环境恶劣，如潮州距广州才只二千里，但"往来动皆经月，过海口，下江水，涛泷壮猛难计程期，飓风鳄鱼，患祸不测"②，如此交通干道尚且如此，其他可想而知，佛教自发传播的速度，自然极为迟缓。因此，唐代广东佛寺的地理分布的特点正是僧侣大德沿广州至京洛双向迁徙流移的地理表征。

（二）内因与唐代广州佛教

然而，我们不能不产生这样的疑问：何以广东佛寺分布局限于交通沿线，而未向广大空白地带扩散？何以这种运动是沿海向京洛的双向封闭式流动，而非辐射扩散型呢？又何以该地区接纳了佛教众多教义、流派，而真正持久流行的却只有律、密、禅三家呢？

吕澂先生曾指出："我们不能把中国佛学看成是印度佛学的单纯'移

---

① 《全唐诗》卷292司空曙《赠衡岳隐禅师》。
② 《全唐文》卷548韩愈《潮州刺史谢上表》。

植'，恰当地说，乃是'嫁接'。两者是有一定的距离。这就是说，中国佛学的根子在中国而不在印度。"① 就广东地区而言，"移植"的东西是颇多了，但若"嫁接"成功，则两者基因必不能相斥，或具有可容性。换言之，输入的印度佛学能否在本地区生根发展，尚有赖于广东本土文化的接纳程度。

广东一带瘴疠交侵，山岚水毒，一直是流放重罪犯、贬徙官吏之所。在世俗人观念中，此为"非贬不去"②的地区。虽然来往此地区求法的中外僧侣不在少数，但在佛界僧侣中，实际上是将此地区视作畏途，亦是贬谪之所。③ 唐前期梵僧那提三藏三度赴南海弘法，道宣慨叹："乃三被毒，载充南役，崎岖数万，频历瘴气，委命斯在，呜呼惜哉！"④ 大加惋惜，可代表当时僧人的心态。

虽然自六朝以来江南开发的速度是惊人的，但岭南又晚于江淮，真正得以大规模开发是在晚唐五代。因此，就整个唐代来看，岭南地区不仅文化水平低，居民多以"文身，凿齿，被发，儋耳，衣卉，画木，巢居，馆水"的夷僚俚越为主体⑤，而且陋俗淫祠风习盛行⑥，迷信之风甚盛⑦。甚至到了唐德宗贞元年间，岭南首屈一指的文化重镇、佛教盛行的广州尚保留杀人祭鬼的信仰。⑧ 对于岭南地区佛教流行传播的实际状况，唐朝人有自己的观察。

《岭表录异》卷上：

> 南中小郡多无缁流，每宣德音，须假作僧道陪位。昭宗即位，柳韬为容广宣告使，赦文到，下属州。崖州自来无僧家，临事差摄。宣时，有一假僧不伏排位。太守王宏夫怪而问之，僧曰："役次未当，差遣编并，去岁已曾摄文宣王，今年又差作和尚。"见者莫不绝倒。

---

① 吕澂：《中国佛学源流略讲·序论》。
② 《太平广记》卷500杨遽条引《稽神录》。
③ 《续高僧传》卷1《释宝唱传》附律师释僧佑传。
④ 《续高僧传》卷4《那提三藏传》。
⑤ 《全唐文》卷226张说《广州都督宋公遗爱碑颂》。
⑥ 《太平广记》卷298岭南淫祠条引《广异记》。
⑦ 《朝野佥载》卷5。
⑧ 《太平广记》卷34《神仙·崔玮》。

《太平广记》卷483南中僧条引《投荒杂录》：

> 南人率不信释氏，虽有一二佛寺，吏课其为僧，以督责释之土田及施财。间有一二僧，喜拥妇食肉，但居其家，不能少解佛事。土人以女配僧，呼之为师郎。或有疾，以纸为圆钱，置佛像旁，或请僧设食。翌日，宰羊豕以啖之，目曰除斋。

按《投荒杂录》为唐朝人房千里所撰。千里字鹄举，大和初进士，曾任岭南高州刺史。[①] 因此该书"南中僧"条所记，当系晚唐时的情形。

综合上引两条材料，我们可以看出：即便经过了六朝至唐几百年佛教"移植"浪潮的冲击，岭南之地的佛教信仰竟是这样！"南中僧"条所记的佛寺僧侣多由国家强制为僧，目的只在于收敛寺财。在这些僧侣民众中，只要供佛就会得到保佑，颇有土地神之嫌，真令人哑然失笑；而朝廷宣布诏旨仪式上所需的儒生、僧侣竟需捉差假扮，当然是郡中找不到真正的儒生、僧侣，才有如此尴尬局面出现。一则说明中原礼乐文明尚未延及穷僻蛮荒，再则亦说明佛教传播并未真正深入。此种情形与唐代广东佛寺地理分布的特点相印证，说明广东佛教的发展状况并未容人乐观视之。

但是我们还要看到，虽然唐代岭南诸州文化开发较晚，至天宝年间方有"颇习文儒"[②] 之风，但是，中晚唐以后，此地区无论诗人、散文作家、进士，较之前期的"1至零"，以近10倍的速度迅速崛起[③]。虽然其绝对数量远逊于岭北，且只分布于广、韶、连、封、循数州，但这种强劲的势头却预示着社会风貌的显著变化已为期不远，五代两宋寺院分布范围的扩大，正是这种变化轨迹的一种印证。

总括岭南广东的文化状况，大致为个别民族文化先进的城镇为广大落后区域包围分割的局面，但这种落后并非死气沉沉，而是蕴含着希望。

这样一种特质的文化及氛围，使得外来的佛教文化大致走了一个"移植——抉择——结合——发展"的历程。因此，虽然输入本地区的佛教宗派

---

① 《新唐书》卷58《艺文志》。
② 《唐会要》卷75《南选》天宝十三载七月敕条。
③ 冻国栋：《唐代人口问题研究》，武汉大学出版社，1993年。

理论众多，但筛选下来的却只有能够适应本地区文化水平、能为岭南民众所接受的宗派。当然，这种抉择的历程是漫长的，影响抉择的因素多种多样。本文仅就佛教自身理论方面的差异及其不同命运做一粗略的比较探讨。

六朝至唐期间，自海道来华的梵僧中，因种种机缘巧合，致力于广州佛教发展最着力的是西印度优禅尼国人真谛（499—569），他曾留在广州先后达12年。其在华期间曾译有佛经49部，共140余卷。其中，最令真谛得意、致力最勤的《摄大乘论》、《俱舍论》，就是在广州译成的。以此两论为基础形成的摄论宗（俱舍宗附之而行），在南朝陈末至唐初一度十分得势。但细绎其辗转传承的系统①，我们发现，这种纯粹外来输入的精深佛理，虽以广州作为汇聚地，而影响辐射内地，但此宗对于岭南的影响却甚微。真谛亲传弟子12人，其中法泰、僧宗、智恺、慧旷、僧忍、道尼、智休、智敫等僧传留名。其中只有智敫本人为循州平等寺僧人，余皆岭北高僧耆德慕名前来依附真谛门下。真谛死后，众弟子皆"各带经论，还返匡山"，或京城所在，以至于广州"法侣凋散，宗嗣将亏"。虽然智敫苦心孤诣地经营，"相继敷弘，最多联类，同听讲席，未有高者"。但到了隋仁寿元年智敫卒，"自是南中无复讲主"。虽然智敫有亲传弟子玑山、瞰等，但都隐默无闻，以至于智敫系一传而绝，亦没有什么译疏著作传世。②

与岭南智敫一系适成鲜明对照的是岭北诸支，不仅人才鼎盛，各种阐释《摄大乘论》的译疏种类繁多，而法泰、道尼两支皆三传，后因玄奘重译《摄论》，源于真谛的旧论派方传承断绝。

又道尼一支的弟子为了研习《俱舍论》，重托南方商旅，到处寻找真谛口传、慧恺笔译的《俱舍论义疏》，终于在广州显明寺访得，研读之下，终成大德。但由此我们却恰恰可看出该《义疏》在岭南的备受冷落，以致尘封累年，无人过问。

真谛蛰伏广州十余年，苦心经营的摄论宗基地在其死后不久，就颓败寥落，其传承盛于北而衰于南，正是曲高和寡所致。

相对于摄论宗、俱舍宗的深奥玄妙，禅宗恰是以其直指心性，一悟即至佛地的宗旨，简便易行的修行方式，极度中国化的特色在岭南深入发展起来

---

① 罗香林：《唐代广州光孝寺与中印交通之关系》，中国学社，1960年。
② 《续高僧传》卷1《拘那罗陀传》《释法泰传》及所附诸传。

的。总结岭南广东地区禅宗派系变迁情况，我们发现禅宗能在岭南扎根、发展，的确并非偶然。首先，禅宗为南人争正统。从慧能的"人即有南北，佛性即无南北，獦獠身与和尚不同，佛性有何差别"，到岭南系一脉中强调《涅槃经》佛性平等不二，对岭南地区有特殊的针对性。强调自我，提高自信心的思想，抓住了在文化落后的岭南地区传播禅宗的切合点。其次，禅宗极善于调整自己。岭南系再传而绝，很大程度上在于拒绝与士大夫合作。而后起的江西禅系的沩仰宗、灵树如敏禅师以及湖南禅系的云门宗都密切与官府和文人的关系，谋求其支持及合法地位，以扩大社会影响。再次，禅宗的农禅方式适合了南迁人口谋求稳定的形式。复次，不崇修佛殿只立僧堂适合岭南民情与环境。因此，禅宗成为岭南第一大宗派，此起彼伏，盛行不衰，也就是势所必然了。

关于律宗的盛行不衰，一则由于唐王朝的极力扶植，佛教史上第一位享受国葬殊荣的就是一位律宗大师；① 而士大夫也看到戒律在巩固封建秩序上远逾礼乐制度的潜在功效，故大加提倡；② 更重要的是律宗相对于天台、法相、华严诸教派而言，理论色彩相对淡化，几乎没有什么自己的理论体系，易于为人所接受。所谓"南方之人剽而轻，制轻莫若威仪，故言律藏者宗衡山"③。因此，岭南广东地区律宗盛行亦可以说是与本地特色相结合的产物。

至于密宗的盛行不衰，更得益于其浓厚的神秘色彩，易于与崇神敬鬼的岭南习俗相沟通。

总括唐代广东佛教发展的特点，大致分为前、后两期，前期多以直接输入为主，体现在佛寺地理分布上呈现沿交通线散布的特色，体现在教派上则是诸多宗派的旋兴即废。后期则是融会贯通，吸收发展了适应本土文化特质的宗派。其间交融抉择的历程是漫长的，而文化的传播与汇聚有待于与当地本土文化的交互作用，这就是岭南广东佛教发展为我们提供的启示。

（此文与张连城合作，原载于《中外关系史论丛》第 5 辑，书目文献出版社，1996 年）

---

① 《续高僧传》卷 22《智首传》。
② 《柳宗元集》卷 7《南岳大明寺律和尚碑》。
③ 《刘禹锡》卷 4《唐故衡岳大师湘潭唐兴寺俨公碑》。

略论北宋初年的中央集权

北宋历史上有9个皇帝，历经167年。这个历史时期，一直未能出现如旧史家所赞誉的汉文景之治、武帝文治武功，唐贞观之治、开元盛世之类的稳定强盛局面，分析其基本原因：一是北宋王朝是在五代十国割据混战的基础上通过发动兵变建立的，社会腐败势力没有经过农民大起义的彻底扫荡，土地占有情况没有较大的改善。二是北宋王朝的政策对地主官僚极为优惠，尽可能地扩大他们在经济与政治上的权益，而对如何改善广大农民的生产、生活条件考虑极少，或者说没有重大的举措。三是北方新崛起的辽与西夏给宋造成很大威胁，宋既无力恢复汉、唐旧疆，又以大量银绢换取和平，严重影响了宋国内的发展。不过这种情况并不表明宋朝的历史出现了停滞或倒退，实际从综合国力，尤其是从经济、文化方面所取得的成就看，宋朝在唐朝基础上仍有所发展，较之前代还是进了一步，只是发展进步的程度不能估计得过高。这和宋朝的各项政策措施尤其是中央集权有密切关系。

一、"今世天子，兵强马壮则为之耳！"

唐朝从公元755年"安史之乱"走向衰弱，907年唐中央政权被军阀朱温取代，此后半个世纪处于军阀割据混战局面，历史上称五代十国时期。五代十国是唐朝藩镇割据的公开化。统一的中央皇帝被推翻了，藩镇割据继续存在发展。五代指北方黄河流域先后交替出现的五个朝代。小说《水浒》第一回开篇有云："朱李石刘郭，梁唐晋汉周。都来十五帝，播乱五十秋。"概说了五代的开国皇帝、朝代名称及时间。十国指割据南方的九个小国和割据山西的北汉。十国中多数国家是同时并存，少数是先后交替出现。五代十国最重要的特点是最高统治者靠军事力量来支撑他们的统治，如后晋成德节度使安重荣宣称："今世天子，兵强马壮则为之耳！"[①] 谁的军事力量强，谁就

---

① 《旧五代史》卷98《安重荣传》。

可能当天子。五代的最后一代周朝开国皇帝郭威也是靠军事政变上台的,郭威病逝以后,他的养子柴荣继位。柴荣采取一些重大措施加强中央集权,平定割据势力,并有志于统一全国,可惜他英年患病早逝,他的儿子柴宗训7岁继位,结果"主少国疑",发生了"陈桥兵变"。

二、"陈桥兵变"

公元960年正月初一元旦,河北(镇、定二州)传来契丹与北汉军队联合南下进攻的消息。当时掌握国家大政方针的宰相范质、王溥等人仓促间不辨虚实,急忙派殿前都点检(中央禁军统率)、归德军节度使赵匡胤率领禁军北上应战。对于这次所谓契丹与北汉军队联合南下进攻,记录契丹史实的《辽史》中没有记载;记录宋代史实的书籍中,也大多只提及"入侵"的消息,而未讲到事态的发展。实际上,所谓"入侵",很可能是地方上谎报军情,是赵匡胤及其部下的阴谋。在当时情况下,假借面临入侵的威胁,以民族利益保卫者的面目登场,便于赢得民众支持和集结军队。后周创立者郭威也是以民族利益保卫者的面目发动兵变、登上帝位的。正月初三凌晨,赵匡胤率军出发,当晚到达距离开封东北40里的陈桥驿宿营。这天晚上,赵匡胤的亲信赵普和弟弟赵光义积极活动,策划兵变,将士纷纷议论,今皇帝幼小,我们用力杀敌也得不到奖赏,不如先拥立都点检赵匡胤为天子,然后再北上抗敌。这实际也是沿袭五代将士拥立天子可受重赏的恶习。果然,至第二天凌晨,一些参与兵变的将领手持兵器,高呼"万岁",将象征帝王朝服的黄袍披在赵匡胤的身上,此即"黄袍加身"。这时的赵匡胤装作大觉初醒,被迫无奈地说:你们贪图富贵,立我为天子,能服从我的命令则可,否则我不从。拥立者表示"惟命是听"。于是,赵匡胤与将士们约法三章,不准滥杀掳掠,遵者重赏,违者诛杀。接着率大军返回开封。时间短暂,后周的宰相还来不及组织抵抗,大军已进占宫城,小皇帝柴宗训被迫退位,赵匡胤以"受禅"名义登基。因赵匡胤担任归德军节度使的治所在宋州(今河南商丘),故改国号为宋。

三、"为国家长久计"

赵匡胤通过兵变做皇帝后,首先忧虑的是自己建立的王朝,能否成为继五代之后的第六个短命王朝，如何采取措施稳定统治，长治久安。一次他问大臣赵普："天下自唐季以来，数十年间，帝王凡易八姓，战斗不息，生民涂炭，其故何也？吾欲息天下之兵，为国家长久计，其道如何？"① 赵普"精于治道"，他回答说："此非他故，方镇太重，君弱臣强而已。今所以治之，亦无他奇巧，惟稍夺其权，制其钱谷，收其精兵，则天下自安矣。"也就是说，天下大乱的主要原因，是藩镇节度使的权势太重，君弱臣强。要想改变这种局面，必须夺取藩镇和大臣的权力，控制其财政权，收夺其精兵，使他们难与中央抗衡，天下自然就会安定下来。这番话，指出了加强中央集权的关键是从政权、财权、兵权着手，调整好中央与地方、君与臣的关系，解决其中的轻重、强弱倒置问题。一般认为，赵普这一策略或治国之计，成为北宋加强中央集权的行动纲领。

应当说，调整好统治阶级内部的矛盾是北宋加强中央集权的重要原因，但不是唯一原因，不能停留在这一点上，因为国家的实质是阶级压迫的工具，恩格斯在《家庭、私有制和国家的起源》中说："随着国内阶级对立的尖锐化，随着彼此相邻的各国的扩大和他们人口的增加，公共权力（国家）就日益加强。"② 实际情况也是这样，北宋加强中央集权不仅是统治阶级内部矛盾造成的，也是阶级矛盾和民族矛盾引发的。五代十国时期军阀割据混战，战争的破坏，残酷的统治，致使阶级矛盾不断激化。宋统一战争期间及统一后新旧政权交替之际，原有统治制度没有多少改变，有些地方还趁火打劫，所以小规模的农民起义时有发生。宋周边的少数民族，特别是北方契丹族建立的辽朝日趋强大，不断南下进犯，或利用北汉割据政权形成犄角牵制之势，民族矛盾也是比较突出的。宋朝建立后，面临着既要调整统治阶级内部关系，也要应付阶级矛盾和民族矛盾的现状。宋当时采取内守外攻的战略方针，客观要求在政治上加强中央集权。所以，调整好统治阶级内部关系，可能是最高统治者加强中央集权的直接的或重要动因，如前举的赵普与赵匡胤的一番谈话。但还有更深层次的原因，就是阶级矛盾和民族矛盾的尖锐发展。通过加强中央集权，既要加强对内部臣僚的控制，还要有利于加强对农民的统治和对外的抵御、进攻的能力。宋建国之初还在进行统一战争，加强中央集权也适应了统一战争的需要。

---

① 李焘：《续资治通鉴长编》卷2。
② 《马克思恩格斯选集》第4卷第167页。

四、集中兵权、政权与财权

宋初采取的加强中央集权的措施主要体现在如下几方面。

（一）集中兵权

史载宋太祖赵匡胤巧妙地以"杯酒释兵权"。公元961年（建隆二年）秋天的一个晚上，赵匡胤在宫中设酒宴款待石守信、王审琦等高级禁军将领。饮至酒酣耳热之际，他对这些老朋友说："我知道没有你们的帮助，便不会有今天，但做天子也太艰难了，还不如节度使快乐。我一天到晚寝食难安。"石守信等人追问原因，赵匡胤说："这很容易知道，我今天这个位子，谁不想坐？"石守信等将领赶紧表示："如今天命已定，谁还敢有异心！"赵匡胤说："你们虽然没有异心，怎奈你们的部下，可能会有贪图富贵的人，一旦把黄袍加在你们身上，你们能怎么办？"诸将一听，只得请求皇帝指示一条生路。赵匡胤说："人生如白驹过隙，一晃而过。你们不如放弃兵权，到地方去，买一些好田宅，为子孙留下一份产业，自己也颐享天年。我的子女与你们的后代约为婚姻，君臣之间两无猜疑，岂不很好？"诸将明白"醉翁之意不在酒"，无可奈何，只得表示感谢。第二天，这些高级将领纷纷要求罢免军权。宋太祖答应他们的请求，并给予他们优厚的经济待遇。这样便用和平、经济的手段解除了大将的兵权。

为防止新的实力派产生，赵匡胤采取进一步措施，把禁军机构分为殿前司、侍卫亲军马军司与步军司，即三衙机构。三衙将帅仅有统兵权，调兵权归文臣主管的枢密院。分离统兵权和调兵权，使他们互相牵制，便于加强控制。为"强干弱枝"，加强中央对地方的控制，赵匡胤又将地方厢军强壮的挑选到中央禁军，厢军只服杂役，没有战斗能力。中央禁军采取"更戍法"，轮流到地方要地戍守，这样使"兵无常帅，帅无常师"，达到兵将分离。遇有战事，皇帝有时发"阵图"遥控牵制他们。宋朝还施行养兵政策，遇灾荒年月，将失业破产农民招到军队中来，变潜在的农民反抗力量为镇压力量，以利于稳定社会。

（二）集中政权

在中央由中书门下（简称中书）与枢密院即"二府"分掌文武大权，又设三司（分设盐铁、户部、度支三部）总管财务，号称"计省"。同中书门下平章事（宰相）与枢密使、三司使互不统属，各对皇帝负责，实际分化了宰相之权。地方路一级（开始称"道"）设帅（安抚司）、漕（转运司）、宪（提点刑狱司）、仓（提举常平司），即"四司"机构分化了节度使之权。地方州的长官称"知州军事"（简称知州），又设通判监督知州并主管钱谷之事。宋代的官制比较复杂，实行官、职、差遣相分离。《宋史》载："官以寓禄秩、叙位著，职以待文学之选，而别为差遣以治内乱之事。"宋代前期的官只表示俸禄的等级，职是文臣的荣誉称号，差遣才是实职。如宋仁宗时的包拯，官、职、差遣分别是尚书省右司郎中、龙图阁直学士、权知开封府。这是从唐、五代沿袭发展下来的，到宋神宗元封改制，使官名与实职大致相符。宋初还恢复和发展隋唐以来的科举制，高度重视选任科举人才，礼遇宽待大臣，逐步形成以文制武的官僚体制。

（三）集中财权

宋初为收取节度使的财权，在地方上设税收场务，由中央派官吏管理，规定"诸州度支经费外，凡金帛以助军实，悉送都下，无得占留"。地方各州除留下必需的经费外，其余的经费送到都城开封，为军事服务。不久，又禁止节度使参与钱谷财务之事，中央的三司，地方的转运使、通判分别主管中央与地方财政，还有监察之责。这样，"外州无留财"，"天下支用，悉出于三司"[①]。节度使在地方的诸种权力被中央派去的官——削夺，后来仅成为宗室或大臣的虚衔。

五、集权的利弊

宋初采取一系列加强中央集权的政策和措施，被后继者称为祖宗之法。祖宗之法的奥妙在于以分化牵制的手段达到集权防弊的目的，这对扭转唐季五代以来军阀割据混战局面、维护国家的统一是有效的。南宋陈亮说："唐自肃、代以来，上失其柄，而藩镇自相雄长，擅其土地人民，用其甲兵财赋，官爵惟其所命，而人才亦各尽心于其所事，足以成君弱臣强、正统数易之祸。艺祖皇帝（即赵匡胤）一兴，而四方次第平定，藩镇拱手以趋约束，使列郡各得自达于京师，以京官权知，三年一易，财归于漕司，而兵各归于郡，朝廷以一纸下郡国，如臂之使指，无有留难，自管库微职，必命于朝廷，而天下之势一矣。"这说明，宋初以分化牵制的手段加强中央集权，达到"天下

---

① 李焘：《续资治通鉴长编》卷34。

之势一",成功解决了大臣、武夫专权跋扈的问题,而统一对国家稳定、经济文化发展是有益的。宋祖宗之法的基本精神确实为宋奠定了"太平之基",宋真宗、仁宗时期政治上的稳定局面在很大程度上受益于此法。宋统治政策对大臣比较优待、宽松,对于北宋的整体发展也起到明显的积极作用。

宋初以分化牵制的手段加强集权,积极作用是主要的,但也使宋代政治出现消极保守的倾向。如强调强干弱枝,过分削弱了地方权力。地方、中央是相互依存的,地方太弱对中央也不利。大权集中于中央皇帝,地方政府不任责,遇事就互相推诿。官僚互相牵制,缺乏合作机制,办事效率低。将帅权轻,指挥作战不力。养兵过多,加重中央财政负担。可以说,宋初加强中央集权的政策和措施具有"矫枉过正"的性质,而后继者将此奉为祖宗之法,不能随着形势的变化调整改革,就必然走向反面。宋自第四代皇帝仁宗开始,就出现"积贫积弱"的迹象,当与不能及时调整改革祖宗之法有关。

(原载于《丰盛文集》,北京燕山出版社,2001年)

南宋初年的诸大将兵

北宋王朝的正规军,即殿前司、侍卫亲军马军司与步军司(又称三衙)所统辖的禁军,至"靖康之变"被金兵击溃。此后一个时期,宋王朝用以抵御金兵、安定内部的军事力量,主要是新起的诸将率领的勤王兵,特别是张俊、韩世忠、刘光世、岳飞和吴玠诸大将兵。对于诸大将兵的形成变化及地位作用等问题,中外学者均有所论述,但值得进一步斟酌或探讨的地方尚不少。本文仅就诸大将兵的由来及演变问题略述管见。不当之处,敬乞指正。

一、诸大将兵的崛起

北宋统治后期,阶级矛盾已经发展到十分尖锐的程度,各地不断爆发的农民起义声势日益壮大。正当宋王朝的统治摇摇欲坠时,北方新兴的金朝发动了大规模的军事侵犯。宋部署在北方的几十万大军顷刻瓦解,京城开封处于危急之中。

金兵南犯的铁蹄蹂躏之处,受到当地人民和一些爱国官兵的奋起抵抗。困在开封城里的宋帝,为求政权不致失坠,便于靖康元年(1126)闰十一月,命在相州的康王赵构为兵马大元帅,以领兵入卫。是年十二月一日,康王正式建立了大元帅府。《建炎以来系年要录》卷一载:"王开元帅府,有兵万人。盖枢密院官刘浩即相州所募义士,及信德府勤王兵,大名府救河东兵,与所招太原、真定府、辽州溃兵而已。"此一万人,分成五军,各设统制,成为南宋重新组军的开端。

元帅府建立后,即传檄天下兵勤王。诸州郡勤王兵、忠义民兵及溃兵游寇陆续来归,兵力迅速扩充。翌年二月,元帅府驻济州,新集结到兵力约七万人,连同原有一万,凡八万人,"自黄河以南,分地而屯"[①]。

金兵于靖康二年四月彻底颠覆了北宋政权,自开封北返。康王自济州南

[①]《建炎以来系年要录》(以下简称《系年要录》)卷2建炎元年二月癸未。

下，于五月即位于应天府。当时宋正规军虽大部溃散，但各地纷起的"勤王之师集于都城侧者"达三十余万人，是一支雄厚的抗金力量。然而畏敌怯战的宋高宗却下令"一切放散"，遣回原处。① 仅将随元帅府南下并留在应天府的一部分诸将兵，如杨惟忠、王渊、韩世忠、张俊、苗傅所部河北兵，刘光世所部陕西兵，编成御营五军，以充朝廷的扈卫。②

元帅府军改成御营军后，军名和将领又多次变更。为叙述清楚，今参据《三朝北盟会编》、《建炎以来系年要录》及《宋史》等书所载，将其变更概况罗列于下：

第一，靖康元年（1126）十二月后，设置元帅府军。主要将领：陈淬（都统制）、杨惟忠（同上）、赵俊（中军统制）、刘浩（前军统制）、张琼（左军统制）、尚功绪（右军统制）、苗傅（同上）、王孝忠（后军统制）、张俊（同上）、刘光世（五军都提举）。

第二，建炎元年（1127）五月后，元帅府军改名御营军。主要将领：王渊（都统制）、范琼（都统制、提举一行事务）、苗傅（后军统制、都统制）、刘正彦（右军副都统制、副都统制）、韩世忠（左军统制、左军都统制、提举一行事务）、张俊（前军统制、右军都统制）、吴湛（中军统制）、李安（左军统制）、辛企宗（后军统制）、刘光世（提举一行事务）。

第三，建炎三年（1129）七月后，御营军改名御前军。主要将领：韩世忠（左军都统制）、张俊（右军都统制）、王𤫉（前军统制）、张宗颜（中军统制）、辛永宗（同上）、陈思恭（后军统制）；别置御营军，由辛企宗任都统制、刘光世为太尉、御营副使，所部即称御营副使军，又号"太尉兵"。

第四，建炎四年（1130）六月后，御前军改名神武军。主要将领：韩世忠（左军都统制）、张俊（右军都统制）、辛永宗（中军统制）、杨沂中（同上）、陈思恭（后军统制）、巨师古（同上）、岳飞（后军统制、后军都统制）；御营军改名神武副军，由辛企宗、岳飞先后任都统制、御营副使军改名御前巡卫军，仍由刘光世任都统制。

第五，绍兴五年（1135）十二月后，神武军、御前巡卫军及川陕吴玠所部兵皆改名行营护军。主要将领：张俊（淮西宣抚使节制中护军）、韩世忠（京东淮东宣抚处置使节制前护军）、岳飞（京西湖北宣抚使节制后护军）、

---

① 《梁溪全集》卷176《建炎进退志》。
② 《系年要录》卷5建炎元年五月丁酉。

刘光世（淮西宣抚使节制左护军）、吴玠（四川宣抚使节制右护军）。

第六，绍兴十一年（1141）四月后，行营护军改名驻扎御前军。主要将领：王贵（鄂州都统制）、解元（镇江府都统制）、王德（建康府都统制）、吴璘（利州西路都统制）、杨政（利州东路都统制）、王彦（金房开达州都统制）等。

以上所列诸将兵，实际主要是由高宗的御营军、东京留守司军及川陕军三部分组成的。

御营军建立不久，便扈卫高宗到江淮一带驻扎。建炎间，由于金兵连年南犯和溃兵游寇的骚扰，江淮的局势极不稳定，御营诸军的兵力也变化不定。建炎之初，御营诸军又陆续收编一些南下勤王的西北兵，同时在征讨游寇的过程中扩充了兵力。建炎三年春，金兵犯扬州御营诸军的兵力约十万。① 而随高宗南逃途中，有相当一部分军兵溃散。当御营将官苗傅、刘正彦在杭州发动兵变时，张俊、韩世忠的兵力都不过数千人。兵变平定、金兵北撤后，御营军分成御前、御营、御营副使军三部分，兵力再次集结到十余万人。但经是年冬的宋金建康战役，这些兵又多"散而为盗"②，直到绍兴初金兵北还中原，树立伪齐傀儡政权，宋东南诸将得以并力招讨游寇，兵力才重新迅速扩充起来。

东京留守司军是宗泽创建的。北宋末，驻屯东京的三衙卫士约三万人，在东京城陷落时"多死于敌"③。宗泽任东京留守后，整顿城防，"聚兵储粮"，联结和收编北方抗金义兵及溃兵游寇，组成了数十万大军，多次击退了金兵的进攻。建炎二年七月宗泽不幸病逝，接替其职的杜充却"尽反泽所为"，致使留守司军受到严重的削弱。④ 建炎三年五月杜充率留守司军主力与御营军的一部分会合，驻屯建康，防守长江下游。经建康战役，留守司军亦大部分溃散。而存留的最重要一支，由通泰州镇抚使岳飞率领转战于江淮间。建炎四年六月，御前、御营诸军改名神武、神武副军后，岳飞所部一万余人，正式编为神武右副军，归宋廷直接统辖。⑤

绍兴初年，宋朝廷在东南地区的军队主要有神武军、神武副军、御前巡卫

---

① 《系年要录》卷30建炎三年十二月己丑。
② 《建炎以来朝野杂记》（以下简称《朝野杂记》）甲集卷19《金兵犯江浙》，《文献通考·兵考（六）》。
③ 《朝野杂记》甲集卷18《三衙废复》。
④ 《宋史·宗泽传》。
⑤ 《金佗续编》卷5《除神武右副军统制省札》。

南宋初年的诸大将兵

军和新创置的御前忠锐军,总兵力约有十六七万人。《建炎以来系年要录》卷六〇绍兴二年十一月己巳载:"尚书左仆射吕颐浩屡请因夏月举兵北向,以复中原。且谓人事天时今皆可为。何者?昨自维扬之变,兵械十亡八九。未几,敌分三路入寇,江浙兵皆散而为盗。自陛下专意军政,拣汰其冗,修饰器甲,今张俊军三万,有全装甲万副,刀枪弓箭皆备。韩世忠军四万。岳飞军二万三千,王瓊军一万三千,虽不如俊之军,亦皆精锐。刘光世军四万,老弱颇众,然选之亦可得其半。又神武中军杨沂中、后军巨师古皆不下万人。而御前忠锐,如崔增、姚端、张守忠等军亦二万。臣上考太祖之取天下,正兵不过十万,况今有兵十六七万,何惮不为!"宰相吕颐浩所说的诸将兵力,最为雄厚的,亦即有二万以上兵力的是张、韩、刘、岳四大将兵。绍兴三年至五年,南宋政府再次将陆续收编的军队以及王瓊、杨沂中、巨师古等部兵,除少部分拨隶三衙以充宿卫,其余皆分隶张、韩、刘、岳四大将。① 绍兴六年至十一年,南宋政府在东南地区用于作战的军队,完全依仗张、韩、刘、岳四大将兵。四大将罢兵权时的兵力:(1)张俊:八万人;② (2)韩世忠:三万人;③ (3)刘光世:五万二千三百一十二人;④ (4)岳飞:六万人左右。⑤

---

① 《系年要录》卷68绍兴三年九月壬申载,巨师古所部万人,有二千拨隶王瓊,余八千拨隶张俊;卷86绍兴闰二月丁卯载,王瓊所部一万五千人皆拨隶韩世忠;卷96绍兴五年十二月己亥载,杨沂中所部皆改隶殿前司。南宋政府陆续拨隶给张俊、韩世忠、刘光世、岳飞诸大将的军队,可参《系年要录》卷96绍兴五年十二月庚子条纪事。

② 《金佗粹编》卷8《鄂王行实编年》卷5,《三朝北盟会编》(以下简称《北盟会编》)卷219。

③ 《北盟会编》卷206,《系年要录》卷140绍兴十一年六月癸未。

④ 《金佗续编》卷8《督府令收掌刘少保下官兵札》。

⑤ 《金佗粹编》卷18载绍兴四年秋岳飞在《措置襄汉乞兵申省状》中,自述其兵力"计二万八千六百一十八人",并"乞六万之兵"。这一申请虽得到"朝廷俞允,然必待杨幺贼平,然后抽摘"。《金佗续编》卷27《百氏昭忠录》载绍兴五年六月岳飞所部镇压了杨幺起义军,"得强壮者数万人以充军"(还有少数镇压杨幺起义军的地方部队也并入岳飞部),此时岳飞的兵力应增至六万人左右。《宋史·高宗纪》载绍兴七年三月岳飞"乞并统淮西兵"(即刘光世所部兵),翌年二月岳飞"乞增兵",南宋政府皆不允许。由此可知,岳飞的兵力在绍兴五年后没有显著的增加。《周益国文忠公集·书稿》卷12载周必大写给鄂州都统制阎世雄的书札云"岳忠烈兵不满六万,而能往来襄鄂",当得其实。另外,《中兴小纪》卷29载万俟卨弹劾岳飞说:"飞提重兵十余万,无捍御之劳。"《北盟会编》卷206载岳飞入狱后说:"吾尝统十万军,今日乃知狱吏之贵也。"两处所说,恐皆非实数,今不取。

川陕军是在绍兴五年才正式定名为行营护军的。建炎之初，陕西绝大部分地区仍在南宋的控制之下。建炎三年五月，南宋政府委任朝臣张浚为宣抚处置使，置司秦州，付给他措置川陕地区军民财政的大权。建炎四年九月，张浚为牵制金朝入侵东南的兵力，"悉陕之兵凡三十万余"①，与金合战于富平，为金所败，陕西地区遂大部沦陷。绍兴元年张浚退到四川，把宣抚处置司设在嘉陵江中流要冲阆州，集结到"诸将官兵四万五千人、马五千余匹，而吴玠、关师古两军不与"，绍兴三年张浚被召回朝廷，宣抚处置司尚有"兵三万七千余人、马二千八百余匹"②。绍兴六年正月罢川陕宣抚处置司，川陕地区的大权分为三部：军事权归川陕宣抚副使吴玠、财政权归四川都转运使赵开、民政权归四川制置大使席益。吴玠原有的军队驻屯在川陕交界地带，宋金富平之战后，他仅有"散卒数千人"。在此后的抗金战争中，他屡立战功，逐步扩充了兵力。在他升任川陕方面的主帅后，又并统了原宣抚处置司所辖"兵三万、马数千"，即整个川陕地区的军队（州郡禁、厢军除外），总兵力达六万八千四百四十九人。③ 绍兴九年六月吴玠去世时的兵力为七万人以上。④

合计东南地区张、韩、刘、岳和川陕地区吴玠五大将的兵力，在绍兴五年十二月成立行营护军之后，至少有二十余万人。

南宋初年，诸大将能够"突然而出"，"各以成军，雄视海内"，固然是由于他们具有一定的军事才能，立下了显赫的战功，以此积官升秩，分统数万大军，但更重要的是当时的历史条件造成的。如所周知，靠军事政变建立起来的北宋王朝，为防止政权的转移，对武将的防范是十分严密的。王夫之曾说："其得天下也不正，而厚疑攘臂之仍。其制天下也无权，而深怀尾大之忌。"⑤ 南宋初年国势十分微弱，但高宗及朝廷大臣，包括抗战派大臣，对诸大将拥重兵，也同样"深怀尾大之忌"。绍兴元年汪藻就上疏指责"诸将之

---

① 《齐东野语》卷2《张魏公三战本末略》。
② 《系年要录》卷68绍兴三年九月庚辰。
③ 《系年要录》卷97绍兴六年正月辛巳、卷111绍兴七年五月壬午，《宋史·李迨传》。
④ 吴玠去世时的兵力，《系年要录》卷133绍兴九年十一月癸未作"七万余人"，《朝野杂记》甲集卷18《关外军马钱粮数》作"七万人"，《系年要录》卷130绍兴九年七月壬辰则作"八万余人"，估计当有七万以上。
⑤ 《宋论》卷15。

骄，密院已不得而制矣"①。绍兴五年张守奏言："今之大将，皆握重兵，贵极富溢，前无利禄之望，退无诛罚之忧。故朝廷之势力日削，兵将之权日重。"② 绍兴六年李纲上疏说："今朝廷与诸路之兵，尽付诸将，外重内轻。"③ 这类议论在绍兴十一年诸大将罢兵权之前，可以说是比较普遍的。但南宋政府并没有能够改变诸大将拥重兵的局面。其原因之一是，当时的南宋政府所面临的最严重问题，是金兵的大规模入侵，国家将会遭到灭亡厄运的威胁。"王室危甚，唯诸将是赖。"④ 要遏止金兵的南下，保有东南和四川，不能不靠诸大将之兵。南宋政府将全国军队的绝大部分拨隶诸大将，并允许诸大将有较大的用兵权力，都是为了这个目的。原因之二是，诸大将之兵（主要是东南地区的诸大将兵），在当时"天下大乱"的形势下，基本上是各自为战。许多军兵都是诸将自行征集、招收的。而且累年的军事斗争，也使士卒和诸将结成了十分亲密的关系。例如，当时民间以大将姓氏相称诸大将之兵，"隶张俊者，则曰张家军，隶岳飞者，则曰岳家军，隶韩世忠者，则曰韩家军"⑤，即是最好的说明。这种情况必然给南宋政府分割和调动诸大将之兵造成困难。高宗自己也承认："今日诸将之兵，已患难于分合。"⑥

"以猜防待武臣"，既是赵宋王朝的传统政策，诸大将拥重兵的局面迟早要改变。而改变的时机，则是在宋金双方的力量对比发生重大变化之际，即在绍兴十一年金兵南侵遭受重大挫折之际。

二、诸大将兵的来源

靖康元年（1126）十二月高宗初开元帅府，有兵万人。至绍兴五年（1135）十二月成立行营护军，有兵二十余万人。仅仅十年左右的时间，兵力迅速扩充二十几倍。这些兵，究竟从哪方面得来的呢？《建炎以来系年要录》卷九六绍兴五年十二月庚子，在记述诸大将兵改称行营护军之后，接着写道：

---

① 《浮溪集》卷1《行在越州条具时政》。
② 《昆陵集》卷1《应诏论事札子》。
③ 《系年要录》卷99绍兴六年三月己巳。
④ 《北盟会编》卷131。
⑤ 《系年要录》卷137绍兴十年七月乙卯。
⑥ 《系年要录》卷118绍兴八年二月壬戌。

中护军者，本张俊所将信德府部曲，后以忠锐诸将，及张俊（当作"浚"）亲兵，与张用、李横、阎（一作"闫"）皋之众隶之。

前护军者，本韩世忠所将庆源府部曲，后以张遇、曹成、马友、李宏、巨师古、王瓊、崔增之众隶之。

后护军者，本岳飞所将河北部曲，后以韩京、吴锡、李山、赵秉渊、任士安之众隶之。

左护军者，本刘光世廊延部曲，其后王德、郦琼、靳赛自以其众隶之。

右护军者，本吴玠泾原部曲，后得秦凤散卒及刘子羽、关师古之众隶之。

此条所载有不确切和不全面之处。如巨师古全军万人，至绍兴三年九月，有二千隶王瓊（后隶韩世忠），余八千隶张俊，此条却说巨师古之众隶韩世忠；岳飞所部在绍兴五年六月镇压了杨幺起义军，"得强壮者数万人以充军"，此条却根本没有提及。尽管如此，参据有关资料可以证实，此条所载还是反映了诸大将兵的基本来源。以下先就东南地区诸大将兵的来源进行说明。

张俊所部行营中护军的来源：

1. 张俊（凤翔府成纪人）信德府（邢州）部曲①——靖康元年冬，金兵围开封，张俊勒兵从信德府守臣梁扬祖勤王（兵数，《建炎以来系年要录》卷一癸未作"万人"，《宋史·高宗纪（一）》作"三千人"），至大名，隶属大元帅府，为后军统制。高宗即位，任御营前军统制。

2. 忠锐诸将——绍兴二年二月，南宋政府将招安的游寇和南归的忠义民兵组成御前忠锐军，兵数约二万人。其将官有：崔增（磁州人，淮南游寇）、李捧（淮南游寇张琪的部将）、邵青（济南人，江淮游寇）、单德忠（邵青部将）、史康民（濮州人，淮南游寇）、赵延寿（荆襄游寇）、王林（荆襄游寇刘忠的部将）、张守忠（原名张俊，淮南游寇）、赵琦（江东安抚大使司都统制韩世清的部将）、李振（不详）、徐文（密州人，山东忠义民兵）、范温（莱州人，山东忠义民兵）。绍兴二、三年间，邵青、徐文、范温所部拨隶神

---

① 本文所注地名，皆以宋代行政区划为准。

武中军统制杨沂中,其余大部分拨隶神武右军都统制张俊。①

3. 张俊亲兵——按,所谓"张俊亲兵"即后来拨隶张俊的,故此"张俊"与随同梁扬祖勤王的张俊非为同一人无疑。南宋初年宰相皆有亲兵,则似此处之"张俊"或是宰相张浚之讹。但张浚亲兵在绍兴四年二月拨隶杨沂中(后改隶三衙),②而这时杨沂中已不隶张俊。恐李心传此处所书失实。

4. 张用(相州人)所部——建炎间张用聚众数万,曾受东京留守宗泽、杜充的招安,后在江淮间掳掠。绍兴元年六月受张俊招安,有众五万。张俊拣其精锐者留之,并以张用"为本军统制"③。

5. 李横(高密人)所部——李横原隶属溃将桑仲(河北河东路制置副使种师中的部将),绍兴初受招安,任襄阳府、郢州镇抚使,几次出兵伪齐。绍兴四年四月因襄阳失守赴朝廷。南宋政府命"其军万五千人"隶张俊。张俊以"李横为神武右军选锋统领"④。

6. 阎皋(潍州人)所部——阎皋原为潍州牛头河士兵,建炎三年正月乘金兵撤离潍州,率众据之,自为知州。后"与麾下数十人,泛海归于朝廷"。绍兴初为江东安抚司统制,有兵四千余人。绍兴三年十二月改任江西兵马都监,"所部隶神武右军"⑤。

韩世忠部行营前护军的来源:

1. 韩世忠(延安人)庆源府(赵州)部曲——靖康元年秋,韩世忠随真定府总管王渊守赵州。翌年二月率兵千人趋济州。高宗即位,任御营左军统制。⑥

2. 张遇(真定府人)所部——建炎初张遇拥众数万自淮西渡江,纵掠江、池州。建炎二年正月受王渊招安,"其军万人隶世忠"⑦。

3. 曹成(内黄人)所部——建炎间曹成拥众十数万,曾受宗泽、杜充的招安。绍兴初剽掠荆湘间。绍兴二年四月为岳飞所部击溃。"余众四万",受

---

① 《北盟会编》卷155,《系年要录》卷68 绍兴三年九月戊辰。
② 《系年要录》卷73 绍兴四年二月丙午。
③ 《北盟会编》卷147,《系年要录》卷45 癸未、卷46 丙寅。
④ 《系年要录》卷53 己未、卷75 戊子、卷76 乙卯。
⑤ 《系年要录》卷19 丁亥、卷49 庚戌、卷71 辛卯。
⑥ 《宋史·韩世忠传》。
⑦ 《系年要录》卷12 辛亥。

韩世忠招安。

4. 马友（大名府人）所部——建炎间马友拥众数万，曾受宗泽、杜充的招安。绍兴初与曹成同剽掠于荆湘间。绍兴二年六月在潭州被李宏所杀。其众溃散后，韩世忠遣使拣其壮者隶之军。

5. 李宏所部——李宏与曹成、马友为义兄弟，有众数万。绍兴元年十一月与马友合军据潭州。绍兴二年六月袭杀马友。韩世忠以所部围潭州，"宏遂降，尽并其军"，"韩世忠即以宏为宣抚司统制"。①

6. 巨师古所部——建炎末巨师古任建康府路安抚大使司统制。绍兴初为神武后军统制。绍兴三年九月所部万人分隶王㻛、张俊。

7. 王㻛（秦州人）所部——建炎元年王㻛任河东经制使，后自同州引兵遁入蜀。建炎三年二月"以轻兵赴行在"，充御营前军统制。绍兴五年闰二月所部"万五千人隶淮东宣抚使韩世忠"。

8. 崔增（磁州人）所部——崔增原为永州防御使阎瑾的部将，兵溃后在淮南聚众劫掠。建炎四年十一月以兵万余人诣吕颐浩降。绍兴二年为御前忠锐第一将将官。绍兴三年冬从王㻛讨杨幺，败死，所部并入王㻛。②

刘光世所部行营左护军的来源：

1. 刘光世（保安军人）鄜延部曲——靖康元年冬，金兵围开封，鄜延路（路治在延州）马步军副总管、承宣使刘光世"将步骑三千人援京师"，翌年二月"至济州谒康王，命为五军都提举"，高宗即位，改任提举御营使司一行事务。③

2. 王德（通远军人）所部——北宋末王德以武勇应募，隶熙河经略使姚古。"建炎元年以勤王师倍道趋阙（指南京应天府，改隶刘光世）"。④

3. 郦琼（相州人）所部——北宋末至南宋初，郦琼隶宗泽军，驻于磁州。建炎三年九月聚众寇掠淮右。翌年二月"以其众降于江东宣抚使刘光

---

① 以上见《梁溪全集》卷66《具荆湖南北路已见利害奏》、卷72《乞正李宏擅杀马友典刑奏状》，《北盟会编》卷151，《系年要录》卷19乙未、卷49丙辰、卷55庚寅、乙卯，卷58辛巳、卷60甲戌。
② 以上见《系年要录》卷33建炎四年五月末、卷68壬申、卷70癸亥、卷86丁卯。
③ 《系年要录》卷2乙丑，《宋史·刘光世传》。
④ 《宋史·王德传》。

世"①。

4. 靳赛所部——建炎初靳赛曾受招安，率所部屯真州，后转掠江淮。建炎三年闰八月受到刘光世招安。②

岳飞所部行营后护军的来源：

1. 岳飞（相州人）河北部曲——建炎初岳飞为河北招抚司都统制王彦的部将，后改隶东京留守宗泽、杜充，有兵千人。建炎三年秋随杜充南下江淮。建炎四年七月任通泰镇抚使。绍兴元年七月改充神武右副军统制。③

2. 韩京所部——韩京原隶属溃将王以宁，后寇掠荆湘。绍兴初任权枢密院准备将，有兵三千人，屯驻湖南之茶陵。绍兴二年所部强壮"不满一千"，拨隶岳飞。

3. 吴锡（河东人）所部——建炎初吴锡曾受河东制置使赵宗印的招安。建炎三年八月隶属京西南路提点刑狱公事李允文，后为湖南安抚司统制，有兵二千余人。绍兴二年所部强壮"不满一千"拨隶岳飞。④

4. 李山所部——建炎末季李山任江西兵马副都监。绍兴初与福建范汝为起义军战于"邵武军"，"众溃"。绍兴二年有兵六七百人，屯驻西之虔州。绍兴三年九月拨隶岳飞。⑤

5. 赵秉渊（易县人）所部——北宋末赵秉渊自辽归宋。南宋初曾为御营统制苗傅的部将。建炎三年后任江西兵马钤辖。绍兴三年改隶江东宣抚使刘光世，后隶岳飞。⑥

6. 任士安所部——任士安原为御营都统制范琼的部将，有众数千。后隶神武副军都统制辛企宗。绍兴二年六月改隶湖广宣抚使李纲。至绍兴五年拨

---

① 《系年要录》卷28建炎三年九月末、卷31甲戌，《金史·郘琼传》。
② 《系年要录》卷20壬子、卷27己丑。
③ 《金佗粹编》卷4、卷5，《系年要录》卷18己酉、卷35庚申、卷46庚子，《宋史·岳飞传》。
④ 以上见《梁溪全集》卷117《与秦相公第一书别幅》，《斐然集》卷18《寄张相》，《金佗粹编》卷10《措置曹成事宜奏》、卷17《分拣吴锡韩京两军讫申省状》，《北盟会编》卷141，《系年要录》卷27建炎三年闰八月末、卷43戊申、卷53己酉。
⑤ 《梁溪全集》卷68《乞差辛企宗等军马状》，《金佗粹编》卷5，《系年要录》卷48癸巳、卷68丙寅。
⑥ 《宋会要辑稿》兵10之24，《北盟会编》卷155，《系年要录》卷23庚辰、卷68丙寅、卷84壬子、卷136丙申。

隶岳飞。①

　　以上所说张、韩、刘、岳四大将兵的来源，尚有一些细节问题。如绍兴元年八月张用之众五万受招安，张俊拣其军精锐者留之，放散一部分："有投曹成者、有投岳飞者、有投韩世忠者、有去而为民者。"② 又如曹成拥众十数万，在绍兴二年四月为岳飞击溃，即有一部分强壮被拣选充军。余众四万受韩世忠招安，尚有一股人马"不从"，后为岳飞所并。③ 另外，在当时空前动乱的形势下，军队临时调拨以及忽聚忽散的现象时常发生。这些问题说起来琐碎，故从省略。

　　仅从上面粗略的介绍可以看出，张、韩、刘、岳四大将由西北转战东南，最初所将部曲都不过数百或数千，而后来拨隶的军队绝大多数是招降的游寇。如拨隶张俊的忠锐诸将、张用、李横之众，拨隶韩世忠的张遇、曹成、马友、李宏、崔增之众，隶属刘光世的郦琼、靳赛之众，拨隶岳飞的韩京、吴锡之众，即都是招降的游寇。其余拨隶诸大将的军队，主要来自西北等地的勤王兵，但其部众原也大多是游寇。如隶属刘光世的王德之众，在建炎三年三月仅"有众数百"，其后招捕游寇张昱、赵万和郭仲威，至绍兴初才有兵万余人。④ 又如并入韩世忠部的王瓒，建炎三年二月自蜀以轻兵赴朝廷，在是年冬宋金建康战役中，所部溃散。但在建炎四年六月，仅补充受招安的戚方之众就达六千人。⑤

　　南宋初年的游寇，主要是由北方的溃卒和流民组成的。当金兵侵入中原的时候，北方人民即纷纷组织武装，掀起了声势浩大的抗金斗争。遍布黄河两岸、太行东西的各支人民武装力量，既相为声援，同时也希望得到南宋政府的资助。然而由于南宋政府采取敌视甚至瓦解的政策，加之金兵反复的"扫荡"，致使北方人民抗金的武装力量受到严重的削弱。大量从前线溃散下来的军兵和流民，在北方无法立足，便向东南流窜，"拥众多者十数万，少者亦数万人，跨据州县，递相屠掠"⑥。南宋统治者称他们为"游寇"（有时也

---

① 《北盟会编》卷155，《系年要录》卷49癸丑、卷55乙卯、卷90甲辰。
② 《系年要录》卷46丙寅。
③ 《系年要录》卷53丙午。
④ 《北盟会编》卷136，《系年要录》卷21癸巳、卷44丙午、卷46壬午。
⑤ 《系年要录》卷34戊子。
⑥ 《梁溪全集》卷117《与秦相公第一书别幅》。

称"盗贼"、"群盗"等)。① 建炎间，特别是绍兴初年，南宋政府在东南地区用兵，主要就是招讨游寇。张、韩、刘、岳四大将的兵力，正是在招讨游寇的斗争中，才得以发展和壮大起来的。

当然，诸大将各统数万的兵力，不可能皆源于北方的游寇。在镇压南方农民起义（特别是杨幺起义）的过程中，也要拣其强壮者以充军。但是南宋初年的农民起义，仅局限于南宋政府征敛最苛酷、官军和游寇的骚扰最厉害的地方。还不像连年"布满东南"的游寇，更危害南宋政府的统治。另外，诸大将在镇压了南方的农民起义之后，常常大量放散其归农，但平定了北方的游寇，则无法使他们还乡。而不妥善安置，便会再度"流为盗贼"。因此，最常采用的办法就是收容入军。南宋初年，张、韩、刘、岳诸大将兵主要来源于北方的游寇是毫无疑义的。

以下再说明川陕地区吴玠所部行营右护军的来源：

1. 吴玠（德顺军人）泾原部曲及秦凤散卒——建炎三年冬吴玠为宣抚处置司都统制曲端的部将，建炎四年春升任泾原路马步军副总管。是年金兵攻环庆，曲端遣吴玠拒于彭原店，为金所败。曲端弹劾吴玠违节度，罢总管。张浚惜其才，擢为秦凤副总管、兼知凤翔府。宋金富平之战后，"吴玠自凤翔走保大散关之东和尚原"，召集"散卒数千人驻原上"。绍兴初改任秦凤路经略使、知秦州、兼陕西诸路都统制。②

2. 刘子羽（建州人）所部——建炎三年刘子羽为川陕宣抚处置司参议军事。绍兴初任利州路经略使兼知兴元府。绍兴三年宋金饶风关之战后，召集流散，"粗成军伍"（兵数不详）。至绍兴四年罢职，所部归吴玠。③

3. 关师古（陇干人）所部——建炎间关师古任秦凤第十将，绍兴初为熙河统制官。绍兴四年正月"单骑"叛降伪齐，"所集二万余众"，为吴玠所并。④ 吴玠部曲及其拨隶的刘子羽、关师古之众，本属陕西诸路的勤王兵，当陕西诸路为金所占，这些兵便退屯蜀口，以捍蔽四川。

尚需指出，东南地区张、韩、刘、岳和川陕地区吴玠诸大将兵的扩充途径虽有不同，但从籍贯上看，都主要来源于淮水以北，特别是西北地区。例

---

① 《系年要录》卷42乙酉。
② 《北盟会编》卷195，《系年要录》卷39丙寅、卷44乙巳，《宋史·吴玠传》。
③ 《朝野杂记》甲集卷18《关外军马钱粮数》。
④ 《系年要录》卷72绍兴四年正月末、卷74辛亥。

如，《建炎以来朝野杂记》甲集卷一八《关外军马钱粮数》载吴玠所部皆系"关西部曲也"。《建炎以来系年要录》卷八七绍兴五年三月癸卯载韩肖胄言："臣观女真等军，皆畏服西兵劲锐善战。今三大帅（按指张俊、韩世忠、刘光世）所统，颇多西人。"《金佗粹编》卷一一载岳飞《措置杨幺水寇事宜奏》有云："臣所管军马并系西北之人。"《齐东野语》卷二《张魏公三战本末略·符离之师》载史浩云："时张、韩、刘、岳各拥大兵，皆西北战士。"不仅诸大将所辖军兵多系西北人，即诸大将本人和部将亦多系西北人。岳的家乡相州，在北宋时属河北路，其余张俊、韩世忠、刘光世、吴玠四大将的家乡皆属陕西路。李心传《建炎以来朝野杂记》乙集卷一二《渡江后名将皆西北人》、清人赵翼《廿二史札记》卷二六《宋南渡诸将皆北人》有综合性的说明。出现这种情况并非偶然。原在北宋时期，由于边患的影响，西北地区就是重兵所聚之地。常年的战争，又使这里的民性强悍、勇武敢战。当金兵南下侵掠，这里的军民有相当一部分南下成为勤王兵，或为游寇、流民等，后来则分隶于张、韩、刘、岳和吴玠诸大将，遂成为南宋立国的主要军事力量。赵翼说："宋南渡诸将，立功虽在江南，而其人皆北人也。……是南宋之偏安，犹是北宋之余力也。"这种议论是符合历史实际的。

三、诸大将兵的演变

东南和川陕地区的诸大将兵，原属北宋末年兴起的勤王兵，后来则列屯于沿江和四川地区，成为南宋的屯驻大兵。今先把东南地区诸大将兵的演变过程略述如下：

建炎之初，御营诸军全为高宗的扈卫，其后又分拨一部分军兵外出征讨。绍兴初年，张俊所部神武右军和杨沂中所部神武中军共同担任高宗扈卫，其余诸大将各率所部，东征西讨，但无固定的防务地区。《三朝北盟会编》卷一五九载，"（绍兴二年秋）朱胜非再为宰相，首建议遣诸大帅分屯淮南等路各处要害，以经略淮北、荆襄"。诸大将分屯要害，也即成为屯驻大兵。但在绍兴十一年宋金和议前，诸大将的防区常有变化，以下按年代顺序说明其变化过程。

绍兴三年春，诸大将分屯地区：韩世忠为镇江建康府、淮南东路宣抚使，置司镇江府，负责长江下游的防务，刘光世为江东淮西宣抚使，置司池州，负责长江中游的防务，岳飞和王瓌分别为江南西路舒蕲州制置使，荆南府岳鄂潭鼎澧黄州制置使，置司江州和鄂州，负责长江上游的防务（南宋人常把这一区域称作长江上游）。①

绍兴四年，岳飞出兵伪齐，克复襄汉六郡，王𤫉"进剿"杨幺，"无功而还"。南宋政府乃罢王𤫉而以岳飞为湖北荆襄潭州制置使，鄂州置司。② 此后，长江上游的防务全由岳飞负责。

绍兴五年正月，高宗独留杨沂中所部充扈卫，张俊所部"军干处"，对长江中、下游的防务也做了一番调整：韩世忠为淮东宣抚使，驻镇江；刘光世为淮西宣抚使，驻太平州；张俊为江东宣抚使，驻建康。③ 是年三月，韩世忠"举军前屯楚州，以撼山东"④。

绍兴六年春，诸大将移屯北向。"韩世忠自承、楚以图淮阳"，"刘光世屯合肥以招北军"，"张俊练兵建康进屯盱眙"，"岳飞屯襄阳以图中原"，杨沂中率殿前军（原为神武中军）为后翼。⑤ 当年秋、冬，高宗进驻平江，诸大将出兵，大败伪齐军。

绍兴七年，宰相兼都督张俊以刘光世"骄惰不战"，奏请解除其兵权，命王德为行营左护军都统制，郦琼为副都统制，并听都督府节制。由于王、郦二人"不协"，郦琼以兵四万余人叛奔伪齐，王德以兵八千人归属张俊。张俊在绍兴七年八月改充淮西宣抚使，驻军盱眙，闰十月引兵还建康；韩世忠在绍兴六年三月改充京东淮东宣抚处置使，翌年十二月留屯楚州，屏蔽江淮；岳飞在绍兴七年二月改充湖北京西宣抚使，是年秋驻师江州，为淮浙声援，翌年还军鄂州。

绍兴八年宋金订立和议，诸大将原地屯驻。绍兴十年金朝败盟，刘锜以马司军近二万人屯顺昌，首败金兵。继之张、韩、岳诸大将兵及杨沂中所部殿前军分路挺进，都取得不同程度的胜利。

诸大将之兵自绍兴三年分屯淮南、荆襄等处要害，至绍兴十年分路出击，大败金兵，使宋金双方的力量对比发生了重要变化。当绍兴十一年初，金兵再犯淮西，高宗对大臣说："中外议论纷然，以敌逼江为忧。殊不知今日之

---

① 《系年要录》卷68绍兴三年九月乙亥。
② 《金佗粹编》卷6，《系年要录》卷79绍兴四年八月壬寅。
③ 《系年要录》卷84绍兴五年正月癸亥、壬申。
④ 《系年要录》卷86绍兴五年闰二月丙寅、卷87三月甲寅。
⑤ 《系年要录》卷98绍兴六年二月辛亥。

势,与建炎不同。建炎之间,我军皆退保江南,……今韩世忠屯淮东,刘锜屯淮西,岳飞屯上游,张俊方自建康进兵前渡。敌窥江则我兵皆乘其后,今虚镇江一路,以檄呼敌渡江,亦不敢来。"① 依仗诸大将之兵才在东南地区站住脚的高宗,这时所感到的对他统治权的威胁,已不是金兵,而是拥重兵的诸大将。正是在这种情势下,高宗、秦桧一伙密谋,于绍兴十一年四月十一日召张、韩、岳三大将还朝,除张、韩为枢密使,岳飞为枢密副使,一举解除了三大将的兵权。同月二十七日又诏:

> 韩世忠、张俊、岳飞已除枢密使、副,其旧领宣抚等司可罢,遇出师临时取旨。其宣抚等司见今所管统制、统领官将副以下(原误作"上",据《金佗续编》卷十二引文改),并改充御前统制、统领官将副,隶枢密院,各带"御前"字入衔,有司铸印给付,且令依旧驻扎。将来调发,并三省,枢密院得旨施行。②

废罢三大将宣抚等司,各司统制、统领官改隶"御前",诸军遂以"御前"立名,而驻扎州名则冠军名之上。诸将秩高者升任御前诸军都统制,设置都统司统辖军队。张俊所部改称建康府驻扎御前诸军,王德任都统制;韩世忠所部(绍兴十一年六月自楚州移屯镇江)改称镇江府驻扎御前诸军,解元任都统制;岳飞所部改称鄂州驻扎御前诸军,王贵任都统制。

原节制行营左护处的刘光世虽于绍兴七年罢职,但在绍兴十年宋金战争时又被起用为三京招抚处置使,并统辖一部分军兵。绍兴十二年十二月此军正式定名为池州太平州驻扎御前诸军,由王进任都统制,后"除去太平州三字",改名池州驻扎御前诸军。③

绍兴末年,因宋金关系再度紧张,沿长江重又创置了江州、荆南府御前军。江州御前军主要由"殿前及步军司各三千人,马军司及新招兵各二千人"组成。荆南府御前军主要由刘锜所招六千效用兵和鄂州都统司分遣五千

---

① 《皇宋中兴两朝圣政》卷27绍兴十一年二月丙子。
② 《宋会要辑稿》职官32之37。
③ 《系年要录》卷147癸酉、171己卯。

军兵组成。① 沿长江重镇设置的镇江、建康、鄂州、池州、江州、荆南府御前诸军,南宋史书一般称为"江上诸军"。

下边,再把川陕地区吴玠部队的演变过程略述如下:

川陕地区吴玠所部在建炎四年富平之战后,扼守凤州东境的和尚原。绍兴三年改守兴州东境的仙人关。和尚原、仙人关都是"川蜀紧要门户",金兵屡欲打通蜀口,深入四川,摇撼东南,由于吴玠所部扼其冲,始终没能得逞。

绍兴九年正月吴玠以军功升任四川宣抚使,六月卒于仙人关,所部分由行营右护军都统制吴璘(吴玠弟)、川陕宣抚司都统制杨政、枢密院都统制郭浩三大将统辖。绍兴十一年四月,张、韩、岳三大将罢兵权,所部改称某州驻扎御前诸军,"独川陕如故"。绍兴十八年,吴璘改任利州西路驻扎御前诸军都统制,杨政改任利州东路驻扎御前诸军都统制。当时驻金州的枢密院都统制郭浩已死,继任将官但称"节制屯驻御前军马",绍兴三十年始"正名"为金房开达州御前诸军都统制。乾道五年十月四川宣抚使王炎又奏"今员琦在兴州,吴拱在兴元府,王承祖在金州驻扎,其阶衔内员琦尚带利州西路、吴拱尚带利州东路、王承祖尚带金房开达州副都统制,委是名称未正。望将川路三都统并随驻扎州军系衔"。南宋政府采纳这个建议,以"吴拱充兴元府,员琦充兴州,并驻扎御前诸军都统制,王承祖充金州驻御前诸军,副都统制"。四川三处御前军,兵力偏重于兴州,而兴州的兵权主要为吴家所掌握。宁宗开禧年间北伐金朝,四川宣抚副使、兴州驻扎御前诸军都统制吴曦(吴璘孙)发动叛乱。南宋政府平定这次叛乱后,又将兴州御前诸军分其半屯于利州,兴州改名沔州,沔州除都统制,利州除副都统制。②

总括上述,东南和川陕地区的诸大将兵,分别在绍兴三年和建炎四年后逐渐演变为南宋的屯驻大兵。其军的名称在绍兴十一年张、韩、岳三大将罢兵权后,次第改称某州驻扎御前诸军。江上御前诸军:镇江府、建康府、鄂州三军分别是韩家军、张家军和岳家军的直接后身,后来创置的池州、江州、荆南府三军都是由调拨他军或新招收的军兵组成的,其兵数都不多,故李心

---

① 以上见《系年要录》卷184戊子、卷185四月庚午、五月辛巳、乙酉,《宋史·高宗纪(八)》。

② 《宋会要辑稿》职官32之42至43,《朝野杂记》乙集卷13《十都统制》,《系年要录》卷184丁酉,《两朝纲目备要》卷10己巳。

传说:"东南唯以润(镇江)、升(建康)、鄂三军为根本。"① 四川御前军全是由吴玠所部演变的。"全蜀安堵,且以形势牵制东南",即靠这支军事力量。总计28万余人的江上和四川御前诸军,是屏蔽南宋半壁江山的军事支柱,是南宋政权的主要军事力量。

关于诸大将兵演变为屯驻大兵的原因:

第一,南宋初年,张、韩、刘、岳和吴玠诸大将兵,都是由北方转战到南方的。当北方被金朝占领后,这些兵只得在南方屯驻。正如朱熹所说:"本朝旧来只郡国禁兵而已,但在西北者差精锐耳。渡江后,又添上御前军,却是张、韩辈自起此项兵。后来既不可得而去,只得如此聚屯。"②

第二,南宋时期,江淮、荆襄和四川都成了边防地区,要阻止金兵的南下和稳定内部的统治,必然要在这一地区屯驻重兵。这同北宋时在西北沿边诸路屯驻重兵的道理是一样的。

应该指出,绍兴之后,宋金间的对峙除川陕外,基本在淮水一线。经理淮南,北可以图复中原,南可以屏蔽江南。然而南宋政府却把大军屯驻在长江一线,淮南只派少量戍兵分番把守,其故何在呢?原来,早在绍兴四年,金朝的军事首脑完颜宗翰(粘罕)就在致南宋政府书中提出过"淮南毋得屯驻军马"的意见,③ 后来又派遣使臣要挟南宋将长江以北的地界划归伪齐。当南宋政府中主张抗战的大臣在相位时,曾"以理拒之"④,并派大军移屯北向,讨伐伪齐,抗御金兵。而当秦桧为相,与金议和后,对金妥协,便把大军全部移屯江南。

(原载于《南开史学》1986年第2期)

---

① 《朝野杂记》甲集卷118《绍兴内外大军数》。
② 《朱子语类》卷110《论兵》。
③ 《系年要录》卷78绍兴四年七月辛未。
④ 《系年要录》卷87绍兴五年三月壬寅。

南宋的三衙诸军

北宋建国以后所设置的诸种武装力量，至"靖康之变"，大都被金兵击溃。南宋初年重新聚集与组织起来的武装力量，与北宋已有很大不同。孝宗乾道五年（1169）薛季宣在《召对札子》中说道："厢军之置，即唐方镇之兵是也；周世宗及我太祖皇帝增置禁旅，则今之禁卫与诸州之禁兵是也；神宗皇帝立将兵之法，今之帅藩系将禁军是也；太上皇帝（即宋高宗）收诸将麾下，作三衙、御前诸军，今之大军是也。四者之外，复有弓手、土军、役兵。今惟大军可供战伐之用，将兵而下废为皂隶之役。"① 这段文字，指出了南宋军队的种类及其渊源，并说明了由唐、五代、北宋延续到南宋的诸种军队皆"废为皂隶之役"，而真正"可供战伐之用"的，是宋高宗时创建的三衙和御前诸军，二者合称为大军。本文专就南宋三衙诸军的形成及演变过程加以考述。

一、北宋三衙制度的瓦解

北宋三衙是指殿前司、侍卫亲军马军司和侍卫亲军步军司。宋初只有殿前和侍卫亲军马步二司，真宗时侍卫亲军马步司分为二，"并殿前号三衙"②。三衙"分天下兵而领之"，为全国最高统兵机构。其中"殿前司掌殿前诸班直及步骑诸指挥之名籍，凡统制、训练、番卫、戍守、迁补、赏罚，皆总其政令。入则侍卫殿陛，出则扈从乘舆，大礼则提点编排，整肃禁卫卤簿仪仗，掌宿卫之事"。侍卫亲军马军司和侍卫亲军步军司分掌马军和步军诸指挥之名籍，此外所掌与殿前司同。③

三衙各置都指挥使、副都指挥使、都虞候一人为长官。三衙都指挥使又

---

① 《浪语集》卷16。
② 《山堂先生群书考索》后集卷12《官制》。
③ 《宋会要辑稿》职官32之4。

称三帅,地位很是重要。宋神宗曾说:"殿前、马、步军三帅,朝廷待遇,礼继二府(即中书和枢密院),事体至重。"①

北宋建国初期,殿前、侍卫二司所辖禁军皆聚集京师而更戍州郡。真宗后州郡纷置禁军,京师禁军更戍州郡的制度逐渐废弛。迨神宗时罢更戍法,行将兵法,州郡与京师禁军基本分成两个系统。州郡禁军为地方的守备兵,直接受所在地区的安抚司统辖,而遥隶于三衙。京师禁军为中央的宿卫兵,直接由三衙统辖,"不复戍役"州郡。②

宿卫京师的禁军,较重要的有"殿前司捧日、天武,马军司龙卫,步军司神卫,谓之上四军"③。上四军分置四厢都指挥使,分管京城四厢及三衙马军:"捧日四厢管旧城左厢及殿前司马军,天武四厢管旧城右厢及殿前司马军,龙卫四厢管新城左厢及马军司马军,神卫四厢管新城右厢及步军司马军。"④ 直接担负保卫皇帝任务的,有殿前司诸班直,"执事殿陛,宿卫宫省,扈从乘舆";⑤ 有皇城司,"掌宫城出入之禁令";⑥ 有禁卫所,掌管"车驾行幸仪卫",⑦ 其兵士一般由殿前司诸班与皇城司差充。

北宋禁军的部署,深受统治者所推行的强干弱枝政策以及边患的影响,重兵所聚之地一直是京师开封和西北沿边地区,东南和四川地区的禁军既寡且弱。京师禁军常保持十余万人,但至"宣和间,仅存三万而已。京城之破,多死于敌"⑧。

南宋建国初期,北方崛起的金国继续发动大规模的南侵。宋设置在北方的禁军渐随国土的丧失而不复存在,南方存留少数的禁军仍归所在地区的安抚司统辖,新发展起来的诸将兵分隶"行在"御营、东京留守、陕西节制等司统辖,皆不隶三衙。当时驻守京师的三衙军,实际成为东京留守司军的一支,兵力十分寡弱。建炎三年(1129)秋,东京副留守郭仲荀"以敌逼京

---

① 《宋会要辑稿》职官32之5。
② 《玉海》卷139《庆历兵录·赡边录·嘉祐兵数》。
③ 《续资治通鉴长编》卷99乾兴元年七月癸巳。
④ 《玉海》卷139《宋朝四厢军》。
⑤ 《长编纪事本末》卷66《议减兵杂类》。
⑥ 《宋史·职官志(六)》。
⑦ 《宋史·仪卫志(二)》。
⑧ 《建炎以来朝野杂记》甲集卷18《三衙废复》。

城，粮储告竭，遂率余兵赴行在（当时'行在'设在建康）"①。尔后不久，这支军兵也在金军攻击之下"多散而为盗"②。绍兴初年，三衙依然处于名存实亡的状态。庄绰《鸡肋编》卷中载：

> 绍兴中，以财用窘匮，武臣以军功入仕者甚众，俸给米麦，虽宗室亦减半支给。其后半复中损至于再三，遂至正任观察使才请两石六斗，唯统兵官依旧全支。若刘（光世）、韩（世忠）二开府，张俊（"俊"原误作"浚"）太尉、王璱承宣等乃为统兵官，如殿前、马、步三帅皆不得预。时步军都指挥使兰整云："昔为殿前班长行（即战士），请米四石八斗，今作步军太尉乃反不如，而又不得为统兵官。"是尤可笑也。（原注：盖是时殿前诸军数才数百，见殿帅郭仲荀云："窠坐之外三十八人，每人卫宿有从者，只十五人也。"）

这里所载"绍兴中"，虽不知究系何年，但其中提到统兵官王璱，则知必在绍兴五年（1135）以前。③ 其中所说武臣"俸给米麦"的差别，明确反映了"绍兴中"的统兵官是刘、韩、张、王诸将，而不是殿前、马、步三帅。三衙的统兵数，这段记载尚不具体，据《建炎以来系年要录》卷八七绍兴五年三月癸未载："时殿前有兵九百余人，马、步军各六百余人而已。"

北宋时期内守京师、外驻州郡的禁军皆隶三衙。南宋初年京师禁军荡然无存，州郡禁军与三衙分离，新起的诸将兵（其军名屡有变更，后次第改称御前诸军，屯驻沿江和四川地区，隶都统司）皆不属三衙。因此，北宋的三衙制度至南宋初年已经瓦解。

二、南宋三衙诸军的建立

南宋建国初期，高宗南渡江淮，其身边的军队除有担任扈从的诸将兵，

---

① 《建炎以来朝野杂记》甲集卷18《三衙废复》。
② 《建炎以来系年要录》卷29建炎三年十一月丙寅，卷30建炎三年十二月戊戌，卷31建炎四年正月癸丑（以下简称《系年要录》）。
③ 《系年要录》卷86绍兴五年闰二月丁卯载："王璱提举江州太平观"，"以璱兵万五千人隶淮东宣抚使韩世忠"。

还有少数担任宿卫的禁卫班直兵。南宋三衙诸军的建立，与高宗宿卫兵的变化有密切的关系。

建炎三年冬，金兵进犯江浙，高宗南逃至明州，宿卫兵发生变乱。《建炎以来朝野杂记》甲集卷十八《三衙废复》载：

> 上将航海避兵，而卫士张宝等不欲行，因吕元直（即吕颐浩）入朝，率众围之，出语不逊。上怒，诛十七人于明州市，除行门外，尽废其班。

班直既废，高宗身边只有诸将兵——辛永宗所部御前中军和姚端率领的吕颐浩亲兵。翌年四月，高宗航海回会稽，命"御前中军统制辛永宗，更选兵三百人直殿岩"，实际是取代班直的宿卫任务。签书枢密院事赵鼎为此向高宗建言："陛下初即位，议限祖宗之政，至今未行一二。而祖宗于兵政最为留意，熙宁变旧章，独不敢议。盖自艺祖践祚，与赵普讲明利害，著为令典，万世守之不可失也。昨明州班直，缘诉事纷乱，非其本谋，乃尽废之，是因噎而废食。今诸将各总重兵，不隶三衙，则兵政已坏。独卫兵仿佛旧制，亦扫荡不存。是祖宗之法废于陛下之手，臣甚惜之。"① 这番话提出"复祖宗之政"，颇起作用。高宗立即命"御前中军差赴禁卫所充亲兵祗应共三百四十八人，并特令改刺充皇城司亲从五指挥收管"②。不久又命"神武中军（即御前中军的改称）益选亲兵，通旧作六百人，更番入直禁中，不隶禁卫所"③。增置的宿卫兵，总数"不满三千"④，与分隶诸将的兵数差别仍然悬殊，故当时的朝臣如汪藻、廖刚、沈与求、胡安国等仍以"添置禁卫"为言。⑤ 但高宗并没有按照朝臣的建议，继续增置宿卫兵。他认为"一卫士请给可赡三四

---

① 《系年要录》卷33建炎四年五月戊午。
② 《宋会要辑稿》职官34之34。《系年要录》卷33建炎四年五月己巳载："诏御前中军差充禁卫亲兵三百四十八人，又改刺皇城亲从司五指挥。"与《会要》所载不同，今不取。
③ 《系年要录》卷36建炎四年八月癸酉。
④ 《建炎以来朝野杂记》甲集卷18《三衙废复》。
⑤ 《宋会要辑稿》职官32之9至10。

兵"①，增置宿卫兵，势必增加财用。他的打算是整顿和充实神武中军，以直接充任宿卫兵。这样既能达到朝臣所说的目的，又可以节省财用。

自建炎三年冬，高宗"航海避兵"，辛永宗所部神武中军就一直担任高宗的扈卫。绍兴元年十一月辛永宗因与宰相吕颐浩有隙，被解除军职，由神武后军统制巨师古权中军统制。绍兴二年三月神武右军中部统制杨沂中改任神武中军统制兼提举宿卫亲兵②。杨沂中原为武右军都统制张俊的部将，张俊这时曾上奏，希望仍把杨沂中留在军中，高宗回答说："宿卫乏帅，朕所选为，不可易也。"③ 高宗又对执政大臣说："朕命杨沂中治神武中军，此皆宿卫兵也。"④ 杨沂中初任职时，"中军卒不满五千，疲癃者居半"⑤，经几年整顿和充实，确有较大的变化，以下诸条可见：

绍兴二年五月，南宋政府命"御前忠锐第四将邵青充绍兴府兵马钤辖"，"所部精锐千三百人隶神武中军"⑥。十月，"都督府统制军马刘绍先充福州兵马钤辖"，所部精锐分隶刘光世、杨沂中⑦。绍兴三年正月，杨沂中以"中军现管五将，更于水军内选五百人为第六将"，"时中军才五千人也"⑧。

绍兴三年四月，御前忠锐第七将徐文叛奔伪齐，五月，"复归者千余人，诏隶神武中军"⑨。绍兴三年正月，范温自登州率兵二千六百余人归南宋，七月，"范温以所部充神武中军左部统领"⑩。

绍兴三年九月，张浚自陕西赴朝廷，随行军兵八千余人，遣回五千人，存留三千余人。绍兴四年二月，"诏浚随行军马，尽付神武中军"。三月，杨沂中"以张浚所携西兵为选锋部"⑪。

---

① 《宋会要辑稿》职官32之9至10。
② 宿卫亲兵于绍兴十二年全部改隶皇城司，见《玉海》卷139《绍兴宿卫亲兵》。
③ 《宋史·杨存中传》。
④ 《宋会要辑稿》职官32之9至10。
⑤ 《宋史·杨存中传》。
⑥ 《系年要录》卷54绍兴二年五月壬午。
⑦ 《三朝北盟会编》卷153绍兴二年十月，《系年要录》卷59绍兴二年十月乙巳。
⑧ 《系年要录》卷62绍兴三年正月戊寅、卷64绍兴三年四月甲午。
⑨ 《系年要录》卷65绍兴三年五月丙辰。
⑩ 《系年要录》卷57绍兴二年八月辛亥、卷67绍兴三年七月甲戌。
⑪ 《系年要录》卷68绍兴三年九月庚辰、卷73绍兴四年二月丙午、卷74绍兴四年三月乙丑。

至此，神武中军的兵力当有万人以上。

绍兴五年二月，神武中军举行"排置之法"，"每五百人为一指挥，选将校，置兵籍"①。十二月己亥朔，因罢神武军名，高宗命"杨沂中差权主管殿前司公事，应本军统制、统领，改充殿前司统制、统领官，余官依此"②。

杨沂中所部神武中军长期担负宿卫任务，改充殿前司是很自然的事。然而这一措施的重要意义在于殿前司自此拥有较多的兵力，三衙也自此改变了名存实亡的状态。

殿司军建立不久，赵鼎建议："应都督府军马，并拨隶三衙。"高宗答道："祖宗故事，应军马未有不入三衙者，今厘正之，甚善。"③ 都督府为统一调动诸将而置，由宰相兼都督，并直接统辖一部分军马。《系年要录》卷九六绍兴五年十二月庚戌记载了都督府所辖军马的名称，其中，都督府中军统制吴锡拨隶于殿前司④，但左军统制杜湛却改隶岳飞⑤，摧锋军统制韩京绍兴六年仍隶都督府⑥。当时的宰相兼都督张浚正部署用兵伪齐，且打算收诸将兵隶之督府。因此，赵鼎的建议，实际执行时是有变化的。

殿司军建立前后，侍卫马、步二司的兵数也略有增加。《系年要录》卷九六绍兴五年十二月庚子载：

> 自渡江以来，三衙名存实亡。逮赵鼎、张浚并相，乃以杨沂中所将隶殿前司、解潜部曲隶马军司、统制官颜渐部曲隶步军司。沂中之军本辛永宗部曲，后又益以他兵，故其众特盛，潜之军才二千余；渐所统乌合之众而已。（原注：颜渐今月乙巳差充湖南安抚司使唤，其兵以壬寅日隶步军司。今并附此。）

---

① 《系年要录》卷85绍兴五年二月戊戌。
② 《宋会要辑稿》职官32之11。
③ 《系年要录》卷96绍兴五年十二月辛未。
④ 《三朝北盟会编》卷168绍兴五年十二月，《系年要录》卷96绍兴五年十二月庚戌。
⑤ 《系年要录》卷109绍兴七年二月丁巳。
⑥ 《系年要录》卷105绍兴六年九月庚午。

解潜之军凡"二千余",在绍兴五年九月壬辰(二十二日)隶马军司。① 颜渐之军为"千一百人",在绍兴五年十二月壬寅(四日)隶步军司。② 二司原有军兵"各六百余人",并入解潜、颜渐所部兵,总计五千余人,"不能敌殿司之半"。③ 绍兴七年三月王彦所部行营前护副军(即八字军)万人和刘錡所部兵(兵数少,不能成军)又并入马军司。④ 至此,三衙诸军基本建立起来。

由上所述可以看出,南宋三衙诸军是为了加强高宗宿卫兵的力量,并用以牵制诸将兵而建立起来的;三衙诸军的兵力,不是三衙本身所辖兵力扩充的结果,而是靠并入诸将兵。至绍兴七年三月,三衙并军情况为:⑤

殿前司:辛永宗,不足五千。邵青,一千三百。刘绍光(不详)。徐文,一千以上。范温,二千六百。张浚,三千以上。

马军司:解潜,二千以上。王彦,一万。刘錡(不详)。

步军司:颜渐,一千一百。

值得指出的是,并入三衙的诸将兵,主要来源于北宋重兵所聚的西北地区。如辛永宗、张浚、解潜、颜渐所部来源于陕西;王彦所部来源于河北;邵青、徐文、范温所部来源于山东。其中,并入殿前的诸将兵最为庞杂,但其主要来源于西北殆无疑义。韩元吉曾在《上贺参政书》中说:"西北军额,皆系于殿前。"⑥ 由此我们可以进一步推断,南宋初年建立的三衙诸军,就是把一部分西北兵并入三衙,以充任宿卫兵,其他还有相当一部分西北兵,即张俊、韩世忠、刘光世、岳飞和吴玠诸大将兵,以及南宋州郡存留的禁军皆不包括在内。这与北宋由三衙统辖天下禁军的制度迥然不同。

三、南宋三衙诸军的演变

南宋三衙统辖的军队,通称宿卫一兵,具体又分两种类型:一类是按北

---

① 《宋史·高宗纪(五)》。
② 《系年要录》卷101绍兴七年五月丙寅。
③ 《建炎以来朝野杂记》甲集卷18《三衙创军本末》。
④ 《系年要录》卷100绍兴七年四月丙申。
⑤ 所列并入三衙的诸将兵数,包括文臣张浚所部;都督府军马拨隶三衙的具体情况不详,故不列在内。
⑥ 《南涧甲乙稿》卷13。

宋兵籍招填的诸班直和上四军等，一类是由"绍兴创置"的三衙诸军。

北宋时期殿前司诸班直名额为"三千六百余人"，至高宗绍兴七年只存"五百余人"，后不断招填，至宁宗庆元二年"见管一千七百五十九人"，此后又以"二千二百五十二人"为定额。① 诸班直的名称有：殿前指挥使左班、殿前指挥使右班、长入祗候、御龙直、金枪班、银枪班、散员、散指挥、骨朵直、散祗候、招箭班、散都头、东西班、茶酒四班、殿直、弓箭直、弩直、散直、禁卫凡二十四班。其班直兵士"于皇城司及三衙旧司选补，皆隶殿司。以中军统制兼指教，统领兼同指教"②。

南宋殿前司诸班直与北宋一样"专充扈卫"。由于缺额数多，又按北宋兵籍招填上四军及拱圣、骁骑等军的缺额，"以充扈从宿卫之数"③。三衙招填的人数可考者：绍兴二十四年殿前司为一千余人，隆兴元年（1163）步军司为一千二百一十九人，隆兴二年马军司为八百八十九人④。《咸淳临安志》卷一四《禁卫兵》载三衙按照北宋兵籍招填禁军的情况为：

殿前司：军名有捧日、天武、拱圣、骁骑、宁朔、广勇。指挥数六。兵数二千。

马军司：军名有龙卫、云骑、武骑。指挥数三。兵数一千。

步军司：军名有神卫、左虎翼、右虎翼、床子弩、飞山、厢军（？）、御营喝探。指挥数七。兵数四千六百。

依照北宋兵籍招填的诸班直和上四军等，主要担负宿卫宫禁的任务，其总数不足一万人。南宋三衙的主体是"绍兴创置"的三衙诸军。

三衙诸军的兵力，在绍兴十一年宋金战争中，马司军增至二万人，殿司军增至三万余人。⑤ 绍兴十八年，殿司军增至七万余人，"兵籍为天下冠"⑥。

---

① 《宋会要辑稿》职官32之11，《玉海》卷139《绍兴宿卫亲兵》，《文献通考·兵考（七）》。

② 《西湖老人繁胜录》，《咸淳临安志》卷14《禁卫兵》和《文献通考·兵考（七）》均载南宋班直为二十四班，但其名称互有差异。今姑依《咸淳临安志》。

③ 《宋会要辑稿》职官32之28，《系年要录》卷149绍兴十三年五月甲子。

④ 《玉海》卷139《绍兴三衙兵》，《文献通考·兵考（七）》，《宋史·兵志（七）》。

⑤ 《系年要录》卷139绍兴十一年正月己未、己巳。

⑥ 《系年要录》卷158绍兴十八年闰八月乙酉。

孝宗乾道年间三衙诸军的发展情况为：①

殿前司：军名有前、右、中、左、后、选锋、策选锋、护圣、游奕、神勇。军数十。兵数七万三千。

马军司：军名有前、右、中、左、后、选锋。军数六。兵数三万。

步军司：军名有前、右、中、左、后。军数五。兵数二万一千。

三衙诸军凡十二万余人，平时宿卫京师，有事则应调出征。为加强对外的防御力量，乾道七年（1171）三月马司军三万全部移戍建康，号"马军行司"。殿、步二司也经常分拨军兵出戍扬州、盱眙军天长县、真州六合县等地，"及时而往，及时而代"②。

南宋的三衙，还在少数州郡要冲之地，"分置诸军以控制之"。殿司分置州郡的军队有韶州摧锋军，泉州左翼军，嘉兴府澉浦、金山水军，凡一万五千人；步司分置州郡的军队有真州六合县淮效军，凡二千人。③

孝宗乾道年间，三衙诸军的发展规模基本定型，此后一直至宁宗嘉泰年间再无大的变化。

从高宗统治后期，三衙诸军已是南宋各军中比较精锐的一支。如在绍兴末年创置的江州、池州驻扎御前诸军，主要是由"三衙之疲弱者"组成的。④而驻守四川地区的军队，经常要"选西兵之骁锐者"部送三衙。⑤三衙诸军的教阅制度也较地方军严格。⑥另外，南宋政府在陕西、四川、广西置司购买战马，其中自陕西马司买来的"强壮阔大、可备战阵"的西马，主要拨付三衙诸军使用。周必大在淳熙二年（1175）所上《论马政》疏中说："臣伏见朝廷岁买西马五千余匹、川马三千六百匹、广马三千匹。西马惟留二分应

---

① 所列三衙诸军发展情况参据《建炎以来朝野杂记》甲集卷18，《景定建康志》卷39，《咸淳临安志》卷14；步军司兵数依据《朝野杂记》，《咸淳临安志》作二万三千人。另外，隶三衙的军队有改隶他司或撤销、改称者，兹从略。

② 《宋会要辑稿》兵5之26至27、6之5至11，《鹤山先生大全文集》卷19《被召除礼部尚书内引奏事第五札》。

③ 《咸淳临安志》卷14。

④ 《建炎以来朝野杂记》甲集卷18《绍兴内外大军数》。

⑤ 《系年要录》卷151绍兴十四年五月丙辰、卷183绍兴十五年四月庚寅、卷160绍兴十九年十二月己巳。

⑥ 《系年要录》卷152绍兴十四年十一月甲子、卷156绍兴十七年七月甲申。

付蜀中，余七十一纲尽付三衙，而以川、广马分给江上诸军（即御前诸军），行之已久，盖有深意。"① 南宋政府的"深意"十分清楚，这就是实行强干弱枝的政策，使中央兵能够制约地方兵。其实，从北宋建国之初就在实行这一政策，南宋政府不过是继而行之。

自宁宗"开禧北伐"起，宋兵制再度出现紊乱。遣往江淮的三衙诸军，往往"战者不得返，戍者不得更"②。至嘉定十五年（1222），驻京师的"三衙马步诸司凡七万余，阙旧额三万"③。理宗端平元年（1234），宋元战争爆发后，宋军的部署及员额更是频频变动。驻守建康的马司军，有相当部分的缺额被用以招填沿江制置司军。④ 驻京城的步司军，于嘉熙末"所管在寨军一万三千六百余人，老病借差约五千有零外，止管强壮八千二百四十二人，三千人充采石捍御，五千人仅可管干寨栅及随番救扑"⑤。殿司军在端平二年至少缺额一万人，不过在淳祐三年（1243），宋廷又命"摘京湖、沿江制司兵，置殿司策应军，屯京口"⑥。宝祐二年（1254），殿司还奉命置浙江水军，最初"创招二千八百人，咸淳四年（1268）增招七千二百人，以一万人为额"⑦。

元军凌厉攻势，摧毁了宋军层层防线。宋恭宗德祐元年（1275）秋，元军分三路会攻临安。宋京城内外守备虚弱，三衙等军或望风溃逃，或乘乱劫杀。⑧ 次年正月，临安沦陷，城内所存三衙等军被"分置"于元军，"别行调遣"。二月丁西（一日），元将命使臣"分镇马步司军数千，赍宋诏趋衢州等处招谕令降"。宋的宿卫兵，已转化为元朝招降的工具。是月辛丑（五日），元"又散罢侍卫禁军"⑨。至此，临安守备完全被元军取代。

---

① 《周益国文忠公集》奏议卷4。
② 《鹤山先生大全文集》卷19。
③ 《宋史·兵志（七）》。
④ 《景定建康志》卷39。
⑤ 《历代名臣奏议》卷339李鸣复奏。
⑥ 《宋史全文》卷32端平二年六月癸亥、卷33淳祐三年七月癸巳。
⑦ 《咸淳临安志》卷14。
⑧ 《元史·伯颜传》。
⑨ 《平宋录》卷中，收入《避戎夜话》一书。

四、结语

北宋时期由三衙统辖内外禁军的制度，至南宋初年已经瓦解。高宗在南渡江淮过程中，为加强宿卫兵的力量，并用以牵制诸将兵，将部分西北将领统辖的勤王兵并入三衙，建立了宿卫京师的三衙诸军。这支军队在高宗统治后期，已发展成为南宋各军中比较精锐的一支。宁宗以后，随着政治腐朽和兵制紊乱，三衙诸军战斗力削弱。至元军攻陷临安，所存三衙军被分置于元军，三衙机构也遂而散罢。

（原载于《北京联合大学学报》1988年第1期）

略论中国封建皇帝的后妃

自公元前221年秦嬴政称始皇帝，至公元1911年辛亥革命推翻清末代皇帝溥仪，其间两千余年，中国一直推行封建专制主义的皇帝制度。皇帝是地主阶级的最高政治代表，拥有至高无上的权力，而作为皇帝妻妾的后妃，也在历史舞台上扮演了重要角色。旧史家常强调"贤妃开国，嬖宠倾邦"，未免过分，但后妃在某些时期，其作用确实超过了皇帝，影响到王朝兴衰。因此，研究一下古代的后妃，对深入批判封建皇帝制度及肃清封建主义的遗毒是有益的。

一、后妃的数额与等级

我国的原始社会自母系转入父系氏族公社之后，婚姻形态已逐步实行一夫一妻制，而在上层贵族中却长期盛行一夫多妻制。恩格斯在《家庭、私有制和国家的起源》中说："最初的阶级压迫，是同男性对女性的奴役同时发生的。"[1] 拥有权势的贵族可以合法占有一定数量的妻妾，将她们作为家族财产、生育继承人的简单工具。中国传说中的五帝之首黄帝便有四妃，其中嫘祖为黄帝正妃。考古发掘的墓葬及甲骨文已证实，商代实行一夫多妻并有妻妾之别。西周末年，幽王既有申后，又有宠妃褒姒，后妃争宠，引起天下大乱，这是众人熟知的事例。汉代大史学家司马迁甚至认为，夏、商、周三代的兴衰皆与后妃的贤恶有关。[2]《礼记·昏仪》记载说："古者天子后立六宫，三夫人，九嫔，二十七世妇，八十一御妻。"即天子除正后外，有一百二十个妻妾。据清以来学者考证，"天子后立六宫"之制是汉人附会的古贤圣制，

---

[1] 《马克思恩格斯选集》第4卷，人民出版社，1972年，第61页。
[2] 司马迁：《史记》卷1《五帝本纪》，中华书局，1959年，第10页。同书卷49《外戚世家》，第1967页。

并非真实可靠，但其反映的古代天子行多妻制则是确实的，而且这种附会之制对后世帝王规定后妃的数额也产生了重要影响。

战国时期，诸侯贵族多妻之风盛行。《墨子·辞过篇》云："当今之君，其畜私也。大国拘女累千，小国累百。"《管子·小匡篇》云："〔齐〕襄公高台广池，……惟女是崇，九妃六嫔，陈妾数千。"秦始皇统一全国之际，将所得诸侯美人集中于咸阳。《史记·秦始皇本纪（六）》载："秦每破诸侯，写放（同'仿'）其宫室，作之咸阳北阪上，南临渭，自雍门以东至泾、渭，殿屋复道周阁相属。所得诸侯美人钟鼓，以充入之。"《后汉书·皇后纪》载："秦并天下，多自骄大，宫备七国，爵列八品。"

汉朝初年仍沿袭秦朝制度。《汉书·外戚传》载："汉兴，因秦之称号，帝母称皇太后，祖母称太皇太后，适（嫡）称皇后，妾皆称夫人。又有美人、良人、八子、七子、长使、少使之号焉。"汉武帝至元帝期间，又增添妃嫔，后宫除皇后外，共分十四个等级，并有爵秩。其十四级名号为：

（1）昭仪（2）婕妤（3）娙娥（4）容华（5）美人（6）八子（7）充依（8）七子（9）良人（10）长使（11）少使（12）正宫（13）顺常（14）无涓、共和、娱灵、保林、良使、夜者。

东汉光武帝即位后，倡导俭朴，后宫名号除皇后、贵人外，仅置美人、宫人、采女三等，皆无爵秩，"岁时赏赐充给而已"[1]。魏晋南朝大致沿袭汉制而稍加增损。[2] 北魏"孝文改定内官：左右昭仪位视大司马，三夫人视三公，三嫔视三卿，六嫔视六卿，世妇视中大夫，御女视元士"[3]。北齐、隋朝基本依《礼记·昏仪》所载，后宫定制一百二十人。唐朝初年规定，皇后以下有妃嫔共一百二十一人，其名号、品级为：

四夫人：贵妃、淑妃、德妃、贤妃各一人，正一品。

九嫔：昭仪、昭容、昭媛、修仪、修容、修媛、充仪、充容、充媛各一人，正二品。

二十七世妇：婕妤九人，正三品；美人九人，正四品；才人九人，正五品。

---

[1] 范晔：《后汉书》卷10《皇后纪》，中华书局，1965年，第400页。
[2] 李延寿：《南史》卷11《后妃传》，中华书局，1975年，第316页。
[3] 李延寿：《北史》卷13《后妃传》，中华书局，1974年，第486页。

八十一御妻：宝林二十七人，正六品；御女二十七人，正七品；采女二十七人，正八品。

玄宗时，改四夫人为三夫人，与周礼之数同。① 唐则天皇帝初入宫为才人，后由昭仪越封为皇后。

宋、明两朝鉴前代后妃干政之祸，后宫人数大为减少，名号也有所变更。② 元、清两朝皆是以少数民族入主中原，其首脑人物的婚姻，开始沿袭本民族的习俗，随着与汉人联系加强，统治稳定，逐渐建立起带本民族特色而又受汉制影响的后妃制度。《元史·后妃表》载："元初，因其国俗，不娶庶姓，非此族也，不居嫡选。……然其居则有斡耳朵之分；没，复有继承守宫之法。"《清史稿·后妃传》载："太祖初起，草创阔略，宫闱未有位号，但循国俗称福晋。福晋盖可敦之转音。史述后妃，后人缘饰名之，非当时本称也。（皇太极）崇德改元，五宫并建，位号既明，等威渐辨。世祖（顺治）定鼎，循前代旧典。"清康熙以后定制，皇帝的妻室有皇后、皇贵妃各一，贵妃二，妃四，嫔六，贵人、常在、答应无定数，分居东西十二宫。③ 葬在清东陵的康熙妃嫔，实有四个皇后，三个皇贵妃，四十八个妃、嫔、贵人、常在、答应等。

皇帝宫中除后妃之外，还有宫官女职，一般有数百人，置专门机构。如汉、晋、隋、唐诸朝设尚宫、尚仪、尚服、尚食、尚寝、尚工，合谓"六尚"，"分掌宫中服御药膳之事"④。

以上所述历代后妃之制，不过是朝廷的定制，皇帝并不受这个限制，实际人数以皇帝的奢朴为定。历史上一些奢侈淫欲之主，后妃人数多达数千上万人。如《汉书·贡禹传》载，汉武帝"多娶好女至数千人，以填后宫"，至以"内多怨女，外多旷夫"。《三国志·吴·贺邵传》载他上书孙皓云："今国无一年之储，家无经月之粮，而后宫之中，坐食者万有余人。"《晋书·胡贵嫔传》载："武帝多内宠，掖庭殆将万人，而并宠者甚众，帝莫知所适，常乘羊车，恣其所之，至便宴寝。宫人乃取竹叶插户，以盐汁洒地，

---

① 刘昫等：《旧唐书》卷51《后妃传》，中华书局，1975年，第2162页。
② 参见《宋会要辑稿》后妃4之1，张廷玉等：《明史》卷113《后妃传》，中华书局，1974年，第3504页。
③ 赵尔巽等：《清史稿》卷214《后妃传》，中华书局，1978年，第8897页。
④ 马端临：《文献通考》卷254《帝系五后纪》，中华书局，1986年，第2005—2007页。

而引帝车。"宋人洪迈在《容斋随笔》中很感慨地说：

> 自汉以来，帝王妃妾之多，唯汉灵帝、吴归命侯、晋武帝、宋苍梧王、齐东昏、陈后主。晋武至于万人。唐世明皇为盛，白乐天《长恨歌》云"后宫佳丽三千人"，杜子美《剑器行》云"先帝侍女八千人"，盖言其多也。《新唐史》所叙，谓开元、天宝中，宫嫔大率至四万。嘻，其甚矣！隋大业离宫遍天下，所在皆置宫女。故裴寂为晋阳宫监，以私侍高祖。及高祖义师经过处，悉置之。其多可想。

帝王多妻的主要理由是"广继嗣"，即保证皇族的权力、财产得以继承。儒家及传统的宗法观念都含有这方面的内容。然而繁衍后代何以妻妾如此之多！"广继嗣"实际是帝王玩弄女性的辩护语，是为满足帝王淫欲而寻找的借口。明末清初的思想家黄宗羲曾指责帝王"敲剥天下之骨髓，离散天下之子女，以奉我一人之淫乐"[①]，真可谓一语击中要害。

二、后妃的来源及相关的礼仪

皇帝采纳后妃不仅是一种婚姻行为，而且是一种政治行为。恩格斯在《家庭、私有制和国家的起源》一书中提出："对于骑士或男爵，以及对于王公本身，结婚是一种政治的行为，是一种借新的联姻来扩大自己势力的机会，起决定作用的是家世的利益，而决不是个人的意愿。"[②] 恩格斯考察西欧中世纪王公贵族的联姻而得出的论断，同样适于中国封建皇帝的后妃制度。在中国封建社会中，君臣联姻历代有之，皇帝借此笼络大臣，大臣由此以固宠，其政治色彩极为明显。但这种联姻常常不能真正起到维系和壮大皇族统治的作用，反而引起朋党之争，宫廷内乱，甚至造成皇帝大权旁落，所以有政治眼光的统治者并不提倡。作为封建皇帝采纳后妃的基本制度，主要来自良家女，即民间良家百姓的子女。《后汉书·皇后纪》载：

---

① 黄宗羲：《明夷待访录》"原君"篇，中华书局，1985年，第2页。
② 《马克思恩格斯选集》第4卷，人民出版社，1972年，第74页。

> 汉法，常因八月算人，遣中大夫与掖庭丞及相工，于洛阳乡中阅视良家童女，年十三以上，二十以下，姿色端丽，合法相者，载还后宫，择视可否，乃用登御。

汉代的后妃不少起自微贱，如文帝窦皇后、景帝王皇后、武帝卫皇后、宣帝许皇后等等。《周书·武帝纪》说："刘（汉）、曹（魏）已降，等列弥繁。选择遍于生女，命秩方于庶职，椒房丹地，有众如云。"可见皇帝采女的范围极广。从实际情况看，南北朝是士族门阀占统治地位的时期，社会习俗讲究清浊门第，皇帝一般与名门望族联姻，使皇族与士族通过血缘纽带结成牢固的统治集团。这种风气一直吹到唐初。唐代后妃还有一些犯罪者的家属。赵翼《廿二史札记》卷十九《没入掖廷》条云："齐王元吉被诛，其妃没入宫为太宗妃。庐江王瑗既诛，其姬入侍太宗。上官仪及子庭芝既被诛，庭芝妻郑及女婉儿配入掖廷。……然其中亦有生贵子者。肃宗为太子时，玄宗命高力士选良家子侍之，力士曰：'京兆料择，人得藉口，不如掖廷衣冠女。'会有吴令珪坐事死，女没入宫，力士选以进，后生代宗，即章敬皇后也。李锜反被诛，其妾郑氏没入宫，宪宗幸之，后生宣宗，即孝明皇后也。"没入掖廷者多为奴婢，得到宠幸的自然为极少数。

宋后宫之制较汉制稍有变通。司马光于英宗治平元年四月所上《后宫等级札子》中云："前世皆择良家子以充后宫，位号等级，各有员数。祖宗之时，犹有公卿大夫之女在宫掖者。其始入宫，皆须年十二三以下，医工诊视，防禁甚严。近岁以来，颇隳旧制。内中下陈之人，竟置私身。等级寖多，无复限极。"他请求"凡初入宫，皆须幼年未适人者。若求乳母，亦须选择良性行和谨者，方得入宫"①。可知宋选士大夫之女入宫，年龄较汉制小。

蒙古南征中原过程中，采纳汉制，简选"天下室女"入宫。世祖忽必烈统一全国不久，大臣耶律铸上言："有司以采室女，乘时害民。如今大郡岁取三人，小郡二人，择其可者，厚赐其父母，否则遣还为宜。"世祖采纳这一意见。② 元朝还有选高丽女之例，元顺帝的奇皇后，便是高丽人。

《明内廷规制考》卷三《戒谕》载，明太祖洪武三年规定："凡天子及亲王之后妃宫人等，必须选择良家子女，以礼聘娶，不拘处所，勿受大臣进送。"

---

① 《司马光奏议》卷12《后宫等级札子》，山西人民出版社，1986年，第134页。
② 宋濂：《元史》卷12《世祖纪》，中华书局，1976年，第247页。

明各朝皇帝选妃嫔，大抵遵祖制，但非通行天下，主要限于京师附近。①

清代选妃有两种。《清史稿·后妃传》载："每三岁选入旗秀女，户部主之；每岁选内务府属旗秀女，内务府主之。"户部所选供皇帝及近亲宗室聘娶；内务府所选则供内宫役使，少数可晋升，地位比前者低。清宗室的后妃限于满族与蒙古族人，满汉限制通婚，主要目的是防止汉化。清初宗室与蒙古科尔沁部关系密切，如孝端文皇后、孝庄文皇后皆出此部，以此协调满蒙关系，巩固北部边防。清末代皇帝溥仪自 1921 年开始选后，社会上出现了"选美活动"，翌年选中婉容为皇后，婉容为满族人。②

封建统治者提倡选良家女入宫自有深意。明于慎行《笔麈》云："汉宣帝许后起微时，故为后从官舆服甚俭。及霍后（霍光女）立，赏赐动以千万计。且不特此也，来自民间，则习见闾阎生计，可以佐人君节俭之治。若必出于勋旧，则勋而兼戚，戚而兼勋，王氏（王莽）祸汉，贾氏（贾南风）祸晋，可为前鉴。本朝选驸马亦然，非但不由勋旧，并不由仕宦，其意深远矣。"

广选良家女之宫，真正能爬到高位，"得幸"皇帝的是极少数人，多数女子入宫后如同幽闭，白白葬送青春，所以愿入宫的女子并不多。晋武帝时广选良家女，使杨后审拣，名家盛族之女多败衣瘁貌，以避此选。唐代有许多宫怨诗，如白居易《上阳白发人》诗云：

> 上阳人，上阳人，红颜暗老白发新。
> 绿衣监使守宫门，一闭上阳多少春！
> 玄宗末岁初入选，入时十六今六十。
> 同时采择百余人，零落年深残此身。

上阳即今洛阳。众多女子从青年妙龄到风烛残年，深锁宫中与世隔绝，其哀怨之情可以想见。明代笔记李诩《戒庵老人漫笔》卷五"讹言取绣女"条载："〔穆宗〕隆庆二年戊辰春正月十二日，哄传朝廷取绣女，民间年十三岁以上无不婚配。霎时惟求得婿，不暇择人。且有睇于门首，见总角经行者，拥之而入，遂以女配焉。凡数日而止，竟不知何自起而有此异也。"虽是

---

① 赵翼：《廿二史札记》卷 32《明代选秀女之制》，北京：中国书店，1987 年，第 475 页。

② 长春市政协文史研究委员会编《末代皇后和皇妃》中《末代皇后》一节。

"哄传"朝廷选妃,百姓却闻之如瘟疫来临一般。清署名"云封山人"的小说《铁花仙史》第十六回,描写了夏瑶枝不愿当选女而投河自尽的情景,同时展现"浙江所点之女,约有六七百名,开出大船六七十号。这日也有父母相送的,也有兄弟相送的,也有亲戚相送的。一路难舍难分,好不凄楚。"还有《驻春园外史》、《定情人》等同时代的小说,描述了奸吏趁皇帝选女之机陷害百姓的情节。皇帝能"眼睛向下"选配民女似是"好事",而这种"好事"却造成民间的骚乱和情人生离死别,成为社会一大弊害。

从选择到确定后妃的过程中,官府制订一整套礼仪制度。杜佑《通典》卷五八《嘉礼·天子纳后》记载婚礼演变说:"夏亲迎于庭。殷亲迎于堂。周制,制限男女之岁,定婚姻之时,亲迎于户,六礼之仪始备。"形成于周的六礼包括:纳采(谓纳采择之礼也)、问名(问其女生母之姓名)、纳吉(男家既卜吉,以告女氏也)、纳征(纳聘财也)、请期(谓男家使人请女家以婚期,由男家告于女家)、亲迎(男子亲迎,受礼于庙)。其礼仪极为严格、繁杂冗长,充分体现了父权家长制下包办、买卖婚姻的性质。西汉成书的《仪礼》、《礼记》对六礼又进行加工整理,使之更加规范、系统,成为官府认可的婚礼礼制。其后一些朝代虽对六礼做了一些变通,撰写一些适应现实的礼制书,但六礼的基本模式一直延续到近代。

皇帝册后时同样有一套繁文缛节。唐玄宗时制订的承前启后的《开元礼》记"临轩册命皇后"之礼有:"临轩命使、皇后受册、皇后受群臣贺、皇后表谢、朝皇太后,皇帝会群臣、群臣上礼、皇后会外命妇、皇后庙见。"我们从中可见朝廷为纳后、册后耗费了巨大的精力与财力。统治者的庆典,成了人民的灾难。由于这些礼仪在当时起到了调节统治者内部等级关系、维护皇权的重要作用,所以统治者是不厌其烦的,而在今天看来并无价值,是应当扫除的陋习。

三、后妃的特殊作用及影响

中国古代的传统观念,是反对妇女参政的。《尚书·牧誓》中说:"牝鸡之晨,惟家之索。"意思是说,女性掌权,如同母鸡报晓,这个家庭就要败落。封建的三纲——君为臣纲、父为子纲、夫为妻纲,要求妇女处于服从的地位。

按照中国古代的宗法制度,封建的国家乃是家族的扩大。统治阶层的妇女地位同样低于男子,但她们与被统治阶层的妇女又有很大区别,因为她们是劳动人民的压迫剥削者，往往有条件学习一些文化知识，了解一些国家事务，甚至能干预国家政事。

封建皇帝的母、妻——皇太后与皇后，历来被认为是"一国之母"，或"母仪天下"的。《汉书·师丹传》云："皇太后至尊之号，天下一统。"《白虎通德论》卷九《嫁娶》条云："天子之妃谓之后，何？后，君也，天下尊之，故谓之后。"古代天子曾称"后"，后来天子之正妻称"后"，可见地位之尊。尽管如此，按封建官僚体系，"天子听外治，后听内治"，皇太后、皇后"正位宫闱"，只能任"内职"，管宫中妃嫔之事，并无国家行政权力。但在特殊条件下，主要是皇帝年幼时，皇太后可以摄政。

《后汉书·皇后纪》中说："自古虽主幼时艰，王家多衅，必委成冢宰（即大臣），简求忠贤，未有专任妇人，断割重器（即权力）。唯秦芈太后始摄政事，故穰侯权重于昭王，家富于嬴国。"李贤注："太后，昭王母也，号宣太后。《史记》曰，昭王立，年少，宣太后自知事，以同母弟魏冉为将军，任政，封为穰侯。太后摄政，始于此也。"中国历史上太后摄政始于战国时的秦，但秦宣太后摄政时间不长，西汉吕后也因皇帝年少一度临朝。而到东汉章帝以后，幼主即帝位的十人，其中小的三个月（殇帝），大的十五岁（安帝），故先后有窦、邓、阎、梁、窦、何六太后临朝，掌管朝政达一个世纪之久（公元89至189年）。汉以后诸朝当皇帝年幼时，皇太后临朝称制成为习规。

此外还有两种情况皇太后可以临朝称制：一是皇帝因疾病不能视事。如宋英宗感疾，请曹太后同处分军国事，宋神宗寝疾，宰相王珪奏请高太后权同听政。二是皇帝逝世，或有遗诏。如唐高宗崩，遗诏军国大事，听天后（则天）处分；宋真宗崩，遗诏太子即位，军国大事权同太后处分。

在中国历史上，并没有明文规定女子不得为皇帝，但对此似乎成为历史上共同默守的惯例，仅唐则天皇帝为例外。皇太后摄政，历史上也无成文法可稽，而由于自秦宣太后摄政以后，后代多援引前代故事以为成规，蔡邕《独断》中便讲到太后临朝称制的一些仪式。两汉、北魏、辽、宋、夏、元、清诸朝都出现一些颇有权势的皇太后。皇后的权势远不及皇太后，但与皇帝朝夕相处，也影响着皇帝的决策，特别是在皇帝患病或荒于酒色不能正常行使大权时，皇后也能干预国家大事。

对皇太后、皇后掌管朝政或干政所起的作用要做具体分析。如掌大权的东汉诸皇太后，引起外戚、宦官长期争权夺利；西晋的贾后，引起八王之乱；清慈禧太后，加速了中国半殖民地半封建的进程。又如唐玄宗的杨贵妃、明宪宗的万贵妃，皆以狐媚惑主，败坏了朝纲。对社会发展起了一定的推动作用的，如北魏的冯太后，积极推行改革，促进了中华各民族间的融合。唐武则天，从妃子、皇后、皇太后到皇帝，统治了半个世纪，所推行的基本政策是好的，继承了贞观传统，为"开元之治"奠定了基础。又如唐太宗的长孙皇后，明太祖的马皇后，都懂得自律的美德，帮助丈夫成就了大业。还有清孝庄文皇后，辅助皇太极、福临、玄烨三帝执政，巧妙协调了满族贵族间的矛盾，为"康乾盛世"创造了条件。

就后妃个人而言，同我们分析其他事物一样，不能一概而论，其中有贤淑懿德，有妖惑失德。但就后妃制度，作为皇帝与后妃的裙带关系体制，皇帝制度的附属物，我们是要加以否定的。后妃制度在历史上的恶劣影响，集中表现在以下三方面：

首先是影响政局的稳定。后妃内部不仅分帮结派，明争暗斗，而且她们常常扮演特洛伊木马的角色，引来一大批外戚与宦官。外戚、宦官又常与官僚集团相勾结，形成各自朋党，并导致与皇权的矛盾冲突。中国历史上最高统治阶层的内乱，常与后妃制度相关。

其次造成经济上的浪费。后宫妃嫔的衣食住行需要大量的开销，随着级别高低并享有恩荫、免税等特权，皇帝还常为她们兴建离宫别馆，其亲族也享受种种优待，结果还是加重了人民的负担。

再是导致道德风尚的败坏。后宫内部争奇斗艳，诱导皇帝纵欲堕落，官僚贵族竞相仿效，"多畜妻室，淫于声色"，而民间许多情人被拆散，甚至生离死别。统治者宣扬的风化礼仪，成了愚弄百姓的说教。

封建社会中一些有见识的政治家或思想家，对后妃制度的弊端有一定认识。他们十分强调"治国必自齐家始"，"正家而天下定"。有些朝代还颁布禁令或采取强制性措施。如汉武帝时立弗陵（昭帝）为太子，为防范其母后专权，索性赐其母钩弋夫人死。他还对左右大臣说："往古国家所以乱也，由主少母壮也。女主独居骄蹇，淫乱自恣，莫能禁也。女不闻吕后邪！"[①] 范晔在《后汉书·皇后纪》的序文中，也强烈地反对太后及其亲属们控制政府，指出"东京皇统屡绝，权归女主，外立者四帝，临朝者六后，莫不定策惟帷，委事父兄，贪孩童以久其政，抑明贤以专其威。任重道悠，利深祸速"。

---

① 司马迁：《史记》卷49《外戚世家》，中华书局，1959年，第1986页。

魏文帝黄初三年（222）九月诏令："妇人与政，乱之本也。自今以后，群臣不得奏事太后，后族之家不得当辅政之任，又不得横受茅土之爵。以此诏传后世，若有背违，天下共诛之。"① 南朝宋建立者武帝于永初三年（422）去世前手诏："后世若有幼主，朝事一委宰相，母后不烦临朝。"②

五代之后建立的宋朝，对后妃及亲族授官有较严格的限制，注重"养之以丰禄高爵，而不使之招权擅事"，大臣们监督作用也很强。③ 明太祖在建国之初即命儒臣修《女诫》，并对翰林学士朱升说："治天下者，正家为先。正家之道，始于谨夫妇。后妃虽母仪天下，然不可俾预政事。""又命工部制红牌，镌戒谕后妃之词，悬于宫中。"④

一方面是历朝后妃干政的禁令，一方面历朝后妃干政的事例不绝。说明这不是个人意愿所能决定的。后妃干政的根子在于封建皇帝制度的本身。只要这种制度继续存在，后妃干政就不会断根。

最后还应指出，女子应与男子地位平等，不能剥夺女子参政的权利。不少封建史家歧视女子，并把某些朝代的灭亡归结为"女祸"，这是不公正的。且不说有些所谓"女祸"与皇帝品德有关，如清唐甄《潜书·女御》中指出的那样："君有德，奸化为贤；君无德，贤化为奸。"今天我们用历史唯物主义的观点考察，一个国家的盛衰兴亡，起决定作用的是社会经济、政治诸因素，而不能过分夸大个别人物。后妃制度作为皇帝制度的附属物，已经随着皇帝制度的崩溃而成为历史的陈迹。今天我们评论它，是为了汲取历史教训，肃清封建专制主义及其伦理观念的恶劣影响，使人们在合理制度下更好、更充分地发挥作用。

（原载于《北京联合大学学报》1991 年第 1 期）

---

① 陈寿：《三国志·魏书》卷 2《文帝纪》，中华书局，1959 年，第 80 页。
② 沈约：《宋书》卷 3《武帝纪》，中华书局，1974 年，第 59 页。
③ 参见《宋会要辑稿》后妃 2 之一，黄淮、杨士奇：《历代名臣奏议》卷 289《外戚》，载大观二年御史中丞吴执中疏，上海古籍出版社，1989 年，第 3768 页。
④ 张廷玉等：《明史》卷 113《后妃传》，中华书局，1974 年，第 3503～3504 页。

论中国古代谏诤的几个问题

在人们的政治生活以至日常生活中,对某一事物的看法常因所处地位、观察角度、认识水平、评价基准不同而发生歧异,甚或"口角"。如何坚持正义而说服对方?如何统一认识并化为行动?这里就有所谓谏诤问题。在中国古代,谏诤的含义广泛一点说,是指"以道正人行"①,"持善间恶"②。即以理正人,以善去恶。具体范围主要指臣下规正君主及朝政缺失,提出改进意见。魏桓范《世要论》说:"夫谏诤者,所以纳君于道,矫枉正非,救上之谬也。"战国时期大思想家荀子指出:"大臣父兄有能进言于君,用则可,不用则去,谓之谏;有能进言于君,用则可,不用则死,谓之争(同诤)。"③看来诤比谏的行为更激进。实际人们习惯上将谏诤二字连用,同表达规正争辩的意思。在中国古代君权至高无上的政体下,臣下的谏诤和君主的纳谏与拒谏,无疑将对国家的政治生活产生重大影响。

一、中国古代谏诤制度的演进

中国古代谏官的谏诤属于监察制度中的一个系统,还有一个御史弹劾系统。"谏官掌献替,以正人主;御史掌纠察,以绳百官。"④ 谏臣的谏诤一般是在君主的日常生活和处理政务的过程之中,而不是监察政令下达之后百官的执行情况,所以这种谏诤具有帮助君主改正过失、正确决策的性质,其手段和方式主要是奉献谏言,故又称为言官。御史则负责监察百官执行政令,对不法官员进行弹劾,故称为法官。谏官和御史,一个对上,一个对下,既各有侧重,又相互协调,构成自上而下严密的监察网络。到封建社会后期,

---

① 《周礼·地官》"司谏"注。
② 《论衡·谴告篇》。
③ 《荀子·臣道篇》。
④ 章如愚:《山堂先生群书考索·续集》卷36《官制门·台谏》。

随着君主专制统治的强化，两者逐渐合一，而侧重点转向监察百官。

谏诤制度作为中国政治制度中的一项重要内容，随时代的发展而不断演变。古文献追述在原始社会末期就存在民主监督制度。部落联盟首长的重大决策要经过议事会讨论决定。黄帝曾设"明台"采纳民意。① "尧有欲谏之鼓，舜有诽谤之木"②，夏禹"悬钟、鼓、铎、磬、鞀"五种乐器③，都是听谏工具。这些追述虽未可尽信，但它多少留下了原始民主的痕迹，而且对后世君主产生了积极影响。

在夏、商、周时期，公卿大夫、乐师、太史，以至百工庶民可以多种形式向君主提意见，朝廷还特别注意采诗以观民风。最早的诗歌总集《诗经》有不少讽谏的内容，可惜作者已无从得知，但其形式一直流传下来。现存汉代辞赋中有很多讽谏的作品。唐朝大诗人白居易曾在《采诗官》中写道："采诗官，采诗听歌导人言。言者无罪闻者诫，下流上通上下泰。"又说："欲开壅蔽达人情，先向歌诗求讽刺。"④ 西周厉王暴虐侈傲，压制舆论，以致"国人莫敢言，道路以目"，结果发生"国人暴动"。春秋战国时期，列国相争，推动各国改革图强，用贤纳谏成为当时政治上的一股潮流。齐桓公用鲍叔牙为"大谏"，齐威王悬赏求谏，鼓励"面刺寡人之过"，对齐国的发展发挥了重要作用。

秦统一全国后，建立起以皇权专制为中心的官僚机构。此时谏官的身份尚不严格，也无专门的统属机构。有谏言之责的一般为皇帝的近臣或侍从。如给事中属加官，"所加或大夫、博士、议郎。掌顾问应对"。谏议大夫"掌论议，无常员，多至数十人，属郎中令"⑤。由于秦始皇在其统治后期实行高压恐怖政策，谏言之路不畅，严重影响了政权的稳定。汉建立以后，拨乱反正，允许并鼓励臣下直言朝政得失，上书言事或当面犯颜的事例大增。自汉文帝始，又命中央和地方官推选贤良方正、直言极谏之士，有力地提高了谏官的地位。但此时谏官的设置基本因袭秦制。

---

① 《管子·桓公问篇》。
② 《吕氏春秋·自知篇》。
③ 见《全上古三代文》卷1《鬻子》。
④ 《白居易集》卷4《讽谕·新乐府》。
⑤ 《通典》卷21《职官三·侍中》。

魏晋南北朝时期，官僚机构发生重要变化。作为皇帝侍从官的侍中、黄门侍郎、给事中等逐渐向职事官过渡，构成以审核为主的门下省的重要成员。魏晋时发展起来的散骑省，至南朝刘宋改为集书省，设置散骑常侍、散骑侍郎、通直散骑常侍、给事中等官员，"掌讽议左右，从容献纳"。它们名义上"虽隶门下，而别为一省"①，实际是以谏言为职的专门机构。

隋唐时期建立了中书（曾称内史）、门下、尚书三省并立的政治体制。隋朝时原隶集书省的散骑官"并属门下省"②，仍司谏言之职。唐朝的谏官分隶门下、中书两省。其中左散骑常侍、左谏议大夫、左补阙、左拾遗隶门下省；右散骑常侍、右谏议大夫、右补阙、右拾遗隶中书省。中书和门下两省的谏官分别谏正于诏书制定之前和之后，以避免最高决策的失误。比较前代，唐朝谏官的员额多，制度系统，而且能参与军国大政的决策和审核监督，成为重要的职事官。

北宋前期，散骑常侍、谏议大夫等成为寄禄官，另置谏院为实际的谏言机构，设知谏院、同知谏院、左右司谏（原左右补阙）、左右正言（原左右拾遗）等谏官司其职。北宋神宗元丰时改制，罢谏院，谏官分隶门下与中书后省。南宋初又以谏官重归谏院，但"不隶两省"③，独立行使职权。宋代鉴于唐末五代"君弱臣强"，加强了对百官的监察，谏官职能发生重大变化，除谏正君主、参议国事，还可以奏劾百官、受理章疏等。此外监察百官的御史也可兼言事之责，设置了言事御史。唐、五代时的御史已有言事之权，但无正式官员，至宋始有专职言谏的御史。这种台谏互兼的趋势强化了皇帝专制，也为元明清时期的台谏合一奠定了基础。

元代中央最高统治机构是中书省、枢密院和御史台，门下省及所属谏官被取消，而以御史兼言职。元成宗时，监察御史李克礼明确指出："今朝廷不设谏官，御史职当言路，即谏官也。"④ 明代罢中书省，实行内阁六部制，又分置台谏官。谏官隶属吏、户、礼、兵、刑、工六科衙门，有都给事中、左右给事中和给事中。御史台改称都察院，中央设都御史，地方分设十三道监察御史。六科给事中不仅有谏君之责，还监察中央六部百官。它们与监察地

---

① 《通典》卷 21《职官三·侍中》。
② 《通典》卷 21《职官三·侍中》。
③ 《宋史》卷 161《职官一·中书省》。
④ 《元史》卷 176《李克礼传》。

方官的十三道监察御史合称科道官。

明代科道官职能相通，互相渗透，而机构分置，互不统属。清初沿袭明制，到雍正年间，设军机处，皇权膨胀，六科给事中皆归属都察院，不再设专门的谏言机构。监察机关实现了台谏合一的体制，监察百官的职能大大提高，而谏君的职能则相应削弱。这种演进过程既是君主专制统治强化的结果，也是君主专制统治走向末路的表现。

实际向君主谏诤的并不限于谏官，常与君主见面的朝廷高层命官、经筵官、侍从官，以及地方官、应考进士，甚至庶民百姓，在某种条件下皆可以谏诤。谏诤的途径及形式当然也不拘一格，而谏诤的状况及效果在很大程度上取决于专制君主。

二、君主的求谏、纳谏与拒谏

自原始社会解体后，中国经历了四千多年的君主专制统治。在这种专制政体结构中，君主的地位至高无上，握有国家的最高权力，没有其他平行的权力主体相制约，也可以摆脱任何法律条文的监督，无论是奴隶主阶级的最高代表——王，或封建地主阶级的最高代表——皇帝，皆是这样。中央及地方的政权机关和文武官吏，必须彻底遵照君主的旨意和命令行事，不允许有任何的抗拒和违反。所谓"一言正而天下定，一言倚而天下靡"，君主的言行和国家的命运息息相关。

君主专制政体虽赋予君主地位至高无上，却不能保证历朝君主代代圣明。实践证明，历代圣明之君少，而暗、庸、昏、暴之君多有。何况圣明之君也是人，而不是神，对天下事务也不可能达到无所不知，处理得万无一失。所以，早在先秦时期，一些有见识的政治家、思想家就提出君主要有臣下的谏诤，要用臣下的智慧补君主的不足，即"假人之长，以补其短"①。他们明确提出："谏者，所以安主也"，"主恶谏则不安"。② 甚至认为："天子有诤臣七人，虽无道，不失其天下。"③ 可见君主纳谏与臣下进谏，是国家兴亡的重

---

① 《吕氏春秋·用众篇》。
② 《管子·形势解篇》。
③ 见《孝经》，转引自《白虎通·谏诤篇》。

要原因。真正能成为圣明之君的，最显著的标志之一，就是善于兼听广纳、集思广益。所谓"木从绳则正，后（即君）从谏则圣"①，"兼听则明，偏信则暗"②，是至理名言。君主之美德，不在于无过，也不可能无过，而在于有自知之明，闻过则改。相反，刚愎自用，恃才傲物，偏听寡闻，拒谏饰非，就会产生种种弊害。

谏诤的实质是言路问题，是民主与文明程度问题。言路是客观存在，而言路通塞则系乎政治明暗。西周召公在劝谏厉王时曾深刻指出："防民之口，甚于防川"，"故为川者决之使导，为民者宣之使言"。"民之有口，犹土之有山川也"③，堵塞有害而无益，疏导才有益而无害。臣下的意见如同君主的言行一样受种种因素的影响，不可能十全十美，"金无足赤，人无完人"，所以君主对此应采取鼓励、宽容的态度。所谓"言之者无罪，闻之者足以戒"④，是人们在长期实践中总结的有益格言。三国的诸葛亮在协助刘备治蜀过程中，便十分强调"人君以多见为智，多闻为神"，要有"孔子不耻下问，周公不耻下贱"的精神，实行"纳言之政"⑤，他还特意设置了"参署"机构，"集众思，广忠益"⑥。鼓励幕府僚佐谏诤，同时自己以身作则，言行一致，取得了显著成效。

经过历代统治者的总结提高，君主在广开言路、鼓励谏诤方面通常采取以下政策措施：

1. 下诏求言——通常在新君即位，或君主在反躬自省、决策军国大事时，或遇自然灾害、天象异常时，下诏允许臣民直言君主过失及朝政利弊。

2. 疏通言路——朝廷设置受理上疏的专门机构，条理上疏者意见；上疏者在特殊情况下，可直至朝堂"击鼓"，上闻君主，以避免主管官员积压或拖延。

3. 选拔谏臣——谏臣通常由君主亲自选任，或通过策问，或通过考核政绩及推荐，正直敢言者方能入选。谏臣秩低选重，便于发挥作用。

---

① 《尚书·说命上》。
② 《资治通鉴》卷192《唐纪八》太宗贞观二年。
③ 《国语·周语》。
④ 《诗经·南关序》。
⑤ 《诸葛亮集》卷3《便宜十六策》。
⑥ 《诸葛亮集》卷2《与群下教》。

4. 宽待言者——对上疏指责君主或朝政过失，其内容不当或不实者，言辞过激或过偏者，一般不予追究惩处。所谓"狂夫之言，圣人择焉"，不论意见正确与否，仅供君主采择。

5. 奖赏切谏者——无论是谏官还是一般臣民，凡勇于谏诤、切中时弊，或婉言讽谏产生积极影响者，一般给予晋升官职或物质奖励。

君主的求谏、纳谏或拒谏，有诸多的主客观因素发挥作用，一般来说：

1. 艰难之时易听谏，顺利之时易拒谏。所谓"事危则志锐，情迫则思深"，在天下大乱或大难的紧要关头，不少君主迫于情势易听谏。而在天下太平、春风得意之时，做到居安思危、慎始敬终是很难的。

2. 励精图治之主易听谏，懈怠荒淫之主易拒谏。尽力把朝政搞得好些，争取有所作为的君主，比较注重"治道"，欢迎臣下多提意见或建议。反之，则高居无为，厌听忠言了。

3. 仁善谦谨之君易听谏，刚烈骄矜之君易拒谏。君主的性情、经验、文化水平直接影响到听谏，其中核心还是虚心的态度。宋人林略说"虚心以为从谏之本"①，颇有道理。过高估计自己者，往往处事武断，一意孤行。

由于主客观因素复杂多变，具体到某一君主身上当然要做具体分析。同一君主，或忽而听谏、忽而拒谏，或先拒后听、先听后拒；有的统治前期基本能听谏，至后期变得拒谏了；也有一生听谏为主流，拒谏是支流的。像秦皇、汉武这样具有雄才大略之名君，不也常有拒谏的时候吗？即使听谏之君，也还有能否在各种不同意见之中，采纳正确的，其中包括少数甚或一个人的意见问题，也就是"拍板"准确，才真正是善于听谏。如汉文帝对晁错所说："言者不狂，而择者不明，国之大患，故在于此。使夫不明择于不狂，是以万听而万不当也。"② 在一定条件之下，臣僚的谏诤可以对君主的决策起决定作用，有些暗弱之君由于得到精明臣僚的匡辅，也实现了一定程度的治理。这些均须结合具体环境做历史的、辩证的分析。

君主的听谏或拒谏，成为政治上的晴雨表。如汉文帝、唐太宗善于听谏，是造就"文景之治"、"贞观之治"的重要原因。孔子说："良药苦口而利于

---

① 《宋史》卷419《林略传》。
② 《汉书》卷49《爰盎晁错传》。

病，忠言逆耳而利于行。汤武以谔谔而昌，桀纣以唯唯而亡。"① 历史上，开国之君大都胸怀豁达，擢贤能，黜庸才；亡国之君大都拒谏饰非，以致谏臣死，谀臣尊。宋代的范祖禹说："国之将兴，必赏谏臣；国之将亡，必杀谏臣。"② 这从一个侧面反映了历史事实，也提供了宝贵的历史借鉴。

三、臣僚的谏诤艺术

先秦时期有见识的政治家、思想家即已指出君主与社稷国家不能画等号。社稷象征着统治阶级的整体利益，君主虽是社稷的中心人物，但君主的言行并不一定符合社稷的利益。在两者发生矛盾时，应把社稷利益置于君主的利益之上，即所谓社稷为重君为轻。"士逢有道之君，则顺其令；逢无道之君，则争其不义。"③ 敢谏君之过、禁君之非，才是"社稷之臣也，国君之宝也"④。

由于君主处于极尊地位，对臣僚有生杀贵贱的决定权，所以臣僚的谏诤是有风险的。韩非子曾形象地说："夫龙之为虫也，柔可狎而骑也。然其喉下有逆鳞径尺，若人有婴之者，则必杀人。人主亦有逆鳞，说者能无婴人主之逆鳞，则几矣。"⑤ 臣僚谏诤若逆龙鳞将被杀死，能不逆龙鳞存活的谏臣很少。韩非子具体分析到，臣僚谏言之繁简、深浅、直隐、华俗，往往遭到君主的挑剔，而且"至言忤于耳而倒于心"，听起来不舒服，"故度理虽正，未必听也；义理虽全，未必用也"。不听、不用尚不算什么，而反遭患祸甚至杀身的事例却很多，所以他感慨君主"难说"而臣僚"难言"。⑥ 他主张臣僚谏诤要善于察君颜色，投其所好，不择手段，以取得积极效果。但他自己就没有运用好，说秦王嬴政而被杀死。宋人洪迈说："韩非作《说难》，而死于说难，盖谏说之难，自古以然。"⑦ 唐朝魏征曾向太宗说过人臣进谏之难："古

---

① 《孔子家语·六本篇》。
② 范祖禹：《唐鉴》卷5《玄宗下》。
③ 《晏子春秋·内篇问上》。
④ 《荀子·臣道篇》。
⑤ 《韩非子·说难篇》。
⑥ 《韩非子·难言篇》。
⑦ 洪迈：《容斋随笔》卷13"谏说之难"。

人云：'未信而谏，则以为谤己；信而不谏，则谓之尸禄。'但人之才器，各有不同。懦弱之人，怀忠直而不能言；疏远之人，恐不信而不得言；怀禄之人，虑不便身而不敢言。所以相与缄默，俛仰过日。"太宗赞成魏征的看法，说："诚如卿言。朕每思之，人臣欲谏，辄惧死亡之祸，与夫赴鼎镬、冒白刃，亦何异哉？故忠贞之臣，非不欲竭诚。竭诚者，乃是极难。"①

尽管臣僚的谏诤有风险，但总还是有一些人出于忠君爱国和政治责任，勇于发表意见。关于臣僚谏诤方法，文献多载有五种，其名词稍有差异，兹列举如下：

《大戴礼》（见《后汉书》卷五七《李云传论》）：讽谏、顺谏、窥谏、指谏、陷谏。

《春秋公羊传》庄公二十四年注：讽谏、顺谏、直谏、争谏、戆谏。

刘向《说苑·正谏》：正谏、降谏、忠谏、戆谏、讽谏。

班固《白虎通·谏诤》：讽谏、顺谏、窥谏、指谏、伯谏。

《孔子家语·辨政》：诵谏、戆谏、降谏、直谏、讽谏。

《唐六典》卷八《门下省·谏议大夫》：讽谏、顺谏、规谏、致谏、直谏。

《册府元龟》卷五二三《谏诤部》：直谏、规谏、讽谏、强谏、遗谏。

以上五种谏法各有解释，相互间的提法虽有异同，而实际是大同小异或实同名异。如讽谏指婉言相谏，谲谏与讽谏含义相近。顺谏、降谏、窥谏指顺情视色相谏。指谏、致谏指质实相谏。正谏、规谏即正言规劝，与质实相谏接近。争谏、忠谏、直谏指敢言直谏。陷谏、戆谏、伯谏、强谏指犯颜强谏。此外，遗谏指临终谏言。古人认为人怀五常——仁、义、礼、智、信，所以法有五谏。五种谏法大致可归为：婉言讽谏、顺情窥谏、质实正谏、敢言直谏、犯颜强谏。

孔子提出谏有五法，"唯度主而行之，吾从其讽谏乎"②。因为讽谏不直指其错，寓文辞而导意，托事类以进说，儒家以为得事君之道，故多推崇之。宋代苏洵作《谏论》，提出不同见解，认为"古今论谏，常与（誉）讽而少直，其说盖出于仲尼。吾以为讽、直一也，顾用之之术何如耳"。他举讽谏不

---

① 吴兢：《贞观政要》卷2《求谏》。
② 《孔子家语·辨政》。

见效而直谏见效的例子之后说:"仲尼之说纯乎经者也,吾之说参乎权而归乎经者也。"他主张谏者要讲究"机智勇辩"的权术,又推衍出五种谏法:"理谕之、势禁之、利诱之、激怒之、隐讽之。"①

无论哪种谏法,目的都是使君主接受意见。哪种谏法好,自然要视君主情形而定,如孔子所说:"度主而行之。"从谏诤的实际效果看,开明的君主比较欢迎"谏其渐",即抓住苗头谏;面谏,当面指出缺失;极谏无隐,把心里话都说出来。从臣子的角度看,要讲究时机、方法和语气等,与君主的情形相适应。语气有主张委婉的,也有主张激切的,也是因所处环境、进谏对象不同。比如魏征主张激切,因唐太宗胸怀宽广,若遇隋炀帝,激切会被杀头的。

古人常云"君圣臣直,君暗臣佞"。君臣在谏诤方面,君主起主导作用。君主的虚怀才能换来臣下的竭诚。汉代荀悦说:"或问进谏、受谏孰难?曰:后(即'后世言')之进谏难也。以受之难故也。若受谏不难,则进谏斯易矣。"②像魏征这样的敢谏之臣都说,他敢提意见,是因为太宗"导臣使言",太宗"若不受,臣敢数批逆鳞哉"③!又如隋、唐之际的大臣裴矩,在隋炀帝时"佞",在唐太宗时"忠",就是因为受君主拒谏与纳谏的影响。宋代史学家司马光很有感慨地说:"裴矩佞于隋而忠于唐,非其性之有变也。君恶闻其过,则忠化为佞;君乐闻直言,则佞化为忠。是知君者表也,臣者景也,表动则景随也。"④司马光的这段评论寓有劝君纳谏之意,所以特别强调君主的主导作用。在君主专制政体下,这种作用确实不容忽视,但我们也不能由此得出绝对化的结论。实际上,即使在"君暗"的情势下,也不乏直言敢谏、大义凛然的气节之士。

四、中国古代谏诤的性质与作用

中国古代的谏诤具有一定的民主色彩。它是统治阶级在本阶级内部实行的一种民主,以便补偏救弊、集思广益,更有效地对被统治阶级实行专制统

---

① 苏洵:《嘉祐集》卷8《谏论》。
② 荀悦:《申鉴·杂言篇下》。
③ 《新唐书》卷97《魏征传》。
④ 《资治通鉴》卷192《唐纪八》高祖武德九年。

治。这种民主发挥得越好，越有利于加强专制统治。在当时的历史条件下，这种民主又是一种有限的民主，因为它受君主的控制，没有法律的保障，更缺乏广泛性。

从形式上看，谏诤主要是下对上提意见，似乎是皇权的对立物，有损于皇威。实际上，它是皇权的补充物，是巩固统治的重要手段。它在封建政权建设中的积极作用，主要体现在以下四点：

一是限制君主为所欲为，滥用职权。谏诤的内容很多是针对君主率情任事、骄奢淫逸、纵容奸佞、横征暴敛的，由此使君主的素质有所提高、不轨行为有所收敛。

二是抑制了危害君主及政权稳固的权臣、宦官及外戚势力的增长。谏臣对君主既约束又维护，尤其是在君主遭受某种势力的严重威胁时，敢于挺身而出，纠劾非分与非法，成为调节监控国家等级秩序的重要力量。

三是对军国大政提出许多有益的见解。谏臣可就朝政得失，其中包括涉及国计民生的一些重大问题广泛发表意见，提出改进办法，促使君主及朝官重视和解决这些问题，尽快兴利除弊。

四是形成一批正直敢谏之士，树立了正气。通常君主能从统治阶级的根本利益考虑，选任和表彰直臣，形成一支战斗力很强的队伍。"文死谏、武死战"成为荣耀的事情。这在政权机构和官僚队伍中起着防腐、清洁的作用。

当然，谏诤运用不好，也会起消极作用。其中有些是主观愿望与客观效果相背离的问题。如汉代一些文化素质较高的臣僚，喜欢以辞赋讽劝君主，而当时流行的赋体过于追求铺张推衍，词藻华美，以致弱化了讽劝功用，甚至起了欲讽反谀的反作用。著名的司马相如作《上林赋》、《大人赋》讽汉武帝，扬雄作《甘泉赋》、《校猎赋》讽汉成帝，讽劝的主观愿望皆未达到。扬雄在晚年总结经验时说："以为赋者，将以风也，必推类而言，极丽靡之辞，闳侈巨衍，竞于使人不能加也，既乃归之于正，然览者已过矣。往时武帝好神仙，相如上《大人赋》，欲以风，帝反缥缥有凌云之志。繇是言之，赋劝而不止，明矣。"① 还有一些谏臣本身素质就不高，喜欢以利口矜能，异口邀名，或意气相争，或党同伐异，加之最高统治者使用安排不当，造成政局混乱。这方面问题在宋以后谏臣职能扩大、台谏呈现合一的趋势下表现得比较

---

① 《汉书》卷87《扬雄传》。

突出。如宋代的皇帝借重台谏钳制朝臣,致使两者常相水火,尤其是在改革及战和等重大问题上争论不休,迟迟不能决策。明代后期党争激烈,"居言路者各有所主",充当党同伐异的鹰犬,清史臣评论说:"其时不患其不言,患其言之冗漫无当,与其心之不能无私;言愈多,而国是愈淆乱也。"① 用今天的话说,舆论导向发生偏差,就会乱上添乱。

总起来说,中国古代的谏诤是中国古代政治制度史的重要内容,是中华民族优秀遗产的一部分,它对君主专制政权的稳固和改善、社会文明的建设和发展发挥了重大的积极作用。其消极作用是次要的,也是不可避免的。

(原载于《北京大学学报》1994 年第 5 期)

---

① 《明史》卷 215 史臣赞曰。

文献辑考

漫谈元修辽金宋三史

元朝末年所修辽、金、宋三史,在纪传体二十五史中列为第二十、第二十一、第二十二部。这三部大书不仅在中国史学史中占有重要地位,而且为研究这三朝的历史提供了基本史料。了解这三部史书的纂修情况及价值,有助于我们正确运用或充分发挥其作用。

一、三史纂修经过与正统之争

从10世纪至13世纪,在我国北方先后崛起辽、夏、金、元(早期称大蒙古国)四个少数民族政权,它们与占据中原及南方的汉族政权宋朝或战或和,形成密不可分的历史联系。除辽朝被宋、金联合消灭,金朝被宋、元联合消灭外,其余的夏、宋两朝都是被元朝消灭的。元朝仗恃强大的军力建立起幅员辽阔的多民族的统一国家。在它形成和发展的过程中,曾不断吸收汉、契丹及女真等族的知识分子,并不可避免地受着汉族封建王朝修史的传统影响,其中包括策划着纂修前一朝代历史的工作。

元朝先是准备纂修辽、金二史。元世祖忽必烈中统二年(1261)七月,新任翰林学士承旨的汉族文臣王鹗奏请设立修史机构,纂修辽、金二史,并请"以右丞相史天泽监修国史,左丞相耶律铸、平章政事王文统监修辽、金史,仍采访遗事"[①]。忽必烈采纳其议,实际没有很好落实。至元元年(1264)参知政事商挺及王鹗再次提出修本朝史事的同时,"附修辽、金二史"[②]。当时还推举李冶、李昶、王磐等人入史馆,做了修史准备工作,但时隔不久又搁浅了。

至元十年(1273),元丞相伯颜、参知政事董文炳受命大举伐宋。伐宋过

---

① 《元史》卷4《世祖纪》。
② 《元史》卷59《商挺传》,卷160《王鹗传》。

程中，元注意"搜择儒艺之士"，并保存宋藏史籍。灭宋之后，元世祖又诏令修辽、金、宋三史。脱脱《进辽史表》中说："我世祖皇帝一视同仁，深加愍恻。尝敕词臣撰次三史，首及于辽。"阿鲁图《进宋史表》中说："及夫收图书于胜国，辑黼黻于神京，拔宋臣而列政涂，载宋史而归秘府。……枢庭偃武，既偏戡定之勋；翰苑摛文，寻奉纂修之旨。"当时政事倥偬，未能实现。

元世祖以后，历经数朝诏修三史，尤其是仁宗延祐中，英宗至治中，文宗天历、至顺之间，皆有具体举措，然迟迟未能成书。三史迁延未成的原因，虞集《道园学古录》中多有涉及。其书卷十一《孟同知墓志铭跋》中云："（仁宗）延祐中，有旨修辽、金、宋史，至今□□（原缺二字）年间未遑有所笔录者，良以旧史多阙轶，而国家初入中原，政与金亡时事相关系，尤不可不备。"卷三十《送墨庄刘叔熙远游序》中云："世祖皇帝既取江南，大臣有奏言，国可灭，其史不可灭。上甚善之，命史官修辽、宋、金史，时未遑也。至仁宗时，屡尝以为言。是时予方在奉常，尝因会议适中而言唐朝曰：'三史文书阙略，辽、金为甚，故老且尽，后之贤者，见闻亦且不及，不于今日为之，恐无以称。'上意典领大官，是其言而亦有所未建也。（文宗）天历、至顺之间，屡诏史馆趣为之，而予别领书局未奏，故未及承命。间与同列议三史之不得成，盖互以分合论正统，莫克有定。今当三家各为书，各尽其言而核实之，使其事不废可也。"卷四十《题岳飞墨迹》中云："近年（虞）集在馆中，将纂修辽、金、宋史，馆中皆以遗书之轶为说。"显然，虞集以为影响三史纂修的主要原因，一是"旧史多阙轶"，二是"互以分合论正统"。此外，据苏天爵撰《袁文清公（桷）墓志铭》说："（英宗）至治中，郓王柏柱独秉国钧，作新宪度……锐欲撰述辽、宋、金史，责成于公。公亦奋然自任，条具凡例及所当用典册陈之。"而由于"国有大故，事不果行"[①]。可见，国家统治不稳，也是三史迁延原因之一。

顺帝至正二年（1342），经筵检讨官危素写信给中书右丞贺惟一，指出三史迁延有四点原因：一争三史正统，二本朝攻取金、宋有所避讳，三缺乏修史人才，四经费匮乏[②]。其中正统之争确是影响三史纂修的重要原因。

---

① 《滋溪文稿》卷9。
② 《危太朴文续集》卷8《上贺相公论史书》。

所谓正统问题，核心是论王朝的授受关系是正还是闰，是合法还是僭伪。欧阳修曾作《原正统论》云："王者大一统，正者所以正天下之不正也，统者所以合天下之不一也。由不正与不一，然后正统之论作。"① 统一王朝的更替，正统之序是清楚的，而到了分裂时期，如三国、南北朝、五代至辽、金、宋时期，何国为正统，以及正统的承接问题就容易引起争论。北宋时期司马光编《资治通鉴》，并不把"前代之正闰"看得很重。他说："正闰之际，非所敢知，但据其功业之实而言之。"② 而欧阳修、苏轼等学者却十分强调历代统序，借此论证宋代政权的建立及存在的合理性。南宋时期学者多次讨论蜀魏正统问题，朱熹写《通鉴纲目》，崇蜀汉而黜曹魏，暗喻偏安南方的宋政权仍居于正统地位，得到许多学者的赞同。

宋理宗端平元年（1234），占据北方的金朝灭亡，北方的一些学者聚会讨论辽、金、宋的正统问题。学者修端将诸人论辩写成《辨辽宋金正统》一文。其文中反驳的中心论点是以宋为正统，以辽、金入载记。即取《晋书》体例，把西晋、东晋列入本纪，而把外族建立的赵、燕、秦等政权列入载记，不以正统看待。宋承唐、五代为正统，辽、金以外族窃据一方，犹刘、石、苻、姚之于晋耳，故入载记。修端则认为："辽自唐末保有一方，又非篡夺，复承晋统，加之数世名位远兼五季，与前宋相次而终，当为北史。宋太祖受周禅，平江南，收西蜀，白沟迤南悉臣于宋，传至靖康，当为宋史。金太祖破辽克宋，帝有中原百余年，当为北史。自建炎以后，中国非宋所有，宜为南宋史。"③

修端是以南北史例看待辽、金与北南宋，将辽、金、宋三史摆在平等位置上，这明显与唐、宋以来以汉人政权为中心的法统观念相背离，即在辽、金长期统治下的北方也大有持不同意见者。当元朝统一南北后，这个问题就更敏感了。元朝是第一次以外族身份占据中国全部疆域的王朝，它究竟承认前代哪个朝代为正统？元朝是承续前代哪个正统朝代而来的？若以宋为正统，辽、金为载记，则失去了外族的立场；若以辽、金为北史，宋分成宋史与南宋史，则必引起汉族文臣的抗争。由此自元世祖诏修三史后，在正统问题上

---

① 《欧阳文忠公全集》卷59。
② 《资治通鉴》卷69。
③ 《元文类》卷45、《玉堂嘉话》卷8。

持论不决，形成僵局。

元时除以上两派正统的论争，还有统绝之说。王祎《王文忠公集》卷一《正统论》云："宋有天下，居其正、合于一，而其统乃后续，故自建隆元年复得其正统。至于靖康之乱，南北分裂，金虽据有中原，不可谓居天下之正；宋既南渡，不可谓合天下于一。其事适类于魏、蜀、吴、东晋、后魏之际，是非难明，而正统于是又绝矣。自辽并于金，而金并于元，及元又并南宋，然后居天下之正，合天下于一，而复正其统。"

王祎只承认北宋为正统，南宋与金南北对峙时统续断绝，至元朝乃"复正其统"。此说带有折中调和意味，但没引起时人的响应。

纂修三史工作一再迁延，引起不少儒臣的非议。泰定帝时，理学大师吴澄指出："辽、金、宋史，先朝累有圣旨纂修，旷日引年，未睹成效，使前代得失无闻，圣朝之著述不见，恐贻后悔，君子耻之。"① 熟悉三史掌故的谢端"尝以不克纂述三史为憾"②。顺帝即位不久，改任脱脱为右丞相，"思更治化"，重用儒术。当时大臣如翰林学士承旨巎巎及御史台、国史院皆上书皇帝请修三史。危素于至正二年《上贺相公论史书》中指出："三国上下数百年间，其事泯然不见于简策，岂非圣朝之阙典欤！"他认为当前君圣臣贤，若贺相公倡议修三史，"当无有拒而不纳者"。贺惟一（后改名太平）确在"力赞其事"③。一次，翰林学士承旨知经筵事巎巎因进读司马光《资治通鉴》，提及"国家当及斯时修辽、金、宋三史，岁久恐致阙逸"。顺帝终于接受这一建议。《元史》卷一四三《巎巎传》称："后置局纂修，实由巎巎发其端。"

至正三年三月，脱脱等奏："这三国为圣朝所取制度、典章、治乱、兴亡之由，恐因岁久散失，合遴选文臣，分史置局，纂修成书，以见祖宗盛德得天下辽、金、宋三国之由，垂鉴后世，做一代盛典。"④ 是月，顺帝正式下诏修辽、金、宋三史，"以中书右丞相脱脱为都总裁官，中书平章政事铁木儿塔识、中书右丞太平、御史中丞张起岩、翰林学士欧阳玄、侍御史吕思诚、翰林侍讲学士揭傒斯为总裁官"⑤。

---

① 《道园学古录》卷44《临川吴先生行状》。
② 《滋溪文稿》卷13《谢公神道碑铭》。
③ 《危太朴文续集》卷8、《元史》卷140《太平传》。
④ 见标点本《辽史》后附《修三史诏》。
⑤ 《元史》卷41《顺帝纪》。

这一次能正式设局纂修三史，主要原因当是元顺帝崇尚文治，重视历史经验，加上有执政大臣脱脱及儒臣们的鼎力相促，再是诏修三史迁延太久，恐岁久材料散失，难成信史。纂修工作开始后，朝廷用心遴选史臣，多方购求遗书，同时想办法筹措经费。《庚申外史》卷上载："议修三史，丞相脱脱意欲成之，而所费浩大，钱粮经费不足，颇以为忧。掾史行文书，丞相三却之。掾史遂与国史典籍谋之曰：'丞相非不喜，盖因钱粮无可措画，然此亦易耳，江南三省南宋田颇有贡士庄钱粮者，各路桩寄，仓库盈积，有司亦尝借用之，此项钱粮以为修史费，孰曰不然？'掾史即日引见丞相，丞相闻其说甚喜，于是奏臣使儒臣欧阳玄、揭傒斯等于国史院修撰辽、金、宋三史。"

掾史与国史典籍提出用原南宋官田中的贡士庄钱粮充当修史的专项费用，为丞相脱脱所采纳。《修三史诏》中说："合用纸札、笔墨，一切供需物色，于江西、湖广、江浙、河南省所辖各学院并贡士庄钱粮，除祭祀、廪膳、科举、修理存留外，都交起解将来，以备史馆用度。"这从财政上保证了修史工作的正常进行。

关于长期僵持的正统问题，正式开局修史时仍有激烈的争吵，据洪亮吉等编《宁国府志》卷二九记载，"丞相脱脱总史事，欲以辽、金为正统"，而史官贡师道则坚持"正统在宋，不在辽、金"。后坐此忤而外放。《危太朴文续集》卷十《祭揭（傒斯）侍讲文》中说他总裁三史时，"谓正统岂得妄加，虽有强悍，而莫敢哗"。《庚申外史》卷上记载："先是诸儒议论三国正统不决，至是脱脱独断曰：'三国各与正统，各系其年号。'议者遂息。然君子终以为非也。"脱脱身为少数民族的政治家，未必看重汉人修史的传统观念，不会情愿以正统予宋，而他最终裁定三史并重，各为正统，既为三史顺利纂修创造了条件，也彻底打破了以汉族政权为正统的传统观念，具有积极意义。所谓"君子终以为非也"，当是一些汉族士人对此深致不满，而迫于政治压力只好屈从，等待适当机会还要争正统，这便是明代以后改修《宋史》的重要原因。

平息了正统之争，确定了"三史凡例"，三史又均有旧史做基础，众多学者自至正三年四月开始纂修，到至正四年三月完成《辽史》，同年十一月完成《金史》，五年十月完成《宋史》。总计用两年半时间完成了三史的纂修。都总裁官脱脱已于至正四年五月辞去右丞相，由阿鲁图继任，故《宋史》成，由阿鲁图呈进。顺帝说："史既成书，前人善者，朕当取以为法，恶者取以为戒，然岂止激劝为君者，为臣者亦当知之。卿等其体朕心，以前代善恶为勉。"① 表明元顺帝诏修三史是为巩固统治提供借鉴。

二、三史纂修官员及其史观

元修三史的官员分五级：领三史事（仅限金、宋二史）、都总裁、总裁、纂修（又称"史官"）、提调。

领三史事二名，为三史最高纂修官，照例由宰相兼领，担任此职的是右丞相阿鲁图（替代脱脱）、左丞相别儿怯不花。阿鲁图因不懂汉文，实际所起作用不大；别儿怯不花在修史期间常外出执行任务，基本没参与史事，只是照例挂名而已。

都总裁是三史开始纂修时设置的最高官职，主要负责领导和组织工作，担任此职的一直是脱脱。

脱脱（1314—1355），字大用，蒙古蔑儿乞部人。幼养于伯父伯颜家，稍长，就学于浦江大儒吴直方，好记诵"古人嘉言善行"，受儒家学说影响较大。年十五，为泰定帝皇太子怯怜口怯薛官。至元年间累迁御史大夫。当时伯颜已升为右丞相，专恣凶虐，脱脱恐受其累，与顺帝近臣密谋驱逐伯颜出京师。至正元年升任右丞相，革除伯颜弊政，重用儒臣，恢复科举取士法，开马禁，减盐额，号称"更化"。至正三年任三史都总裁，四年以疾辞相位。九年复为右丞相，十三年领大司农事，十五年被右丞相哈麻矫诏鸩死，至二十二年平反昭雪。

脱脱作为一位政治家，所推行的"更化"政策为三史纂修创造了条件。他在任三史都总裁期间，为组好修史班子、解决修史凡例及经费问题做出了重要贡献。

《修三史诏》中说："纂修期间，予夺议论，不无公私偏正，必须交总裁官质正是非，裁决可否。遴选位望老成，长于史才，为众所推服的人交做总裁官……其余修史的凡例、合行事理，交总裁官、修史官集议举行呵。"② 可见总裁官负责修史的论点及凡例等重要问题的裁定。对总裁官的人选要求较

---

① 《元史》卷41《顺帝纪》。

② 《辽史》附录。

高。辽、金、宋三史的总裁官分别有六、八、七人，其中铁木儿塔识、太平（原名贺惟一）、张起岩、欧阳玄四人分别在三史中任总裁官，揭傒斯分别在辽、金二史中任总裁官，李好文、王沂、杨宗瑞三人分别在金、宋二史中任总裁官（王沂曾任《辽史》纂修官），唯有吕思诚仅在《辽史》中任总裁官。以下仅介绍分别在三史中任总裁官者四人：

铁木儿塔识（1302—1347），又译作帖睦尔达世、帜木儿达失等，字九龄，康里人。少时补国子学诸生，读书颖悟绝人。文宗时累官同知枢密院事。顺帝至正改元，升平章政事。五年，拜御史大夫，翌年复为平章政事。七年，进左丞相。《元史》卷一四〇本传称其"学术正大，伊、洛诸儒之书，深所研究"。总裁三史时，"多所协赞"，发挥了重要作用。

太平（1301—1363），字允中，原名贺惟一，后赐蒙古姓，改名太平。元京兆鄠（今陕西户县）人。少时受业于文学家赵孟頫，又师事云中人吕弼。袭父职为虎贲亲军都指挥使。文宗时任工部尚书、上都留守同知。顺帝至正二年迁中书右丞，"力赞"修辽、金、宋三史。官至左丞相。后因得罪皇太子，罢官外放。

张起岩（1285—1353），字梦臣，号华峰，元济南（今属山东）人。幼从其父学，年弱冠，以察举为福山县学教谕。仁宗延祐二年进士，累迁翰林待制、翰林学士承旨、御史中丞。《元史》卷一八二本传云："诏修辽、金、宋三史，复命入翰林为承旨，充总裁官，积阶至荣禄大夫。起岩熟于金源典故，宋儒道学源委，尤多究心。史官有露才自是者，每立言未当，起岩据理窜定，深厚醇雅，理致自足。史成，年始六十有五，遂上疏乞骸骨以归，后四年卒。"著有《华峰类稿》、《金陵集》等。

欧阳玄（1273—1358），字原功，号圭斋，元浏阳（今属湖南）人。年轻时勤奋好学，"经史百家，靡不研究，伊、洛诸儒源委，尤为淹贯"。延祐二年进士，授岳州路平江州同知。累迁翰林待制，兼国史院编修官。天历二年为艺文少监，奉诏纂修《经世大典》。顺帝元统元年，拜翰林直学士，编修四朝实录。至正三年任翰林学士。"诏修辽、金、宋三史，召为总裁官，发凡举例，俾论撰者有所据作。史官中有悻悻露才、议论不公者，玄不以口舌争，俟其呈稿，援笔窜定之，统系自正。至于论、赞、表、奏，皆玄属笔。"五年拜翰林学士承旨，朝廷制诰多出其手。以"文章道德，卓然名世"。著有《圭斋文集》。

总裁辽、金二史的揭傒斯也很值得一提。他年及七十,作为总裁官之一,他强调修史以"用人为本。有学问文章而不知史事者不可与,有学问文章知史事而心术不正者不可与。用人之道,又当以心术为本也"。强调用人重学问、史事而尤重正直,脱脱很尊重他的意见。修史工作开始后,他"毅然以笔削自任,凡政事之得失,人材之贤否,一切律以是非之公"。《辽史》修成后,"有旨奖谕,仍俾早成金、宋二史"。他"感激知遇,惟恐无以称塞。辰入酉出,愈不敢休。会盛夏雨潦,襆被宿馆中,得寒疾"。不幸病发第七天逝世。当时《金史》即将修成,而他为辽、金二史纂修贡献了生命。

《修三史诏》中要求遴选"文学博雅、才德修洁"之人充任纂修官。

考察三史纂修官员的组成,有以下三个鲜明特色:

1. 纂修三史的领导与写作官员由多民族组成。如都总裁脱脱为蒙古蔑儿乞部人,总裁铁木儿塔识为康里人。纂修官中:《辽史》的廉惠山海牙为畏吾儿人;《金史》的沙剌班为畏吾儿人,伯颜为哈剌鲁人;《宋史》的斡玉伦徒、余阙为唐兀人,泰不华为伯牙后代,其余基本为汉人。各民族史家聚在一起修史为历史上所罕见,这有利于克服民族偏见,给少数民族历史以应有的地位。

2. 修史官员具有较高的经史或文学修养。元朝廷对史官才学品行素养要求很高。欧阳玄提出修史"必遴选史官",揭傒斯强调修史"用人为本"。以《宋史》修史官员为例。总裁官铁木儿塔识、张起岩、欧阳玄等称得上理学家,太平、王沂善文,李好文喜经史,杨宗瑞通天文、地理。纂修官中通经史的有斡玉伦徒、杜秉彝、汪泽民、李齐、吴当等人,以文学见长的有泰不华、宋褧、干文传、贡师道、余阙、陈祖仁等人,张翥、危素等人则经史、文学皆知名。这种高水平的修史班子无疑有助于保证或提高史书质量。

3. 修史的主要负责者既有紧迫感,也有责任心。三史迁延六十余年始克纂修,开局之时又"限以岁年"。在此种背景之下,对修史进度、质量负有重责的总裁官,能紧张工作,认真把关。如张起岩、欧阳玄,都是对"宋儒道学源委"很有研究的学者,他们对某些自以为是或"议论不公"的史官,敢于坚持原则,"据理审定"。揭傒斯既"毅然以笔削自任","一切律以是非之公",又因修史过于劳累而身亡。一般史官之中有些表现也很突出,如参与

《宋史》纂修的干文传,"恪恭其职,虽惫不少休"①。危素为搜访遗书"跋涉山海,心殚力劳"②。尽管三史迫于时限,又受纂修者史观之局限,但在元朝末年政治局面一度稍好的"更化"之时,能尽快完成纂修任务,并且流传于世,也是特别值得庆幸的。

三、三史的史料来源及其价值

《辽史》共一一六卷,其中本纪三十卷、志三十二卷(第十七卷分上下卷)、表八卷、列传四十五卷,附国语解一卷。全书约四十七万字。

《金史》共一三五卷,其中本纪十九卷、志三十九卷、表四卷、列传七十三卷。全书近一百万字。

《宋史》共四九六卷,其中本纪四十七卷、志一六二卷、表三十二卷、列传二五五卷。全书约五百万字,是纪传体二十四史篇帙最浩繁的一部。

元朝用两年半时间完成三史纂修总计七四七卷,约六百四十余万字。史臣能在如此短的时间内完成分量颇重的三部正史,重要的原因是三史各有前朝旧史做基础。

用近一年时间最先修成的《辽史》,主要利用了辽朝耶律俨纂修的国史、金朝陈大任纂修的《辽史》,以及宋人叶隆礼所纂的《契丹国志》等。耶律俨本姓李氏,汉人,其父被赐姓耶律。据《辽史》卷九八《耶律俨》记载,他勤奋好学,有诗名,累官至知枢密院事,曾修《皇朝实录》七十卷。而从《辽史》所引耶律俨之书的名目看,其中有本纪,部族、礼、仪卫诸志,还有后妃传等,不属编年的实录体,而是纪传的国史体。所以,元修《辽史》所依据的很可能是耶律俨所修辽朝国史,而不是实录。陈大任是金章宗统治时的文臣,泰和七年(1207)修成《辽史》,未及刊行而有"南迁之变",金统治中心由中都(今北京)南迁汴京(今开封)。元修《辽史》中参用了陈书的本纪与营卫、兵卫、历象、仪卫、刑法诸志,以及后妃、方技传等,引录之处常用"旧史"、"前史"、"旧志"的词语。元朝史臣《进辽史表》中称:"耶律俨语多避忌,陈大任辞乏精详。"所以要加以增删修改。

---

① 《金华黄先生文集》卷27《干公神道碑》。
② 《危太朴文集》卷8。

《辽史》所采用的宋叶隆礼《契丹国志》，又称《契丹志》或《辽志》，共二十七卷，其史料主要来源于宋人著述的辽事。元修《辽史》中的天祚纪及有关列传部分大量采用了此书。现代学者冯家升所撰《辽史源流考》，曾以《辽史·张砺传》与《契丹国志·张砺传》之一段相互对照，表明其因袭相合的痕迹。《辽史》还参取了辽朝人所修《辽朝杂礼》、高丽人所修《大辽事迹》、《大辽古今录》等。

　　元修《金史》历时一年零八个月，成书比《辽史》长而比《宋史》短。金统治者入主中原以后，受汉族文化影响较深，修史制度也较健全。官修的史书有起居注、日历、实录及国史等，而以实录的编修最为完备。据苏天爵《滋溪文稿》卷二五《三史质疑》记载，自金太祖以下至宣宗诸帝皆有实录，唯有卫绍王和哀宗未及修成。此外还有完颜勖所撰的记载金朝先世的《始祖以下十帝实录》（又称《祖宗实录》、《先朝实录》）。世宗完颜雍的生父完颜宗尧、章宗完颜璟的生父完颜允恭，生前虽未称帝，而后皆追加谥号，并为他们各自编写了实录。

　　金历朝实录等文献在金宣宗南迁时被带到汴京。蒙古攻陷汴京之时许多文献被毁，同时由于张柔、王鹗等人的奋力抢救和搜集，又使部分文献保存下来，为元修《金史》奠定了基础。张柔（1190—1268），涿州定兴（今属河北）人，是依附于蒙古政权的地方军阀。他曾随蒙古拖雷攻占金汴京，攻陷之后"于金帛一无所取，独入史馆，取金实录并秘府图书"。又随蒙古军攻陷金统辖的蔡州，解救了金正大元年（1224）状元王鹗（1190—1273）。此后多次随蒙古军征伐南宋，至忽必烈中统二年（1261），他"以金实录献诣朝"①。王鹗自蔡州被张柔解救后，颇受重用。忽必烈即位前，延揽汉族士大夫，他被聘请入府。忽必烈即位后，授他为翰林学士承旨。至元元年（1264）王鹗向忽必烈建议及时设立史馆，编修辽、金二史，强调"宁可亡人之国，不可亡人之史"②。忽必烈采纳其议，可惜当时落实不好。鉴于金卫绍王没有实录，又多方寻求搜集，现《金史》中的《卫绍王本纪》即依据他的成果。他还拟订了编写《金史》的体例，并把修史事托付给翰林修撰兼国史院编修官王恽，请他注重向金朝遗臣采访史事。元史臣《进金史表》中特

---

① 《元史》卷147《张柔传》。
② 《国朝名臣事略》卷12《内翰王文康公》。

别提道:"张柔归金史于其先,王鹗辑金事于后。"肯定了他们对保存金朝文献所做的重要贡献。

对保存金朝文献做出贡献的还有刘祁与元好问两位重要人物。刘祁(1203—1250),浑源(今属山西)人,出身金官宦人家。他从8岁起随祖父、父亲宦游于南京(今开封),结识不少名官显宦和文人学士。金末战乱,他由汴京辗转回到故乡,有感于"昔所与交游,皆一代伟人,今虽物故,其言论、谈笑,想之犹在目。且其所闻所见可以劝戒规鉴者,不可使湮没无传"。于是开始写《归潜志》,其中不少史料为元修《金史》所采用。元好问(1190—1257),号遗山,太原秀容(今山西忻县)人,金元之际著名诗人、文学家。仕金官至行尚书省左司员外郎。金亡不仕,潜心著述。他曾向张柔提出以金朝实录为基础编修金史,但因他人阻挠未成。于是他"构亭于家,著述其上,因名曰野史。凡金源君臣遗言往行,采摭所闻,有所得辄以寸纸细字为记录,至百余万言"。著有《遗山文集》、《中州集》及《壬辰杂编》。元史臣"纂修《金史》,多本其所著"。

三史中费时最多、篇幅最大的《宋史》,其史料搜集经历了三个阶段。首先是元灭宋时,负责临安留守事宜的董文炳将宋史馆所藏"宋史及诸注记五千余册,归之国史院"。第二阶段是元仁宗时,史臣袁桷提出搜访遗书,并奏上《修辽金宋史搜访遗书条列事状》,这个意见当时并没引起足够重视,但对后来正式修史发生了重要影响。最后阶段是元顺帝至正年间正式修三史时。此次派危素等搜访遗书,有不少收获,《危太朴文集》及《续集》中有部分反映。

元修《宋史》有大量史料可以凭借,而其中最重要的是宋人所撰之国史。宋官修的史书,主要有记载皇帝生活的起居注,君臣商讨军国大事的时政记,根据起居注与时政记"润色而为之"的日历。根据日历及行状碑铭等编成的实录,再有荟萃典章制度的会要和博采群书编撰的纪传体国史。宋自太宗朝至理宗朝,共修成十三朝国史,其书目为:(1)太祖、太宗、真宗《三朝国史》一五〇卷,包括纪十卷、志六十卷、传八十卷。仁宗天圣八年(1030)修成。(2)仁宗、英宗《两朝国史》一二〇卷,包括纪五卷、志四五卷、传七十卷。神宗元丰五年(1082)修成。(3)神宗、哲宗、徽宗、钦宗《四朝国史》三五〇卷,包括纪三五卷、志一八〇卷、传一三五卷。孝宗淳熙十三年(1186)修成。(4)高宗、孝宗、光宗、宁宗《中兴四朝国史》,

卷数不明。理宗宝祐五年（1257）修成，后稍有修补。还须说明，真宗时曾修成太祖、太宗《两朝国史》一二〇卷，但其基本内容已包括在《三朝国史》中，宋徽宗时曾修成《神宗正史》一二〇卷、《哲宗正史》二一〇卷，这两部正史经修改，后与徽、钦两朝史通修成《四朝国史》。故两宋正式修成并通行的国史，就是上面所列的四部。

宋本朝人所修国史早已失传，在传世的《宋会要辑稿》、李焘《续资治通鉴长编》、章如愚《山堂先生群书考索》、谢维新《古今合璧事类备要》、王应麟《玉海》、马端临《文献通考》几部大书中保存一些片断资料，而保存最多、最系统的便是《宋史》一书。

清代学者赵翼在《廿二史札记》卷二三《宋史多国史原本》中指出："宋代国史，国亡时皆入于元。元人修史时，大概只就宋旧本稍为排次。"《四库全书总目提要》卷四六也明确指出："其书以宋人国史为稿本。"这个结论基本符合事实，例外的情况，如宋国史"例皆无表"，《宋史》的《宰辅表》主要依据宋实录及博采纪、传编次而成，《宗室世系表》则主要依据宋官修的玉牒、宗藩世系录一类的现成史料编次而成。

元朝史臣能用两年半时间完成三史的纂修，重要的原因是三史各有前朝旧史为基础。后代学者评论元朝史臣修三史的质量，以《金史》为最好。如赵翼说："《金史》叙事最详核，文笔亦极老洁，迥出宋、元二史之上。"[①]《四库全书总目提要》说《金史》："首尾完密，条例整齐，约而不疏，赡而不芜，在三史之中，独为最善。"[②]《金史》修得好，重要的原因是旧史的基础好，并非元朝史臣于《金史》情有独钟。辽的旧史少，宋的旧史多，元朝史臣迫于时限缺乏细致加工整理，所以后代学者校正、改作或补充者甚多。尽管如此，由于三史所依据的旧史有很高的史料价值，而其中很大一部分今已不传，即使有少部分保存下来，也可与相关史料比勘、印证，所以三史仍不失为研究辽、金、宋历史的最基本的史料，其重要的价值是他书不可替代的。

（原载于《二十五史故事全编》，中国书籍出版社，1998年）

---

① 《廿二史札记》卷27《金史》。
② 《四库全书总目提要》卷46《史部·正史类二》。

危素与《宋史》的纂修

由蒙古族建立的元朝,在灭宋朝不久便按照汉族"国亡史存"的传统,策划着纂修前朝历史的工作。然迁延半个世纪之久,直到元朝灭亡前夕的顺帝至正三年(1343)四月才正式置局纂修,到至正四年三月完成《辽史》,同年十一月完成《金史》,五年十月完成《宋史》。这三史总计由二十三名史官(总裁以上官除外),至迟用两年半时间分工纂修而成。其纂修质量虽各有优劣,但史官们对历史学及古代文化所付出的辛勤劳动应予充分肯定,其中有的还做出了重要贡献。本文主要就史官危素对《宋史》所做的贡献加以考述。

一、危素的家世与仕履

元顺帝决定置局纂修宋、辽、金三史时,诏令大臣按照"文学博雅、才德修洁"的标准遴选史官。纂修《宋史》的共选定二十三人,其中职位最低、名列最末的一人是危素。

危素(1303—1372),字太朴,号云林。元抚州金溪(今属江西)人。抚州古称临川,故危素常自称临川人。其祖先危全讽久居抚州之南城(今属江西),唐僖宗时因组织乡人抗击黄巢起义军有功,受封抚州刺史。全讽第六世孙危怦始北迁金溪,第十五世孙危炎震即为危素之曾祖父。炎震为宋景定三年(1262)进士,曾任吉州司理参军,以治狱公允,得到大臣文天祥赞赏,特题其司理之署曰"种德堂",年五十六以通直郎、知临安府仁和县事致仕。其祖父龙友"少力学,工举子业",宋末曾随参知政事曾渊子经略潮州,"厓山兵溃"流落南粤,元初任潮州小江等处盐司提举,后弃官游历,淡泊以终。其父永吉(1272—1328)喜读书,工诗文,久居乡间,乐善好施,"亲故有过必加规正,有患难必力排解之"。先后娶妻邓氏、黄氏,生男七人,女二人，危素为长子。①

危素的祖辈虽属官宦人家、书香门第，但因遭逢"乱世"，生活飘零，至父辈生活渐趋安定，然仅为"山野之民"，如危素在《东风诗》中所云："宫中圣人朝万国，臣抱犁锄在山泽。"② 所以到了他这一代，便成了家族振兴希望之所在，再加上其居地自唐宋以来大家辈出，"于江西号士乡"，学术气氛比较浓厚，为他的成长提供了良好的客观环境。当他四岁时，便被祖父"督厉"之读书，"年十五即通五经大旨"。他在乡间常与同窗好友切磋学艺，"更相策警"，又向往名师指点，有时徒步远出求教。求教的著名师长有理学家祝蕃（徙居贵溪）、吴澄（崇仁人），文学家范梈（清江人）、虞集（侨居崇仁），以及私塾先生、隐士孙辙（临川人）。其居地皆在金溪附近。这些名家儒者器重、礼遇他，遂使其名"震动江右"③。

危素的青少年时代基本是在家乡读书种地，同时追求"学而优则仕"。他在年近四十时出游南京，以其文示江南诸道行御史台（即南台）御史中丞张起岩。张起岩由状元累迁至高官，对理学造诣颇深，不轻推许人，而对危素却大为赞赏，说："危君为状元，庶几相当，老夫有愧色矣！"不久带他进大都，使之结识达官名流，尤其是受知于儒臣揭傒斯、苏天爵，知名度愈高，终于在至正二年（1342）"用大臣交荐，入经筵为检讨"，成为他仕宦生涯的起点。

危素自年四十入仕、年七十去世，其间三十年的仕履情况如下表④：

年号	年龄	阶品	官职
至正二年（1342）	40		经筵检讨
五年（1345）	43	承事部（正七品）	国子助教

---

① 危素家世参见黄潜《金华黄先生文集》卷32《危府君（永吉）墓志铭》、危素《危太朴文集》卷7《先大夫（龙友）行状》、宋濂《宋学士文集》卷59《危公（素）新墓碑铭》。

② 危素：《危太朴云林集》卷2。

③ 危素的师长参见虞集《道园学古录》卷31《送危太朴序》、宋濂《宋学士文集》卷59《危公（素）新墓碑铭》、黄宗羲《宋元学案》卷93《静明宝峰学案》。

④ 表中阶品据《元史》卷91《百官七》、《明史》卷72《职官一》。余见《明太祖实录》卷71洪武五年春正月记事及黄潜《金华黄先生文集》卷32《危府君（永吉）墓志铭》、危素《危太朴文集》卷7《先大夫（龙友）行状》、宋濂《宋学士文集》卷59《危公（素）新墓碑铭》。

续表

年号	年龄	阶品	官职
七年（1347）	45	文林郎（正七品）	应奉翰林文字同知制诰 兼国史院编修官 宣文阁授经郎兼经筵译文官
八年（1348）	46		应奉翰林文字
十一年（1351）	49	儒林郎（从六品）	太常博士
十三年（1353）	51	奉训大夫（从五品）	国子监丞 兵部员外郎
十五年（1355）	53	奉议大夫（正五品） 朝散大夫（正五品）	礼部郎中 监察御史 工部侍郎
十六年（1356）	54	朝请大夫（从四品）	大司农丞
十七年（1357）	55	中奉大夫（从二品）	大司农少卿 礼部尚书
十八年（1358）	56		参议中书省事兼经筵官
十九年（1359）	57	通奉大夫（从二品）	御史台治书侍御史
二十年（1360）	58		中书参知政事同知经筵事提调 四方献言详定使司
二十四年（1364）	62	资政大夫（正二品） 荣禄大夫（从一品）	翰林学士承旨知制诰兼修国史
七月			（孛罗帖木儿入相）出为岭北等 处行中书省左丞
二十五年（1365）	63		弃官、居大都房山
二十八年（1368）	66		翰林学士承旨
洪武元年（1368）			应召至南京
二年（1369）	67	中顺大夫（正四品）	翰林侍讲学士知制诰同修国史
三年（1370）	68		兼弘文馆学士
冬			免官、居和州含山县
五年（1372）	70		卒

危素仕宦三十年，迁转二十余职，所任中书参知政事为议大政的副宰相，翰林学士承旨为掌机要的侍臣。这在汉族臣僚中是少有其比的。从他的仕宦经历可见其两个显著特点：一是博学善文。他先后参与《宋史》、元《后妃功臣传》的编纂，又受顺帝之命独自承担注《尔雅》、校《君臣政要》的工作，还授业宫学，尤其是几度任职翰林、中书，参与国家大政的讨论与制订，深得元顺帝的信任。宋濂称他"博学善文辞，至正中独以文鸣天下。凡朝廷制作，皆自公出"。清四库馆臣评他诗文"气格雄伟，风骨遒上，足以陵轹一时。"二是清廉刚直。他的性情厚重、寡言，然而居官"每陈得失无隐"，为赈灾、平冤、用人、土木工程等方面所上的谏言，取得一些积极效果。奉己俭约，处事公道，在当时官僚群中"有廉名"。元顺帝的长子（皇太子）曾褒赐他八字："澄清忠义，清白传家。"当明军攻入元大都之际，危素感叹："国家遇我至矣，国亡，吾敢不死。"正拟投井自杀，被人以"国史非公莫知"之名，"力挽起之"。元十三朝实录果然因他保护而免于兵火。明建国后，朱元璋以其为元朝老臣尊礼之，常被询以元兴亡之事。洪武三年冬，监察御史王著等弹劾他为"亡国之臣不宜用"，因此贬居和州含山县，不久死于寓所。他个人著述有《危太朴云林集》（诗）二卷、《危太朴文集》（即《说学斋稿》）十卷（一作"四卷"）、《危太朴文续集》十卷，还编有《草庐（吴澄）年谱》二卷传世。此外编有《宋史稿》五十卷、《元史稿》五十卷、《奏议》二卷，皆已失传[①]。

二、危素对《宋史》所做的重要贡献

危素是在他不惑之年、入仕之初预修《宋史》的。在当时修史的二十三名官员中尽管他的职位最低，但他对《宋史》成书所做的贡献是不可低估的，这主要体现在以下三个方面。

（一）促成宋、辽、金三史置局纂修

三史纂修迁延时久的原因，有政局不稳、编修体例分歧、资料阙佚及经

---

① 危素著述参见宋濂《宋学士文集》卷59《危公（素）新墓碑铭》、黄虞稷《千顷堂书目》卷4《正史类》、《四库全书总目》卷60《史部·传记类存目（二）》及卷169《集部·别集类（二二）》、吴兴刘承干嘉业堂刊《危太朴文续集》所附跋语。

费匮乏诸问题，而根本一点还是元最高统治者对修史缺乏高度重视。元顺帝即位不久，改任脱脱为右丞相，"思更治化"，崇尚文治，为修史创造了良好的政治环境。危素身为经筵检讨，有机缘接触最高统治层，了解到君臣间修史的意向，并敏锐地体察到促成此事的关键在决策机构中书省，因此他专就修史事致函中书右丞贺惟一（后赐蒙古姓，改名太平），信中谈了三层意思：

首先简要说明修史的原则与重要性。所谓"秉中为史，盖书其实事而昭示来世，过不可也，不及不可也。善善而不流於阿，恶恶而不伤于刻"，就是要如实地反映历史。又指出古之君子重于史事，为使"后之经济天下者有所征之矣"。"唐之失河北而契丹盛，其号曰辽；宋之失中原而女真强，其号曰金；及宋之南渡，立国于江表者，犹历数君。三国上下数百年间，其事泯然不见于简策，岂非圣朝之阙典欤！""昔人有言：可以亡人之国，不可以亡人之史。盖记载其一国之政者其事小，垂鉴于万世之人者其功大故也，则三朝之史不可以不修也审矣！"三史迁延未修，致使"宿老凋零无从而质问，故实荒忽尤困于稽寻，非可惜哉！"由此可能造成无法弥补的损失。

然后他更具体驳斥了影响宋、辽、金三史纂修的四点议论。其一谓"传天下者必有正统。今主宋者曰宋正统也，主金者曰金正统也"。诸说纷然。"或谓本朝不承金，则太祖、太宗非正统矣。"对此反驳道："本朝立国于宋、金未亡之先，非承宋、金而有国者也。若是，则宋之与金国统之正否自有定论矣。"显然他反对国家相承、统绪相传的正统观，而主张据立国实际情况确定。元既不承宋、金，金亦非承宋，不应各主一方。其二谓"本朝之取金、宋，其战争攻取之际，当有所讳而不敢书"。对此反驳道："司马晋之时尝修《三国志》矣，唐太宗尝修《隋书》矣，宋之时曾修《五代史》矣。其间固有战争攻取之事，据实而直书，史官之职，尚何讳之有？"三谓"耆硕之士尽矣，孰可以任其事哉！"对此他反驳道："古人有言，人才自足以周一世之用，未闻借才于异代也，患国家不为，为之，则不患无其人。设谓今无其人，则待何时然后有当史笔者出耶！诚能破其拘挛，公其举选，则作者云合矣。"四谓今财政匮乏，"有司之于钱谷细若蓬芒必钩而取，其肯捐弃而为此邪？"对此反驳道："我国家以四海为富，赐予近侍，崇奉异教，往往累千万而不爱，而岂靳于此哉！"

危素认为以上四点议论皆非"远见高识"，不足以论天下事。

危素的信中最后一层讲现在纂修三史有了转机："主上仁恕恭谨，言无不从，失今不为，则识者将有以议其后矣。"又指出今翰林学士承旨康里公与御史中丞阿鲁公曾向顺帝论及三史事，顺帝"恻然久之"。御史台与国史院还就修三史事奏请中书省，尚未得到批准。最后说贺相公（惟一）才识异德，海内属望，对修三史事也必是"留意久矣"。今宰相脱脱"好善尚贤，而左右前后无非吉人君子。合下诚一言及于此，当无有拒而不纳者"①。

危素写此信的时间为至正二年七月十三日，距正式置局纂修宋、辽、金三史近十个月。当时中书省主要官员有右丞相脱脱、左丞相帖木儿不花（至正四年改任别儿怯不花）、平章政事铁木儿塔识与纳麟、右丞阿鲁图与贺惟一、左丞许有壬（至正三年正月辞职）等。右、左丞相皆是至正元年新任命的力图有所作为的蒙古族官员。贺惟一作为汉族地位最高的官僚，有很高的威望。危素曾拜访贺惟一，受到礼遇，故再以史事相陈，希望以此推动中书省的决策。宋濂在所作《危公（素）新墓碑铭》中提到危素对三史成书的贡献，其中有"公复移书执政，请修宋、辽、金三史"事。《元史》卷一四〇《太平传》中说："辽、金、宋三史久未克修，至是太平力赞其事，为总裁官，修成之。"看来危素的这封信还是发挥了重要作用。

（二）竭力访摭遗阙

元灭宋之际，获得宋史馆所藏五千余册史料，这其中主要有宋官修的国史、实录、日历、起居注、会要等，据此虽可勾勒出宋史的框架，但要融会贯通成一代信史，尚须进一步博采群书，参稽考订。元建国数十年来，有不少儒臣学者就此事大声呼吁，其中最有代表性的是元仁宗时史臣袁桷所上《修辽金宋史搜访遗书条列事状》②。状中分列了二十条项目、一百四十余种书目，以供国史院采择。当时这个意见并没引起足够重视。元顺帝至正三年正式置局修史时，才展开搜访工作。《修三史诏》中明确指出："这三国实录、野史、传记、碑文、行实，多散在四方，交行省及各处正官提调，多方购求，许诸人呈献，量给价直，咨达省部，送付史馆，以备采择。"诏令下达以后，朝廷派遣使者分行郡国，网罗遗文古事，但江南诸处宋之遗民后裔"尚多畏忌"，其所藏之书送官者甚少。在这种情势下，中书省又派史官危素前往河南、江浙、江西诸地，宣传朝廷纂修旨意，访摭遗阙。

---

① 危素：《危太朴文续集》卷8《上贺相公论史书》。
② 袁桷：《清容居士集》卷41。

危素是在至正四年的春至秋间、约用了半年多时间去履行这次使命的,历经常州（今属江苏）、松江（今属上海）、钱塘（今浙江杭州）、会稽（今浙江绍兴）、鄞县（又称四明,即今浙江宁波）、黄岩（今属浙江）、丽水（又称括苍,今属浙江）、鄱阳（今属江西）、临江（今属江西）、庐陵（今江西吉安）诸地,可谓尽心竭力,绩效卓著。宋禧在《代刘同知送危检讨还京师序》中云："至正三年天子诏修近代史之未修者,而宋代之事窃纪于江南草野间者甚博,实采撷者之所资焉。明年,经筵检讨危君太朴奉使购求其书,周流楚、吴、越之疆,搜微抉幽,极其心力之所及而后去。宋之叔世,其人才出于四明者为盛,至今文献犹有足征者。君至是留四十余日,得书七千余卷以还。"① 在四明所得之书,有很大一部分来自元史臣袁桷之孙袁瓛世代所藏"家书数千卷"②。他滞留此地,反应热烈,"鄞之士君子闻（危）素至,甚喜,无贵贱长少,日候素于寓馆,所以慰藉奖予,无所不至；其退处山谷间者亦褒衣博带,相携来见。……驿吏愕眙相语：向使者之来,未尝有宾客如此之盛也"③。

危素奉使行程之中跋山涉水,表现出强烈的使命感。顾瑛所写《危太朴以史事南来搜书风雨宿南涧明日追寄》诗云："布衣走下云林（危素原居地）颠,检阅经书天子筵（初任经筵检讨）。去家昔逾半万里,别我经今十九年。轺轩使者采图籍,龙门太史行山川。涧阿一宿慰风雨,起视留墨心茫然。"④顾瑛一名德辉,昆山（今属苏州）人,喜交四方文学之士。危素与久别老友重逢,交谈一宿即别。曾任三史总裁的揭傒斯,因修史过于劳累,于至正四年秋七月病逝。危素与他有知遇之恩,"惊闻凶讣,适抵鄱阳。爰候归棺章江之上。复命事严,临风悲怆"⑤。因使命在身,不得吊丧。

搜访遗书既要不惜力,又需结合细致的说服与研究工作。危素为了解元灭宋的最后一战——厓山（今广东新会南）之战遗事,访问故宋礼部侍郎邓剡之家。邓剡（1232—1303）字光荐,庐陵人,与危素曾祖父炎震同为宋景定三年进士,参加过厓山之战,兵溃后投海未死被元军俘获,与宋文天祥、

---

① 宋禧：《庸庵集》卷12。
② 苏天爵：《滋溪文稿》卷9《袁文清公（桷）墓志铭》。
③ 《危太朴文集》卷7《鄞江送别图序》。
④ 顾瑛：《草堂雅集》卷5。
⑤ 《危太朴文续集》卷10《祭揭侍讲文》。

元张弘范有往来,知当时兴亡事极详,曾"以所闻见集录为野史若干卷,藏不示人"。危素"衔朝命来江西,至庐陵求礼部所为书"①。此时邓剡已逝世四十年,其后裔邓晋(字子明)恰奔祖母之丧。危素乃先后修书二封,望他能将先祖秘不示人的材料进上,"慨然助成国家之制作,使宋三百年之有其终"②。邓晋在其感召下,终于"抱其先祖所著上进史馆"③。又如危素为获得故宋贺州州学教授林勋所著《本政书》,历经四明、括苍、松江诸地数次查询方达目的。④

危素在访摭遗阙使命完成后,又进行资料整理工作。他在所作《史馆购书目录序》中云:

> 至正三年诏修辽、金、宋史,遣使旁午,购求遗书,而书之送官者甚少。素以庸陋,备数史官,中书复命往河南、江浙、江西。素承命怆共,不遑宁处,谕以皇上仁明,锐志删述,于是藏书之家稍以其书来献,驿送史馆,既采择其要者书诸策矣。暇日因发故椟,录其目藏焉。其间宋东都盛时所写之书,世无他本者,今亦有之。朝廷之购求,民间之上送,皆至公之心也。素之跋涉山海,心殚力劳,有不足言。后之司笺钥者诚慎守之,不至于散亡可也。有志于稽古者,岂不有所增广其学问云尔。至于人情之险阻,事物之繆辗,别为之录,以示儿子,俾知生乎今之世,虽事之小者,奉公尽职为难。⑤

序文反映出此次奉使取得了积极成果,为补充宋代史实发挥了重要作用,

---

① 刘诜:《桂隐文集》卷4《题危太朴与邓子明书后》。
② 《危太朴文续集》卷8《与邓子明书》。
③ 此据刘诜:《桂隐文集》卷4《题危太朴与邓子明书后》。另据《危太朴文续集》卷4《故宋秘书监毛公墓表》云:"奉使访厓山遗事于故礼部郎官邓光荐家,得南恩公兄弟(毛沆、毛演)死事。"此也表明危素奉使确有成果。又据《宋史》卷451《忠义·陆秀夫传》云:"方秀夫海上时,记二王事为一书甚悉,以授礼部侍郎邓光荐曰:'君后死,幸传之。'其后厓山平,光荐以其书还庐陵。大德初,光荐卒,其书存亡无从知,故海上之事,世莫得其详云。"(页13277)可见有些史料已失传。
④ 《危太朴文集》卷7《本政书序》。
⑤ 《危太朴文集》卷8。

同时也表达了他对经历艰难险阻而购到的宋代史料具有特别珍惜的情感。

(三) 分修《忠义》等大臣列传

《宋史》是由朝廷遴选二十三位史官分工纂修的。分工情况现仅查知宋褧"分纂《高宗纪》及《选举志》",汪泽民"分修《兵志》及《理宗本纪》",论、赞之类则由总裁官欧阳玄属笔。至于危素,他在至正六年(1346)所写《昭先小录序》中谈道:"仰惟今皇帝示天下以至公,明诏史臣毋讳死节。素待罪史官,分修《忠义传》,网罗放失,夙夜兢兢。"[①]

危素分修《忠义传》部分,是《宋史》的卷四四六至四五五,总计十卷,包括正传、附传,总计二百七十八人。这在纪传体二十四史的相关部分中也是分量最重的。我们分析其原因大致有四点:一则辽、金、宋、夏、元是民族政权并立与统一时期,频繁的民族斗争中产生许多忠义之士。二是元修三史时明确诏令"金、宋死节之臣,皆合立传,不须避忌",为修史官员提供了宽松的政治环境。三是按《忠义传》体例,凡捐躯殉节、审义自裁、苍黄遇难、忠谏杀身及乡曲之英、方外之杰、贾勇蹈义的,皆"以类附从,定为等差",亦即囊括面较广。四是危素祖辈为宋臣,参加过抗元斗争,他本人长期受儒家忠义思想影响较深,搜访忠义之士事迹又被实例感染,所以他是倾注了感情撰写这部分内容的。

危素分修《忠义传》,涉及宋元之际史事,大都没有宋旧史的基础,要花费很大气力搜访和运用新的资料,但这部分总计二百七十八人的传记并非皆由他亲自执笔,如宋末抗元死节的陈炤的传记,实由史官余阙执笔,而《忠义传》以外一些大臣的传记,他又有所参与,如他在《书张少师传后》中谈道:

> 至正三年国家作辽、金、宋三史,素以非才与修《宋史》。按太祖至徽、钦列传至为赅备,至高、孝、光、宁四朝史盖蜀人李心传氏所修,其阙漏不可计,心传亦以是论罢。素博考实录中所附传及它野史、文集、郡国志,粗见始终者稍稍补完。既而奉使购求遗

[①] 《危太朴文集》卷7。

书，所过求故家子孙问之，往往荒忽不知，是以执笔之际为之嗟惋焉。①

看来危素入史馆首先经历订补南宋史料的阶段，然后奉使购求遗书，回馆分修《忠义传》等。从危素的《文集》及《续集》中我们查到他直接撰写的宋人传记（以危素集子中出现的卷次为序）有：

1. 彭龟年　《文集》卷二《盗发彭府君墓记（甲申）》："宋名臣彭忠肃公之父府君讳文先，葬清江县建安乡四会山之原。……余奉使过临江，购史馆遗书，作忠肃公传，既奏御矣，而公之世孙镛请志发家事。……至正五年二月记。"按，彭龟年（1142—1206），字子寿，宋抚州清江（今属江西）人，忠肃为其谥号，《宋史》卷三九三有传。

2. 柴中行　《文集》卷三《儒英阁记（己丑）》："宋右文殿修撰致仕、中大夫、赠宝章阁待制、谥献肃柴公之六世孙季承，作高阁南溪之上，以藏先世之遗书。……方公为吾州军事推官，韩侂胄枋国，诬害正人，以濂、洛所传谓之伪学，转运司移檄令自言非伪学始得为考试官。公奋笔曰：'自幼习读程伊川书以取科第，如以为伪，不愿考校。'……昔承诏纂修《宋史》，尝为公立传，则公之高风大节足以震耀于后世而无恨焉。"按，柴中行，字与之，宋饶州余干（今江西余干西北）人，《宋史》卷四〇一有传。

3. 王应麟　《文集》卷七《汉艺文志考证序（丙戌）》："《汉艺文志考证》六卷，宋礼部尚书浚仪王公所著也。……素既承诏修《宋史》，纪载公之言行甚备，复因其孙厚孙之请而序此书。"按，王应麟（1223—1296），字伯厚，宋浚仪（今河南开封）人，《宋史》卷四三八有传。

4. 林勋　《文集》卷七《本政书序（丙戌）》："《本政书》十卷，宋贺州学教授林勋所著。始素得东阳陈亮同父所作序于《龙川集》中，欲求其书不可得。及至四明，从铅山州儒学教授程端礼敬叔家乱书中仅得三叶。端礼曰：'吾求此书久矣，而未尝见，或得之，愿以告我。'至括苍，又从王兴祖君起家观朱文公与潘叔度氏手帖，属钞写校正此书。至松江始从庄肃幼恭家得亮所刻本，至精好，而永嘉薛士龙季宣跋其后。素既假于庄氏缮写之，亟以书告端礼。……皇上诏修《宋史》，素为勋立传，而撮其书大要存焉。"

---

① 《危太朴文续集》卷9。

按，林勋，贺州（今广西贺县）人，《宋史》卷四二二有传。

5. 黄畴若　《文集》卷八《黄氏族谱序（丁亥）》："黄氏始祖唐都头居秀之崇德，……更八世而有吏部郎官次山，又二世而有礼部尚书畴若。……礼部五世孙翰以其家谱至京师，俾素序之。惟素族祖漳州府君昔与礼部同朝，赠别之诗见于家集。今天子诏修《宋史》，吏部及礼部与其孙茶陵军使端卿，素备数史官，实为之立传。百年交谊，夫岂偶然之故哉！"按，黄畴若（1154—1222），字伯庸，隆兴丰城（今属江西）人，《宋史》卷四一五有传（黄次山及黄端卿无传）。

6. 舒璘　《文集》卷八《舒文靖公文集序（丁亥）》："舒文靖公文集十有六卷，第录如上。公讳璘，字元质，一字元宾，四明之奉化人。……今天子诏修三史，史官危素以公与沈端宪公（即沈焕）同传，《宋史》概可得而考矣。"按，舒璘见《宋史》卷四一〇《沈焕》附传。

7. 杜谊、杜范、杜浒　《文集》卷十《杜氏世谱考异序（乙未）》："素尝求史馆遗书于行省，过越，问祁国正献公（即杜衍）之后，无有也。至黄岩，得太子赞善梓州通判谊、丞相清献公（即杜范）及其子浒之事，刊诸《宋史》。又尝撰世德之记以遗君。考异之作，抑以见素于杜氏深致意焉。"按，杜谊，字汉臣，台州黄岩人，《宋史》卷四五六有传。杜范（1182—1245），字成之，谥号清献，《宋史》卷四〇七有传。杜浒，字贵卿，范从子，《宋史》卷四五四有传。

8. 张运　《续集》卷九《书张少师傅后》："奉使购求遗书，所过求故家子孙问之，往往荒忽不知，是以执笔之际为之嗟惋焉。独敷阁待制少师张公运，有为老氏学者曰德隆致少师事状于史官。素道出虎林，睹宋故宫有大浮图，以断碑碣颠倒甃城，所赐少师手诏在石者犹可见，归而徵诸实录诸书，始克论著。"按，张运，字南仲，信州贵溪（今属江西）人。《宋史》卷四〇四有传。

今天我们所能了解的元朝史官分修《宋史》的情况甚少，危素集子中所提供的他个人分修情况虽也是局部的（他撰写的某些宋人传记不见于《宋史》，兹不涉及），但在元传世的文集中却是最详细的。以往研究《宋史》纂修者对此书并未引起应有的重视，现经考索钩沉、参稽发微，可见危素对《宋史》的置局纂修，资料的搜集补充，以及《忠义传》等部分的整理撰写，花费了很大气力，做出了重要贡献，可谓对《宋史》立了大功之人。明初大臣宋濂在《危公（素）新墓碑铭》中概括说："公复移书执政请修宋、辽、金三史，乘传行宋两都访摭阙遗，书成，公之力居多。"当是实情。危素在仕途的起点所参与的这项意义深远的史学工作，成为他一生重要的里程碑。

余论

　　危素本是有浓烈的爱国情感、忠于职守的元代大臣，但在改朝换代之际，因未能以死效忠，被录用为明臣，便遭到一些世人的贬责，以至流传这样一个颇富讥讽意味的故事："上（指明太祖朱元璋）尝御东阁侧室，弘文馆学士危素行帘外，橐橐闻履声，上曰：谁？对曰：老臣（危）素。上曰：朕谓文天祥也，乃尔乎！"不久，他被"谪和州之含山，为余阙（元末抗击红巾军的守将，城破自尽）守庙"①。对这样一位讲究封建伦理道德且修过《宋史·忠义传》的元朝遗老，隐含亡国之痛的降臣，不仅借宋视死如归的文天祥相反照，还被罚守元死节之士余阙的坟庙，这是何等的耻辱！清四库馆臣说危素"晚节不终，为世僇笑"，即指此事。但此事不过是反映世人对危素降明之不满，未必实有。清著名学者全祖望在辨正此事时说："学士（危素）以国史不死，固昧于轻重之义，然其出累朝实录于刀剑章皇之下，功亦不小。"② 这种评价也是出于封建传统的忠义观。在我们今天看来，对易代之际的死、降或叛诸问题要联系战争性质、社会政治、民族关系做具体的分析。像朱元璋所表彰的为抗击红巾军至死不降的余阙我们便不能肯定，而对"以国史不死"、抢救了珍贵的历史文献的危素倒应予以表彰。

（原载于《燕京学报》新 2 期，北京大学出版社，1996 年）

---

　　① 谈迁：《国榷》卷四太祖洪武三年十二月纪事。参查继佐：《罪惟录》卷18《危素传》，印鸾章、李介人：《明鉴》卷1《太祖高皇帝》洪武二年二月纪事。

　　② 《危太朴云林集》后附朱彝尊、全祖望跋语。

新版《宋史·兵志》校点补正

中华书局1977年出版的《宋史》校点本，是目前比较通行和完善的版本。但由于此书卷帙浩繁，而长期传刻过程中出现的舛误又颇多，因而在校点方面难免有疏漏之处。今仅就《兵志》部分加以复勘，即得校记五十四条。其中漏校四十条，校勘未尽八条，标点错误六条。以下分类疏举，供治史者参考。

一、漏校（四十条）

1. 至道元年，帝阅禁兵有挽强弩至一石五斗，连二十发而有余力者，顾谓左右曰：……（页4572）

按："弩"，《续资治通鉴长编》（以下简称《长编》）卷三八、《山堂先生群书考索》后集卷四一《兵制门》、《玉海》卷一四五《至道阅武便殿》并作"弓"。检本志下文有"弓射一石五斗、弩蹠三石五斗、等样及龙卫者，并亲阅"之语（页4827），可知作"弓"是。

2. 及杨沂中将中军总宿卫，江东刘光世、淮东韩世忠、湖北岳飞、湖南王燮四军共十九万一千六百，亦未尝有屯。（页4583）

按："十九万一千六百"，《建炎以来朝野杂记》甲集卷一八《绍兴内外大军数》、《玉海》卷一三九《绍兴三衙兵》、《文献通考》（以下简称《通考》）卷一五四《兵考》并作"十二万一千六百"。又本志上文既说"是时合内外大军十九万四千余"（页4582），则除杨沂中所将中军，其余四军当以作"十二万一千六百"为是。

3. 钧容直（……淳化二年，改之。）（页4585）

按："二年"，《事物纪原》卷二引《宋朝会要》、《通考》卷一四六《乐考》并作"三年"。疑"二"为"三"之讹。

4. 马步军有龙卫神卫左右四厢都指挥使、都虞候。每指挥有指挥使、副

指挥使。（页4590）

按：此条所记禁军官制有脱漏。检本志下文复记此制为："马步军有龙卫、神卫左右四厢都指挥使，龙卫、神卫左右厢各有都指挥使，每军有都指挥使、都虞候，每指挥有指挥使、副指挥使"（页4614）。《宋会要辑稿》职官三二之四、《通考》卷五八《职官考》、《宋史》卷一六六《职官志》所载并同。据此，则志文"都指挥使"下，应增"龙卫、神卫左右厢各有都指挥使，每军有都指挥使"二十字。

5. 虎翼（……咸平五年，以威虎军来隶。……总九十六。京师九十并水军一，襄邑、东明、单各一，长葛一）（页4594）

按："五年"，《长编》卷五五、《玉海》卷一三九《咸平广捷兵》并作"六年"，疑"五"为"六"之讹。又"长葛一"，本志下文作"长葛二"（页4619），以"总九十六"指挥数核算，作"二"是。

6. 御前忠佐散员（……又五代以来，军校立功无可门署者，第令与诸校同其饮膳，名健饭都指挥使，后唯被遣者居此。……）（页4601）

按："健饭"，《宋会要辑稿》职官三六之七九、《长编》卷七一、宋朝《燕翼诒谋录》卷五并作"伴饭"。"健"当为"伴"之讹。

7. 备军（……熙宁二年，罢九百六十人。）（页4626）

按："二年"，《宋会要辑稿》职官三六之八二、《长编》卷二一八并作"三年"。"二"当为"三"之讹。

8. 承前遣使取内外军中疲老者，咸给奉粮之半，以隶剩员，今可简阅使归农；其合留者，亦据逐营给役数外别为营舍处之。内契丹、渤海、日本外国人虑无所归，且依旧。（页4641）

按：本志所载宋之兵籍并无日本人。检《长编》卷七七载："内契丹、渤海、女真本外国人。""日本"显系"女真本"之讹。

9. 诏京西路厢军以三万五百人为额。（页4645）

按："三万五百"，《长编》卷四○八作"三万三千五百"，志文似脱"三千"二字。

10. 治平初，诏置保毅田承名额者，悉拣刺以为义勇。（页4709）

按："置"，本志下文作"买"（页4734），《长编》卷二○三所载同。"置"当为"买"之讹。

11. 熙宁二年，兵部上河东七郡旧籍七千五、今籍七千，……（页4713）

按："七千五"下，应从《长编纪事本末》卷六六增一"百"字。

12. 诏："蕃弓箭手阵亡，依汉弓箭手给赙。弓箭手出战，因伤及病羸不能自还者，并依军例赐其家。"（页4715）

按："弓箭手"，《宋会要辑稿》兵四之一一作"汉弓箭手"。北宋弓箭手有汉、蕃之分。志文似脱一"汉"字。

13. 今东路宪司官属与登、淄两州当职官，坐增秩者几二十人，而县令佐不及焉。（页4739）

按："几二十人"，《通考》卷一五六《兵考》作"几二千人"。以前后文义言，作"几二千人"是。

14. 治平元年，诏陕西除商、虢二州，余悉籍义勇。……以五百人为指挥，置指挥使、副二人，正都头三人，十将、虞候、承局、押官各五人，……（页4733—4734）

按："虞候"，《国朝诸臣奏议》卷一二三《上英宗乞募陕西义勇疏》，附引治平元年籍义勇诏作"将虞候"。按之宋军队编制，作"将虞候"是。

15. 盖庆历初，河北路总十八万九千三十一人，……（页4734）

按："十八万九千三十一人"，《长编》卷一三八、《通考》卷一五六《兵考》并作"十八万九千二百三十一人"。志文脱"二百"二字。

16. 逐年将一州之数分为四番，缘边四路十四州，每年秋冬合用一番屯戍。（页4736）

按："合"，《宋会要辑稿》兵二之四、《长编》卷二一六并作"各"。"合"当为"各"之讹。

17. 又今蕃部都虞候至副兵马使奉钱止七百，悉无衣廪。（页4751—4752）

按："止七百"下，应从《长编》卷一三五、《通考》卷一五六《兵考》增"至三百"三字。

18. 又诏曰："三路见训民兵非久，什长艺成，须便行府界团教之，钱粮、官吏并如畿县，未知及期能办与不。……"（页4771）

按："团教之"下，应从《长编》卷三二九增一"法"字；"能办与不"，应从上书作"能办与否"。

19. 巡社（建炎元年，诏诸路州军巡社并以忠义巡社为名，隶宣抚司，后募乡民为之。……）（页4789）

按："宣抚司"，《宋会要辑稿》兵二之五、《通考》卷一五六《兵考》、《宋史》卷二四《高宗纪》并作"安抚司"。"宣"当为"安"之讹。

20. 四年，尚书省着令：……（页4814）

按："着令"费解，"著令"系宋官文书习惯用语。疑"着"、"著"形近而讹。

21. （绍兴）二十年，枢密院言都统吴玠选中护卫西兵千人，诏隶殿司。（页4839）

按："吴玠"，《宋史》卷三六六本传载他于绍兴九年"卒于仙人关"，其弟璘则在绍兴十七年后"为御前诸军都统制"。又同书卷三〇《高宗纪》载："（绍兴十八年）三月丁丑，命杨政、吴璘招关、陕流民补殿前军。"而本志下文明确说："统制杨政选西兵三百二十五人，填步军司。"（页4839）据此可知，绍兴二十年选西兵隶殿司者必吴璘。

22. （熙宁）四年，枢密院言："不教阅厢军拨并，各带旧请外，今后招到者，并乞依本指挥新定请受。……京西壮武、淮南宁淮各酱菜钱一百，……"（页4844）

按："京西壮武"，本志上文（页4644）及《长编》卷二二八皆载，熙宁四年京西路不教阅厢军"并改号曰劲武"。疑志文"壮"为"劲"之讹。

23. 诏赐御制《攻守图》、……《四路战守约束》各一部，余令关秦凤路经略司抄录。（页4863）

按："余"，《长编》卷二四一、《玉海》卷一四一《熙宁御制攻守图》并作"仍"。"余"当为"仍"之讹。

24. 盖阵以圆为体，方阵者内圆而外方，圆阵即内外俱圆矣。故以方圆物验之，则方以八包一，圆以六包一，此九军六花阵之大体也。（页4866）

按："方圆物"，《长编》卷二六〇、《玉海》卷一四三《熙宁八军法》、《通考》卷一五七《兵考》并作"圆物"。"方"字当系衍文。

25. 其老疾若过失者，为御前忠佐马军都军头、副都军头，隶军头司。（页4877）

按："马军都军头"，《长编》卷九九、《东斋纪事》卷二并作"马步军都军头"。二者官职差一级。志文似脱一"步"字。

26. 四年十二月，帝谓吕蒙正曰：……（页4879）

按："十二月"，《长编》卷四九、《玉海》卷一三九《宋朝捧日奉宸队》

并作"十月"。志文似衍一"二"字。

27. 凡遣上军，军头司引对，赐以装钱，……至于诸州禁、厢军亦皆戍更，隶州者曰驻泊。（页4894）

按："隶州者曰驻泊"，《通考》卷一五二引《两朝国史志》作"隶州者曰屯驻，隶总管曰驻泊"。又《长编纪事本末》卷六六载："其出戍边或诸州更戍者谓之屯驻，非戍诸州而隶于总管者谓之驻泊"。可见宋禁、厢军出戍有屯驻、驻泊之别。志文"隶州者曰"下，应据《两朝国史志》增"屯驻，隶总管曰"六字。

28. 诏："河东路总管司那融替换上番兵马；……"（页4902）

按："总管司"上，应从《宋会要辑稿》兵五之一二增一"都"字。

29. 尝令试床子弩于郊外，矢及七百步，又令别造步弩以试。（页4909）

按："步弩"上，应从《长编》卷一七、《通考》卷一六一《兵考》增一"千"字。

30. 黑漆顺水山字铁甲、……（页4912）

按：《长编》一六六、《玉海》卷一四三《皇祐崇政殿阅陈法》并作"黑漆顺水枪山字铁甲"。志文似脱一"枪"字。

31. 元符元年，诏江、湖、淮、浙六路合造神臂弓三千、箭三十万。（页4917）

按："合"，《长编》卷五○一作"各"。"合"当为"各"之讹。

32. 初，从邢恕之议，下令创造兵车数十乘，买牛以驾。已而蔡硕又请河北置五十将兵器，且为兵车万乘。（页4918）

按："数十乘"，《通考》卷一五八《兵考》作"数千乘"。检洪迈《容斋四笔》卷六《记李履中二事》，于邢恕谋用车战法，诏以付熙河漕臣李复记事后，引李复所上《乞罢造战车疏》云："奉圣旨，令本司制造战车三百两。……今乞便行罢造，如别路已有造者，乞更不牵拽前来"。此则熙河一路即令"造战车三百两"，合之他路，可知作"数千乘"是。

33. 招马唯吐蕃、回纥、党项、藏牙族，……（页4932）

按："藏牙族"，《长编》卷四三、《通考》卷一六○《兵考》、《宋史》卷四九一《外国传》并作"藏才族"。"牙"当为"才"之讹。

34. 岁约得谷十一万七千八百石，绢三千二百五十四，草十六万一千二百束。（页4937）

按："三千二百五十匹"上，应从《长编》卷一九〇增一"万"字。

35. 监兵五千，以为广固指挥，修治京城焉。（页4941）

按：本志上文载："以废马监兵置广固、保忠凡十指挥，亦五千人。"（页4643）《长编》卷二六二"广固"下也有"保忠"二字。志文应增。

36. 于是右司谏王岩叟言……（页4942）

按："右"，《长编》卷三七四、《通考》卷一六〇《兵考》、《宋史》卷三四二《王岩叟传》并作"左"。"右"当为"左"之讹。

37. 元祐中，复置监牧，两厢所养马止万三千匹，而不堪者过半。（页4944）

按："万三千匹"上，应从《长编》卷四九二增一"二"字。

38. 京西南路五百九十，北路七百一十六。（页4949）

按："五百九十"下，应从《宋会要辑稿》兵二四六三、《长编》卷三〇五、《通考》卷一六〇《兵考》增一"九"字。

39. 后又置监邓、鄂间，牝牡千，十余年仅生二十驹，且不可用，乃已。（页4954）

按："二十"，《建炎以来朝野杂记》甲集卷一八《孳生监牧》、《通考》卷一六〇《兵考》并作"三十"。"二"当为"三"之讹。

40. 嘉泰末，合两司为万二千九十四。（页4955）

按："万二千九十四"，《建炎以来朝野杂记》甲集卷一八《川秦买马》、《通考》卷一六〇《兵考》并作"万二千九百九十四"。志文似脱"九百"二字。

二、校勘未尽（八条）

1. 捧日（……熙宁五年，捧日三十三并为二十二，……二年，废左射、锯直……）（页4610）。校勘记："二年"当为元丰二年。《长编》卷三〇〇元丰二年九月，载有雍丘捧日第五军及他军减员事，并说："自今阙额勿补，候人数不多即并废。"与此条末句略同，疑即指此条之事。（页4634）

按：今检《长编》卷二九八元丰二年六月丙午载："诏捧日、龙卫、锯直、左射等指挥，均拨入捧日、龙卫诸指挥，更不补人。"此与本志"二年"记事正合。

2. 云翼（……元祐元年，桂州二仍不废。中兴，三十三。）（页 4616）校勘记：桂州二仍不废，按本军驻地都在河北；"桂州"属广南西路，且前文未见，此处疑有误。（页 4636）

按：今检《长编》卷三八四元祐元年八月己丑载："诏雄州云翼两指挥依旧存留，各以三百人为额。"雄州属河北路，与上文所载本军驻地正合，作"雄州"是。

3. 雄武（……熙宁五年，废拣中雄武。闰七月，并床子弩雄武、飞山雄武各五为二。……）（页 4619—4620）校勘记：飞山雄武，原作"飞山"。按本志体例，各种雄武军都用全称，此处但称"飞山"，与例不合，据上文补。（页 4636）

按：今检《长编纪事本末》卷六六载："飞山雄武指挥二千二百人，亦拨并为两指挥。"此可证志文"飞山"下缺"雄武"两字。

4. 熙宁三年五月，诏以禁军分五都法检治厢军，其后禁军或降剩员，或升补，皆以备厢军诸路力役之事。间诏募增，而京西转运司所募多至三万人……（页 4643）校勘记：间诏募增，《太平治迹统类》卷三〇作"广、浙间诏增募"，及参考《群书考索》后集卷四〇所载，疑"间"字上有"广浙"为是。（页 4698）

按：今检《群书考索》后集卷四作"广则闻诏增募"，又《长编纪事本末》卷六六作"广则间诏增募"。据此，则《太平治迹统类》所载"广浙"云云或有误。

5. 巡社（……每十人为一甲，有甲长，有队长；四队为一部，有部长；五部为一社，有社长；五社为一都，有都正……）（页 4790）。校勘记：有甲长，据《宋会要·兵》二之五一、《系年要录》卷八，此下当有"每五甲为一队"六字。（页 4797）

按：今检《建炎以来系年要录》卷八载忠义巡社的编制为："五人为甲、五甲为队、五队为部、五部为社，皆有长；五社为一都社，有正副；二都社有都副总首。"此显然与志文所载不同。而《宋会要辑稿》兵二之五则与志文所载略同，并可补志文之阙。校勘记引《系年要录》云云不确。

6. 中兴以后，兵不素练。自军校转补之法行，而拣选益精。……考《军防令》，诸军招简等仗：天武第一军五尺有八寸，……拣中广劲、武和、武肃、忠靖、三路厢军五尺二寸。（页 4838）校勘记：自军校转补之法行而拣选益精,按上文既说"中兴之后",而下文所记年号为建炎三年,则此处所叙应属南宋事。但本句以下直至"五尺二寸"一段,所记内容属于拣选,和上文所载简汰事不相衔接。又据本书卷一九六《兵志》,军校转补法自北宋以来已在施行,中间未闻废罢,而志文所引《军防令》,列举的都是北宋时军额,可见此处所记并非南宋时事,疑志文有错简。(页4850)

按:本志此处和下文所记为南宋军队的拣选和省并事,与上文所记北宋军队的拣选和省并事正相衔接。北宋军队转补之法在南宋初年一度废罢。《建炎以来系年要录》卷八七绍兴五年三月癸未载:"初,禁卫诸军遇赦转员,其法甚备,自中原俶扰,军营纷乱,排转不行。……左仆射赵鼎请据三衙见管人数,仿佛旧例,立为转员之法。"又志文所引《军防令》列举的全是南宋时军额,不过有些军额沿袭北宋,如"捧日、天武"之类;有些则为南宋新创,如"新置振武、振华军"之类。校勘记谓"此处所记并非南宋时事",当是误解。

7. (熙宁)初,诏枢密院曰:"唐李靖兵法,世无全书,杂见《通典》,离析讹舛。……令枢密院检详官与王震、曾收、王白、郭逢原等校正,分类解释,令今可行。"(页4865)校勘记:"曾收",《长编》卷二六〇作"曾旼",《通考》卷一五七《兵考》作"曾皎"。(页4875)

按:今检浙江书局本《长编》卷二六〇作"曾旼",《通考》卷七,《郊社》所载同。又葛胜仲《丹阳集》卷一二《故显谟阁直学士魏公(宪)墓志铭》、《嘉定镇江志》卷一六《学职》皆载:"曾旼,熙宁间以名儒分教京口。"此与熙宁间校《李靖兵法》之曾旼当为一人。疑作"旼"是,"收"、"皎"皆系"旼"之讹。

8. 转员至军都指挥使,又迁则遥领刺史,……员溢,即从上罢军职,为正团练使,刺史之本任,或有他州总管、钤辖。(页4877)校勘记:或有他州总管、钤辖,按洪迈《容斋三笔》卷一五《禁旅迁补》条说:"高者以正任团练使、刺史补外州总管、钤辖。"下文也有"若员溢,即为正刺史补外"语,志文"有"字疑当作"补"。

按:今检《长编》卷九九、《玉海》卷一三九《宋朝侍卫亲军·三衙》皆载:"或为他州总管、钤辖。"志文"有"当是"为"之讹。

三、标点错误（六条）

1. 熙宁元年十二月，诏："京东武卫四十二指挥并分隶河北都总管司六指挥，隶大名府路三十六指挥，均隶定州、高阳关两路更戍；其休番者，选差兵官三人依河北教阅新法训练，仍差使臣押教。"（页4576）

按：此条所依据的原始材料见于《宋会要辑稿》兵五之六，原文为："神宗熙宁元年十二月四日，诏令京东武卫四十二指挥并隶河北逐郡都总管司管辖：定州、高阳关路各一十八指挥，大名府路六指挥，分番往戍；其下番者，于本路兵官中选差三员，依河北教阅新法训练；仍差使臣押教。"此表明，京东武卫指挥，分隶河北三路更戍。志文应标作："……京东武卫四十二指挥并分隶河北都总管司：六指挥隶大名府路，三十六指挥均隶定州、高阳关两路更戍；……"

2. 其禁军将校，则有殿前司都指挥使、副都指挥使、都虞候各一人；……十将、将、虞候；马步军有捧日、天武左右四厢都指挥使，……十将、将、虞候、承局、押官。（页4584）

按：文中两处"将、虞候"，皆应连读为"将虞候"。将虞候为宋军中的低级武官。《宋会要辑稿》兵二〇之五开禧用兵军赏人数载："十将一万四千九百六十五人，将虞候七万六百一十三人，承局二万四千四百一十人，押官七万七千四百七人。"又《嘉定赤城志》卷十八《军防门》载："节级四十人：十将、将虞候、承局、押官各十人。"本志下文涉此句标点皆误。

3. 淮西庐州：强勇前军、强勇右军、武定、游奕、忠义、雄边、全年。

淮西濠州：武定、选锋军、武定后军、使劾、威胜、游击、义士诸军、定远武定。

淮西安丰军：武定前军、武定右军、防城戍军、四色军。（页4631）

按：文中"武定、游奕"、"武定、选锋军"，应分别连读为"武定游奕"、"武定选锋军。"钱大昕《廿二史考异》卷八〇引《宋史·邱密传》："其（淮南）西路则同转运使张颖拣刺为御前武定军，以三万人为额，分为六军。"并附按语说："《兵志》淮西庐州有武定游奕军，濠州有武定选锋军、武定后军，定远有武定军（当是左军，脱左字），安丰有武定前军、武定右军，所谓六军也。"

4. 澄海（广、循、连、南雄、封、英德、南恩、惠、潮、藤、容、贺、德、庆、昭、高、钦、雷。）（页4693）

按："本军驻地皆在广南东、西路"，其中"德、庆"，应连读为"德庆"，属广南东路。

5. 厥后弊日以滋，迨至咸淳，军将往往虚立员以冒廪食。以建康言之，有神策二军，有游击五军，有亲兵二军，有制效二军，有靖安、唐湾水军，有游击采石水军，有精锐破敌军，有效用防江军，原其初起，惟骑戎两司额耳。（页4849）

按："靖安、唐湾水军"，应连读为"靖安唐湾水军"。《景定建康志》卷三九《武卫志》载："嘉定十四年十一月，内准密札，备奉圣旨，唐湾、靖安两水军合并一军。"又"精锐"与"破敌军"，"效用"与"防江军"之间，皆应断开，打上顿号，使之各成一军。同上书分载了这些军队的名额及其创置始末。

6. 时熙河转运副使李复先奏曰……（页4918）

按：点校本以"李复先"为人名，误。"李复"字履中，其奏文《容斋四笔》卷六、《历代名臣奏议》卷二二二均有记载。"李复"下"先"字或系衍文。

1983年5月30日

（原载于《中国历史文献研究集刊》第5集，岳麓书社，1983年）

《宋史·职官志》史料来源考辨

《宋史》全书四百九十六卷，其中本纪四十七卷，志一百六十二卷，表三十二卷，列传二百五十五卷，共约五百万字，是二十四史中篇幅最庞大的一部官修史书。对这部史书的史料来源，自明清以来不少学者进行了具体探讨。清《四库全书总目》认为："盖其书（指元代所修的《宋史》）以宋人国史为稿本。"① 这一说法不少学者是认可的。但长期以来，还有一种说法认为，《宋史》的《职官志》等抄袭《文献通考》。这一说法是缺乏依据的。

一、《宋史·职官志》史料主要来源于宋国史职官志

（一）宋官修国史及流传概况

宋代史学发达，著述宏富。官修的有关本朝的史书有起居注、时政记、日历、实录、国史、会要等。从记载内容或撰修情况看，起居注、时政记按年、月、日记载皇帝的生活起居及君臣商讨的军政大事，日历依据起居注、时政记及政府各部门重要资料仍按日期梳理朝廷要事，实录在日历基础上"杂取编年、纪传之法"专记已故皇帝事迹及国家大事，国史则在实录基础上按纪传体比较全面记载国家各方面历史。《山堂先生群书考索》（以下简称《山堂考索》，涉及宋元时代其他类书一般直接用简称）记载："夫日记起居，则为起居注。月记时政，则为时政记。排次起居、时政，则谓之日历。总集日历，则为一朝实录。积集累朝实录，则为一代全史。"② 国史是集大成之作。会要作为"一代之典"，主要参考国史志、实录、日历等撰修，供"朝

---

① 《四库全书总目》卷46《史部·正史类一》，中华书局，1965年，第412—413页。

② 《山堂先生群书考索》（以下简称《山堂考索》）续集卷35，中华书局，1992年，第1119页。

廷检用故事"之用。①

宋代自太宗朝以下到南宋理宗朝多次下诏撰修国史。在一般情况下，继位皇帝为已故皇帝撰修历史，称为正史，如神宗皇帝曾下诏撰修《仁宗正史》、《英宗正史》，但往往尚未修成就纳入后来合修的国史中。② 修成的主要有：太祖太宗真宗《三朝国史》一百五十卷，仁宗英宗《两朝国史》一百二十卷，神宗哲宗徽宗钦宗《四朝国史》三百五十卷，高宗孝宗光宗宁宗《中兴四朝国史》，卷数不详。此外还有《神宗正史》一百二十卷、《哲宗正史》二百一十卷。这两部正史流传一段时间，其部分内容经改修纳入神宗哲宗徽宗钦宗《四朝国史》中。③

宋代官府所藏的为数众多的史书在南宋灭亡之时，很多被元政府接受下来，元代史臣又进行了一些采访、搜集工作，得到了不少关于宋代的野史、笔记、文集等，这为元修《宋史》提供了良好基础。但元代史臣没有认真加工、整理与修订这些史料，仅是采用比较省力的办法，用两年半时间在宋国史的基础上删削而成《宋史》。清代史学家赵翼通过考证《宋史》认为："宋代国史，国亡时皆入于元。元人修史时，大概只就宋旧本稍为排次。"④ 可惜宋国史这批价值极高的史料，在《宋史》修成不久便随着元代的灭亡而荡然无存了。今天我们所能见到的，仅是他书转录的宋国史的片断史料。

（二）《宋史·职官志》等诸志序言基本说清史料主要来源于宋国史诸志

《宋史》诸志共一百六十二卷，分十五志，其中十二志，即《天文志》、《五行志》、《律历志》、《礼志》、《乐志》、《仪卫志》、《舆服志》、《选举志》、《职官志》、《食货志》、《兵志》、《艺文志》，在其序言中已基本说清史料主要来源于宋国史诸志。《宋史》其余的三志，即《河渠志》、《地理志》、《刑法志》序言对史料来源说得比较含糊，但用他书引用的宋国史旧志片断

---

① 王珪：《华阳集》卷8《乞续修国朝会要札子》，丛书集成初编本，第80页。
② 李焘：《续资治通鉴长编》，中华书局，1990年，第6903页。《宋史·职官志四》，中华书局，1977年，第3879页。《文献通考·经籍考十九》"四朝国史"，中华书局，1986年，第1628—1629页。《合璧备要》后集卷47"大宗正司"条引有《仁宗正史》，其书似有单本流传。见上海古籍出版社，1992年，第161页。
③ 《宋史·艺文志二》，中华书局，1977年，第5087页。葛兆光《宋官修国史考》，《史学史研究》1982年第1期，第47—54页。
④ 赵翼著，王树民校正：《廿二史札记校正》，中华书局，1984年，第498页。

史料相互比勘，可以反映其史料同样主要采用宋国史。①

《宋史》自卷一百六十一至一百七十二为《职官志》，共十二部分。其序言说："考古之制，量今之宜，盖自元祐以逮政和，已未尝拘乎元丰之旧。中兴若稽成宪，二者并行而不悖。故凡大而分政任事之臣，微而筦库监局之官，沿袭不革者，皆先后所同便也。或始创而终罢，或欲革而犹因，则有各当其可者焉。类而书之，先后互见，作《职官志》。以至廪给、廉从，虽微必录，并从旧述云。"（页 3771）最后所说"旧述"实际主要就指宋国史职官志。

《宋史·职官志》等诸志序言涉及史料来源及其采用范围与方法，归纳起来有这样几点：第一，序中提到"史臣所录"、"史氏所纪"、"旧史所录"、"旧述"、"旧史"等，基本含义主要是指宋国史。第二，采录的宋国史主要指上述的《三朝国史》、《两朝国史》、《四朝国史》、《中兴四朝国史》四部，即《宋史·艺文志一》序言中说："宋旧史，自太祖至宁宗，为书凡四。"（页 5033）《宋史·宰辅表一》序言中说："宋自太祖至钦宗，旧史虽以《三朝》、《两朝》、《四朝》各自为编，而年表未有成书。"（页 5415）总计涉及十三朝史事。还没有确凿证据表明《宋史》诸志北宋朝纪事采录了《神宗正史》与《哲宗正史》。第三，元代史臣对宋国史诸志采录加工，或"悉著于编，俾来者有考焉"，或"烦简适中，隐括归类"，或"姑去其泰甚，而存其可为鉴者"。这些都说明，《宋史》诸志是在宋国史诸志基础上加工删削而成的。

（三）《宋史·职官志》等诸志的体裁、结构基本沿袭宋国史诸志

宋国史的一个重要特点是志所占比重极大，"元修《宋史》大体沿用旧例"。"仅就北宋九朝国史来看，全书共有六百二十卷，志占二百八十五卷，近百分之四十六。而《宋史》四百九十六卷，志占一百六十二卷，达百分之三十三。"② 元代史臣沿袭宋国史诸志体裁、结构痕迹明显。清代学者钱大昕列举《宋史·律历志》："此志惟总序一篇，乃元史臣之笔。自一卷至三卷，本之《三朝史》；四卷至九卷，本之《两朝史》；十卷至十三卷，本之《四朝

---

① 《宋史》纪志表传各部分参考或采录宋国史情况，参看陈高华、陈智超等《中国古代史史料学》，北京出版社，1983 年，第 260—265 页。《二十五史导读辞典》，孔繁敏撰（宋史卷），华龄出版社，1991 年，第 746—788 页。孔繁敏：《危素与宋史的纂修》，载燕京研究院编《燕京学报》新 2 期，北京大学出版社，1996 年，第 105—116 页。

② 葛兆光：《宋官修国史考》，《史学史研究》1982 年第 1 期，第 54 页。

史》；十四卷以后，本之《中兴史》。四史体裁本末划一，史臣汇为一志，初未镕范，故首尾绝不相应。"① 此说稍微有些绝对，细查《宋史·律历志四》引宋仁宗论律及诸儒关于钟律者奏疏记载，是元代史臣新补充的，不过这种加工"镕范"太少。②

《宋史·职官志》的体裁、结构沿袭宋国史职官志"类而书之"，多处还出现"国朝"、"国初"等宋国史提法（页3772、3780、3822、3856、3987等）。因为宋代官制在神宗元丰年间有重要变更，所以有些叙事则按变更情况加以罗列。如《宋史·职官志八》"合班之制"分列"建隆以后合班之制"、"元丰以后合班之制"、"绍兴以后合班之制"。元代史臣对史料处理偶有说明文字，如：

《宋史·职官志十》"致仕"条详载沿革，然后提道："可以予而不予，严公法也。抑扬轻重间，可以见优老恤贤之意，可以识制情抑幸之术，故备录于篇。"（页4095）

《宋史·职官志十二》"增给"条记载各级各类官员奉禄之制、添支料钱等增损变化，然后指出："建炎南渡以后，奉禄之制，参用嘉祐、元丰、政和之旧，少所增损。惟兵兴之始，宰执请受权支三分之一，或支三分之二，或支赐一半，隆兴及开禧自陈损半支给，皆权宜也。其后，内外官有添支料钱，职事官有职钱、厨食钱，职篆修者有折食钱，在京厘务官有添支钱、添支米，选人、使臣职田不及者有茶汤钱，其馀禄粟、傔人，悉还畴昔。今合新旧制而参记之。"（页4134）

"增给"条又载："诸学士添支米已附于前，今载：观文殿大学士，傔二十人。观文殿学士，资政、保和殿大学士，傔十人。……中书堂后官提点五房公事，逐房副承旨，自七人、五人至于一人各有数。因仍前制，旧史已书。"（页4143）

以上说明文字提到"备录"、"参记"、"旧史"，实际也是沿袭宋国史职官志所留下的痕迹。

---

① 钱大昕著，方诗铭、周殿杰校点：《廿二史考异》卷68《宋史二》，上海古籍出版社，2014年，第965页。

② 《宋史·律历志四》记载："《宋史》止载律吕大数，不获其详。今掇仁宗论律及诸儒言钟律者记于篇，以补续旧学之阙。"其下引仁宗著《景祐乐髓新经》，及丁度、范镇等诸儒奏疏等。见中华书局，1977年，第1603—1617页。

(四)《宋史·职官志》本文有注明出处者可以印证史料来源于宋国史职官志

《宋史·职官志一》的序言既说"虽微必录,并从旧述云",正文一般无需再注明出处,但偶有为考证、补充或说明史料直接引宋国史志。如《宋史·职官十》"食实封"条引:

《三朝志》云:检校、兼、试官之制,检校则三师、三公、仆射、尚书、散骑常侍、宾客、祭酒、卿、监、诸行郎中、员外郎之类,兼官则御史大夫、中丞、侍御、殿中、监察御史,试秩则大理司直、评事、秘书省校书郎。……有选集,同出身例。(页4077)

《宋史·职官十一》"奉禄"条引:

旧志:诸卫将军有五十千、四十千、三十千三等。一等春、冬各绫五匹,绢十匹;一等绫二匹,绢五匹。春并加罗一匹,冬并绵二十两。诸司使有四十千、三十千二等。副使以下与异姓同,并给实钱。自诸司使至殿直,春、冬各罗一匹,绫一匹,绢各五匹,冬绵各四十两。(页4105)

《宋史·职官志十一、十二》,即"奉禄制"上下部分,至少有四处注文引有"旧志"所载(页4102、4106、4107、4134)。此外,有些注文具体说明对宋国史志的取舍。如:

《宋史·职官志十一》载:"防御、团练副使。二十千。如监当即给一半折支。防御、团练判官,十五千。《两朝志》云:奉给依本州录事参军,如无,依倚郭县令。"(页4108)

《宋史·职官志十一》载:"京畿诸司库、务、仓、场监官:朝官自二十千至五千,凡七等。京官自十五千至三千,凡八等。诸司使、副,阁门通事舍人,承制,崇班,二十千至五千,凡九等,阁门祗候及三班,十五千至三千,凡十等。内侍,十七千至三千,凡九等。寄班,八千至五千,凡三等。旧志讹舛,今并从《两朝志》。"(页4124)

《宋史·职官志十一》载："给纸者，中书，枢密，宣徽，三司，宫观副使、判官，谏官，皆月给焉。自给茶、酒而下，《两朝志》无，《三朝志》虽不详备，亦足以见一代之制云。"（页4125）

《宋史·职官志十二》（奉禄制下）载："大中祥符二年，诏外任官不得挈家属赴任者，许分添给钱赡本家。添给羊，凡外任给羊有二十口至二口，凡六等。……傔从，有二十人至二人，凡七等。马，有十四至一匹，凡六等。旧志数不同。今从《四朝志》。"（页4134）

宋国史职官志的内容多、矛盾多，因此，元代史臣需要融会贯通、考证取舍，不可能真正做到"虽微必录，并从旧述云"。

（五）从辑佚的宋国史职官志与《宋史·职官志》的对比中反映出两者有源流关系

传世的宋元时期官私所修重要典籍引录了一些宋国史诸志片断史料，通过搜集他书标明或没有标明的宋国史诸志片断史料，与相关《宋史》诸志相互比照，再联系其本书的史料来源及流传情况，可以反映出两者有源流关系。如《玉海》卷一一九《官制》引《两朝志》："有官、有职、有差遣。官以寓禄秩、叙位著，职以待文学之选，差遣以治内外之事。其次又有阶、有勋、有爵。士人以登台阁、升禁从为显宦，而不以官之迟速为荣滞；以差遣要剧为贵途，而不以阶、勋、爵邑有无为轻重。"[①] 此段文字在《宋史·职官志一》有同样记载（页3768），联系《宋史》诸志自身史料来源的说明，能够反映出《宋史·职官志一》此段文字来源于宋《两朝志》。这方面的事例很多，下文有所涉及，这里不多举例。

2012年，由王菱菱、汪圣铎指导的河北大学马元元博士论文：《北宋〈国史·职官志〉的辑佚与校注——兼与〈宋史·职官志〉之比较》，以宋朝《两朝国史》、《神宗正史》、《哲宗正史》及《四朝国史》中的职官志为主要辑佚对象，对后世有所征引宋朝《国史》的《宋会要辑稿》、《续资治通鉴长编》、《玉海》、《群书考索》、《记纂渊海》、《古今合璧事类备要》、《文献通考》、《翰苑新书》、《古今事文类聚》等书进行辑佚，共辑佚出266条。又通

---

① 《玉海》卷199《官制》，广陵书社，2007年，第2203页。

过辑佚的北宋《国史·职官志》与相关的《宋史·职官志》对比，具体分析其引用情况。得出结论是：引用情况包括原文载入、简略修改、择其要点、裁其语句等。此博士论文对宋国史的选择及辑佚范围有可商榷之处，但从与相关的《宋史·职官志》对比中，可以反映出两者有源流关系。

二、《宋史·职官志》抄袭《文献通考》说的由来与发展

北宋九朝国史"各自记事"，诸志内容"不免烦复"。李焘《续资治通鉴长编》引用北宋国史做了不少考证。但李焘参与北宋《四朝国史》诸志的撰写，"亦时有失点检处"①。南宋后期撰写的《中兴四朝国史》缺略等问题更多。元代史臣分工编写《宋史》，如宋褧"分纂《宋高宗纪》及《选举志》"②，汪泽民"分修《兵志》及《理宗本纪》"③。编写过程中对宋国史等史料做了一些必要的梳理考证、融会贯通和相互间的内容界定。④但短时间内很难周全。因此，在《宋史》修成后对它的批评也极多。明代一些学者提出改订、重修《宋史》，有侧重正统问题的，有删繁就简文字的，有考证补充史料的。清代学者考订《宋史》，比较关注史源与史实，特别指出其中存在着严重的内容繁芜、检校粗糙、详略不当等问题。

20世纪40年代邓广铭先生先后撰写《宋史职官志考正》⑤、《宋史刑法志考正》⑥，追溯史源，首次提到《宋史》某些志抄袭《文献通考》，还专门

---

① 洪迈：《容斋随笔》三笔卷4《九朝国史》、卷13《四朝史志》，上海古籍出版社，1978年，第458页、第571—572页。

② 苏天爵：《滋溪文稿》卷13《宋公（褧）墓志铭》，中华书局，1997年，第206页。

③ 宋濂：《宋学士文集》卷3《汪先生（泽民）神道碑铭》，四部丛刊初编缩印本，第28页。

④ 例如，《宋史·律历志九》："其周天星入宿去极所主吉凶，则具在《天文志》。"《宋史·乐志一》："自此雅音和畅，事具《律历志》。"《宋史·职官志四》："自政和以后，隶医学，详见《选举志》。"《宋史·食货志下八》："西北岁入马，事具《兵志》。"分别见中华书局，1977年，第1745页、第2941页、第3886页、第4564页。

⑤ 载《中央研究院历史语言研究所集刊》第十本（抽印本），1943年。

⑥ 载《中国科学院历史语言研究所集刊》第二十本下册（抽印本），1948年。

撰写论文《宋史职官志抉原匡谬》①。

学术大师陈寅恪为邓广铭《宋史职官志考正》作序，指出："《宋史》一书，于诸正史中，卷帙最为繁多。数百年来，真能熟读之者，实无几人。更何论探索其根据，比较其同异，藉为改创之资乎？邓恭三先生广铭，夙治宋史，欲著《宋史校正》一书，先以《宋史职官志考正》一篇，刊布于世。其用力之勤，持论之慎，并世治宋史者，未能或之先也。"② 此书历来为史学界所称重，认为是邓广铭先生在研究宋史方面超越前人的代表作之一。

邓广铭先生在《宋史职官志考正》"凡例"中说："《宋史·职官志》袭用之书非一，而其径自《通考》出者为数最多。"在《宋史职官志抉原匡谬》中说："《职官志》（《宋史》卷一六一至一七二）的各条当中散见有不少的'国朝'字样，当是元代史官录用旧文，而失于审订的。这使我们得知《职官志》也并非出于元人之撰作。然这些旧文与《会要》、《长编》中所见的各朝史《职官志》之文每不相合，乃知《宋史》此志必系七拼八凑而成，而一切问题也便从此发生。"文中批评"修《宋史》者为贪图方便而加以剽取"，"所抄乃至远在《通考》原文之下，且更多因毫厘之差而致千里之谬，则何如直截了当地取《通考·职官考》的全部而借作《职官志》呢"③？

邓广铭先生在《宋史刑法志考正》序中说，经过探索，关于《宋史·刑法志》来源得出三项答案："第一，《宋史·刑法志》不是直接以宋代《国史》中的志作蓝本稍加删改而成的。第二，《宋史·刑法志》当中的一部分记事，是从马端临的《文献通考》中的《刑考》抄袭来的。第三，《宋史·刑法志》的记事，除抄用《文献通考》外，还从别的书中采摭了一些。所以它的来源是多元的而不是一元的。"其后，"对这三项答案稍加论证"④。邓广铭先生后来在翦伯赞主编《中国史纲要》书中指出："元代所修《宋史》中的各志，例如《职官志》、《兵志》、《食货志》等，有很多部分都是抄袭《文献通考》的。"⑤

---

① 载《文史杂志》2卷4期，1942年4月。收入《邓广铭学术论著自选集》，首都师范大学出版社，1994年。又见《邓广铭治史丛稿》，北京大学出版社，1997年。

② 载《读书通讯》第62期，1943年3月。收入《金明馆丛稿二编》，上海古籍出版社，1980年，第245页。

③ 本段引文见《邓广铭学术论著自选集》第653页、第627页、第645—646页。

④ 《邓广铭学术论著自选集》第655—656页。

⑤ 翦伯赞主编：《中国史纲要》下册，人民出版社，1983年，第171页。又见同书（修订本）下册，1995年，第155页。

现代学者有不少照抄或发挥邓广铭先生的说法。如 1979 年漆侠先生在《宋史学习漫谈》中说："从史料学的角度看，《文献通考》所记述的历代典制，其中以宋代典制最称详赡，《宋史》诸志大都受到它的影响，因而其史料价值亦即在此。"① 蔡德庚《史籍举要》之《文献通考》部分指出："《通考》出于《宋史》之前，《宋史》之志又多据《通考》，故《通考》之价值至少与《宋史》相等。"② 关履权《两宋史论》中说："《宋史》诸志基本上是根据《通考》而写的。"③ 毕素娟、熊国祯《中国古代著名史籍》中说："《宋史志》多据《通考》撰成。所以《通考》在史料方面有胜于《宋史》之处。"④ 黄爱平主编《中国历史文献学》中说："《宋史·职官志》有很多内容便是抄自《文献通考·职官考》，而且有不少抄错、妄改之处。"⑤

以上所述基本属于照抄或发挥此说，近些年又有一些具体考察补正《宋史》诸志的论著涉及史料来源。如，龚延明在《宋史职官志补正（增订本）》的《序论》中指出："前人说，元人修《宋史》，多就宋朝国史'稍为排次'，缀拾成文。诚非虚言。"但文中又说："（邓广铭）《考正》之校勘方法，有其独创之处，即从探源入手，尽力追寻《宋志》各卷正文所袭用书籍之本，然后将源与流两相比勘，……堪称最佳校勘法。"其下列举《宋志》抄《文献通考》事例。在"明确校勘原则"中提道："《宋志》大抵直抄宋国史、会要之类官书或转抄《文献通考》、《宋朝事实》、《合璧事类》等官私著述。"⑥ 龚延明此书并没有就史料来源做专门论证，故其说法也不够一致、严谨。近些年就《宋志》史料来源做专门论证的有《食货志》、《礼志》、《舆服志》等，写作形式或为"二十四史校订研究丛刊"之一种，或为博士、硕士论文。这些专著或论文，都涉及《宋史》诸志抄袭《文献通考》的问题。功力最深的是梁太济、包伟民《宋史食货志的史源和史料价值》一文。对这些专门论证史料来源的意见，本文只在"余论"中略有涉及。

---

① 漆侠：《求实集》，天津人民出版社，1982 年，第 505 页。
② 蔡德庚：《史籍举要》，北京出版社，1982 年，第 218 页。
③ 关履权：《两宋史论》，中州书画社，1983 年，第 25 页。
④ 毕素娟、熊国祯：《中国古代著名史籍》，商务印书馆，1998 年，第 67 页。
⑤ 黄爱平主编：《中国历史文献学》，中国人民大学出版社，2010 年，第 285 页。
⑥ 龚延明：《宋史职官志补正（增订本）》，中华书局，2009 年，第 1 页、第 14 页、第 20 页。

总之，明清时期特别是清代学者考订《宋史》，认为其史料主要来源于宋国史。20世纪40年代以来，有不少学者认为《宋史》某些志甚至诸志多抄《文献通考》。虽有一些学者采纳前人说法，但并没有就《宋史》诸志是否抄袭《文献通考》展开讨论。迄今，《宋史》诸志抄袭《文献通考》说仍有重要影响。

三、《宋史·职官志》没有抄袭《文献通考》

马端临《文献通考》共三百四十八卷，分为二十四门（考）。作者编写用时20余年，记载了从上古至宋宁宗嘉定末年的历代典章制度。"其所载宋制最详"①，而且大量引用了宋国史、会要、臣僚奏疏等史料。据李谨思、余谦等分别写的《文献通考·序》反映，此书著成于元成宗大德十一年（1307），马氏是年54岁。仁宗延祐五年（1318），其书被一位道士访得，次年奏之于朝。至治二年（1322）官家为之刊行，至泰定元年（1324）刊成（初刻本）。此刊版存杭州西湖书院。十一年后的至元元年（1335），江浙等处儒学提举余谦看到《文献通考》的版刻错讹太多，派人重加校正，三年后的至元四年（1338）校毕，次年再度刻版流行（修补本）。②《宋史》于元至正五年（1345）成书，至正六年（1346）在江浙行省予以刊刻。《文献通考》刊行在《宋史》之前，修《宋史》的元代史臣是有可能见到的。

《宋史·职官志》是否"径自《通考》出者为数最多"？选其中有代表性的六条加以考辨。

(一) 序言

邓广铭先生认为《宋史·职官志》抄袭《文献通考》，首先列举两书序言的前部分文字记载大体相同，然后指出"两书中的文句，虽然是小异而大同，但二者或许是同出于一源"。因此需要进一步查考。接下引《宋史·职官志一》序言中的两段话：

---

① 《四库全书总目》卷81《史部·政书类一》，中华书局，1965年，第697页。
② 邓瑞：《马端临与文献通考》，山西古籍出版社，2003年，第22—27页。

故自真宗、仁宗以来，议者多以正名为请。咸平中，杨亿首言："文昌会府，有名无实，宜复其旧。"既而言者相继，乞复二十四司之制。至和中，吴育亦言："尚书省，天下之大有司，而废为闲所，当渐复之。"然朝论异同，未遑厘正。神宗即位，慨然欲更其制。熙宁末，始命馆阁校《唐六典》。元丰三年，以摹本赐群臣，乃置局中书，命翰林学士张璪等详定。八月，下诏肇新官制，省、台、寺、监领空名者一切罢去，而易之以阶。九月，详定所上《寄禄格》。会明堂礼成，近臣迁秩即用新制，而省、台、寺、监之官，各还所职矣。

五年，省、台、寺、监法成。六年，尚书新省成，帝亲临幸，召六曹长贰以下，询以职事，因诫敕焉。初，新阶尚少，而转行者易以混杂。及元祐初，于朝议大夫六阶以上始分左右。既又以流品无别，乃诏寄禄官悉分左右，词人为左，馀人为右。绍圣中罢之。崇宁初，以议者有请，自承直至将仕郎，凡换选人七阶。大观初，又增宣奉至奉直大夫四阶。政和末，自从政至迪功郎，又改选人三阶，于是文阶始备。而武阶亦诏易以新名：正使为大夫，副使为郎，而横班十二阶使、副亦然。故有郎居大夫之上者。继以新名未具，增置宣正履正大夫、郎凡十阶，通为横班，而文武官制益加详矣。大抵自元祐以后，渐更元丰之制……已而修六尚局，建三卫郎，又更两省之长为左辅、右弼，易端揆之称为太宰、少宰。是时员既滥冗，名且紊杂。甚者走马承受升拥使华；黄冠道流，亦滥朝品。元丰之制，至此大坏。及宣和末，王黼用事，方且追咎元祐纷更，乃请设局，以修《官制格目》为正名，亦何补矣。（页3769—3770）

邓广铭先生在引文后指出："这两段也同样见于《文献通考·职官考》的《官制总序》之内，其第一段且见引于南宋末谢维新的《古今合璧事类备要·后集》卷二十六《职官·六部门》。谢书于'各还所职矣'句下，紧接'神宗尝论苏绰建复官制'云云数语，而附注云：'出《四朝志》。'"邓广铭先生质疑："根据谢书中的这条夹注，或者可以使人认为《宋史·职官志》和《通考·职官考》必全是由《四朝史志》转抄而来的吧，然而跟着便又有问题。何以《宋史》对于《四朝史志》旧文的剪裁，与《通考》不谋而适同?即何以二者同将'神宗尝论苏绰'云云一段删去不载呢?又何以《宋史》自'五年,省、台、寺、监法成'以下一大段也恰恰与《通考》大体相同呢?这就不免使人怀疑到《宋史》或不无剽窃《通考》之嫌了。"①

今按:对《宋史·职官志一》这段序言的史料来源,邓广铭先生提出的"何以"疑问如何解释?这里有一些复杂情况,主要涉及两大问题:第一,《宋史》与《通考》对于《四朝史志》旧文的剪裁一致问题。第二,《宋史》与《通考》所载文字大体相同问题。

第一个问题,解疑的关键是:比较史料的类别即前提有问题。史料同类相比,可反映其史源剪裁等情况。而不同类相比,则主要涉及史体取材等问题。邓广铭先生将《合璧事类》后集卷二六《六部门》所引的主要出之《中兴会要》、其中插入一段带有说明性质的《四朝史志》之文,都当成《四朝史志》之文,然后以此为标准,衡量《宋史》与《通考》对宋国史的剪裁,由此导致误判。为说清这个关键问题,现将《合璧事类》后集卷二六《六部门》的相关文字引录如下:

> 故自真宗、仁宗以来,议者多以正名为请。咸平中,杨亿首言:"文昌会府,有名无实,宜复其旧。"既而言者相继,乞复二十四司之制。至和中,吴育亦言:"尚书省,天下之大有司,而废为闲所,当渐复之。"然朝论异同,未遑厘正。神宗即位,慨然欲更其制。熙宁末,始命馆阁校《唐六典》。元丰三年,以摹本赐群臣,乃置局中书,命翰林学士张璪等详定。八月,下诏肇新官制,省、台、寺、监领空名者一切罢去,而易之以阶。五年,详定所上《寄禄格》,而省、台、寺、监之官,各还所职矣。
>
> 神宗尝论苏绰建复官制,上至朝廷下至州县,悉分为六曹,体统如一。今先自京师,候推行有序,即监司州县皆可施行。六曹尚书、侍郎为长贰。元祐初,置权尚书,俸赐依守侍郎,班序在试尚书之下。《四朝志》正三品,崇宁罢,绍兴八年复置权尚书。十年诏食邑格内将权尚书在

---

① 《邓广铭学术论著自选集》,首都师范大学出版社,1994年,第630—631页。

左右散骑常侍下。《中兴会要》①

特别值得注意的是，上引《合璧事类》所载不全是《四朝志》之文，而其中所谓"神宗尝论苏绰建复官制"云云数语出自《四朝志》之文的部分字号较小，邓广铭先生在文中统称为"夹注"。此应是插入《中兴会要》之中带有说明性质的史料，或本身就是《中兴会要》的引文。《源流至论》续集卷五相关记载，没有引所谓《四朝志》之文，而在节录的"各还所职矣"后仅注《中兴会要》。② 宋国史志与宋会要都记载典章制度，史料会相互借鉴采用，但毕竟两者体裁类别不同。此段史料主体是记述官制历史沿革的《中兴会要》，与《通考》、《宋史》所采用的宋国史不是一个类别（序言内容高度概括，一般也不会接连两次提"神宗"）。将主体是《中兴会要》的史料都当作《四朝志》之文进行比较，就难免得出"《宋史》对于《四朝史志》旧文的剪裁，与《通考》不谋而适同"的结论。

再拓展史料范围更有利于判断其源流关系。上引诸书所载"故自真宗、仁宗以来"以上的文字各有不同。《合璧事类》等书是这样记载的：

> 国初太祖、太宗鉴（"鉴"原作"监"）藩镇之弊，乃以尚书郎曹、卿、寺官出领外寄，三岁一易，坐镇外重分裂之势。尚书、侍郎、郎中、员外郎，与九寺、五监，皆为空官，特以寓禄秩、序品位而已。省、台、寺、监往往他官兼领。

这段文字自太祖、太宗讲起，下面连接真宗、仁宗，直讲到南宋高宗绍兴年间。这是所引《中兴会要》完整的追溯性文字。而《通考》、《宋史》此

---

① 《合璧事类》后集卷26，上海古籍出版社，1992年，第18—19页。需要说明：此版据文渊阁《四库全书》本影印，正文与注文字号差别不明显。邓广铭先生所用《合璧事类》为明代嘉靖三衢夏氏刊本，部分字号差别明显，但不规则。《四朝志》之前的字号有大有小，邓广铭先生统称为"夹注"。上引此条记载的字号参照邓广铭先生所用的明刊本（国家图书馆有此书缩微胶卷），但大致区别了字号大小。又，宋元时代所修部分类书常把注文刻入正文，给后人分辨带来困难。如《山堂考索》后集卷7此条记载也看不出字号差别。见中华书局，1992年（据明正德慎独斋本影印），第498页。

② 《源流至论》续集卷5，上海古籍出版社，1992年，第428页。

处所载差异甚大，反映两书对史料各有取舍。

第二个问题，"何以《宋史》自'五年，省、台、寺、监法成'以下一大段也恰恰与《通考》大体相同呢？"先参照有关宋国史文字进行比较分析。《山堂考索》后集卷四《元丰新官制》引有《四朝志》的一段文字："神宗慨然欲（'欲'原作'拘'）更其制。熙宁末，始命馆阁校《唐六典》。元丰三年，以摹本赐群臣，乃置局中书，命翰林学士张璪（'璪'原作'琮'）等详定。八月，遂下诏肇新官（'官'原作'然'）制，凡省、台、寺、监领空名者一切罢去，而易之以阶。九月，详定所上《寄禄格》。会明堂礼成，近臣迁秩即用新制，而省、台、寺、监之官，各还所职矣。"（页478）这段文字与上引《宋史·职官志一》、《通考·职官考一》序言中的史料类别相同，文字也"大体相同"。我们将三者文字仔细比较一下可知，引文稍有取舍异同。特别值得指出的是，《宋史·职官志一》记载："九月，详定所上《寄禄格》。"与《四朝志》完全一致，同样史料还见本书《职官志八》（页4007）。《续资治通鉴长编》卷三〇八元丰三年九月乙亥载："详定官制所上《以阶易官寄禄新格》。"① 可以印证此史料的正确性。而《通考》同句写作："九月，详定所上言《寄禄》。"既衍一"言"字，又漏一"格"字。这表明《宋史》此文比《通考》所载准确，当直接源于宋国史《四朝志》。

上引《宋史》与《通考》职官的序言除对《四朝志》旧文的剪裁略有不同，其他地方文字也稍有错漏异同。如《通考》载"转行者易以混杂"，《宋史》则脱"混杂"二字；《宋史》载"悉仿机廷之号"，《通考》"廷"作"庭"；《宋史》载"建三卫郎"，《通考》"卫"误作"衙"；《通考》载："乃请设局，以修《官制格目》为名，书未成而边事起矣。"《宋史》则作："乃请设局，以修《官制格目》为正名，亦何补矣。"两书同一纪事的文字或完全一致，或稍有增减错漏，这方面"大体相同"的情况颇多，如何解释？结合史源及相关史料等进行综合分析，当是同源于宋国史，而因修饰取舍或传写印刷的原因，造成其间文字的异同。

（二）尚书省左右司

《宋史·职官志一》："（绍圣）二年，诏御史台察六曹稽缓违失者，送左司籍记。"（页3790）

---

① 李焘：《续资治通鉴长编》，中华书局，1990年，第7482页。

邓广铭先生考正此文，引《宋会要辑稿》职官四之二一"都司左右司"有关记载，指出"左司"应为"左右司"。然后说："史志亦沿《通考》之误。"①

今按：《宋会要辑稿》职官四之二一"都司左右司"载此事比较详细，《通考·职官考五》载此事与上引《宋史·职官志一》文字完全相同。查《合璧事类》后集卷十八《左右司》引《四朝志》载此事，唯有"送左司籍记"写作"送左司记定"，其余文字全同。文字完全相同的未必一定有源流关系，一定要结合史源及相关史料等进行综合分析。据此判断，《宋史》与《通考》此条纪事应皆来源于宋国史《四朝志》。宋国史遗文也有传刻之误，这里遗文"记定"当是"籍记"之误。

（三）观文殿学士

邓广铭先生在说明《宋史》抄袭《通考》关于诸殿、阁学士总论及正文的种种问题时，引录《通考》有关"观文殿大学士学士"的记载，然后说：

这里面所讲的，不但是观文殿大学士，也包括观文殿学士在内，《宋史》既然抄录了这全段文字，则在题目中也应和《通考》一样，将学士附列于内才是；而却另列观文殿学士为独立的一条，该条全文为：

> 观文殿学士　观文殿本隋炀帝殿名，国初，为文明殿学士。庆历七年，宋庠言："文明殿学士称呼正同真宗谥号，兼禁中无此殿额，其学士理自当罢，乞择见今正朝或秘殿以名学士易之。"乃诏改为紫宸殿学士，以参知政事丁度为之。时学士多以殿名为官称，丁遂称曰"丁紫宸"。八年，御史何郯以为紫宸不可为官称，于是改延恩殿为观文殿，即殿名置学士，仍以度为之。自后非曾任执政者弗除。熙宁中，王韶以熙河功，元丰中，王陶以宫僚，虽未历二府，亦除是职，盖异恩也。然韶犹兼端明殿、龙图学士云。（页3816—3817）

引文之后接着说：

---

① 《宋史职官志考正》，《中央研究院历史语言研究所集刊》第十本（抽印本），1943年，第561页。

在这一段文字当中,"改延恩殿为观文殿"与观文殿大学士条重出,王韶兼端明殿龙图学士事,与本题全不相干,仅仅丁度为观文殿学士一事为切题之文。《通考》中之所谓"以宠辅臣之去位者"为极有关系之一点,反而未加采用,因而这一段的大部分全都是些题外的废话。然则写来何用呢?原来这本是《通考》附录于观文殿大学士条后的一段案语,因其为案语,故不妨与正文有重复处;也因其为案语,故不妨略有些别生枝节处。《宋史》拾人唾余而奉为珍宝,改作正文,标以题目,对于《通考》的体例既有所未审,而自己的剽窃之道前后也实未能一致。①

今按:《宋史》与《通考》关于诸殿、阁学士总论及正文,从勾稽相关史料对比可知主要源于宋国史(或也参考了宋会要等,这里不具体涉及)。邓广铭先生关于观文殿学士"原来这本是《通考》附录于观文殿大学士条后一段案语"的判断绝对有误。因为《通考》之前就有观文殿学士的系统记载,而且彼此间文字相同或相近,见于《山堂考索》后集卷十(页515)、《合璧事类》后集卷五六(页198)。稍后元代富大用撰《古今事文类聚》遗集卷二也有同样记载。② 这些记载的注文有《四朝国史》、《会要》、《续会要》等。所谓马端临的"案语",实主要为宋国史之文。

再将《宋史》与《通考》此段记载的差异列举如下:

《宋史·职官志二》(页3816—3817)	《通考·职官考八》(页493)
观文殿本隋炀帝殿名,国初	观文殿隋炀帝殿名,宋初
文明殿学士称呼正同真宗谥号	文明殿学士称呼同真宗谥号
以名学士易之	以召学士
仍以度为之	以丁度为之
虽未历二府	未历二府
然韶犹兼	韶犹兼

---

① 《邓广铭学术论著自选集》,首都师范大学出版社,1994年,第635—637页。
② 《古今事文类聚》遗集卷2,上海古籍出版社,1992年,第350页。

从文字比较看，《宋史》稍详于《通考》，而且还有"国初"的原始提法，说明此段记载同源于宋国史，而因编者修饰、取舍及印刷等原因，造成文字多寡异同。

（四）御史台检法官

《宋史·职官志七》"检法"条载："检法一人，掌检详法律。主簿一人，掌受事发辰，勾稽簿书。"（页3872）

邓广铭先生引录"主簿"以下文字，然后加案语说：

> 《会要》御史台门作："主簿一人，掌受事发辰，勾检稽失，兼簿书钱谷之事。（职官一七之一）《通考》所载亦同。史志'勾稽簿书'句当改。"①

今按：《宋会要·职官》一七之一所引文字来自《两朝国史志》。同书一七之三引《神宗正史·职官志》："检法官，掌检详法律。主簿，掌钩考簿书。各一人。从八品。"《合璧事类》后集卷二五《御史台主簿》引《神宗正史·职官志》所载同。

《事物纪原》卷五"检法"条载："唐置御史台推直官，而无检法。宋朝元丰中，神宗正官制，除推直，始置检法之官。"

《山堂考索》后集卷六《御史台主簿》："宋有一人，掌受事发辰，句检稽失，兼簿书钱谷之事。"同书卷二五《御史台检法》："宋御史台主簿二员。熙宁十年改主簿作检法官，系长贰同举京官充。"

《合璧事类》后集卷二五《御史台主簿》引《中兴会要》："本朝于幕职官选强明公干者二人充台主簿，掌推勘公事。后止置一员。《长编》掌簿书钱谷之事。"同书卷二五《御史台检法》："古无此官，本朝熙宁十（原文在'十'后衍'一'字）年改主簿作检法官，各一员，系长贰同举京官充。——掌检详法律。《续会要》、《四朝志》。又，熊氏《职略》云：国朝初沿唐制，御史台有推直官，元丰官制行，始罢推直而置检法。按，《四朝志》，推直罢于改官制之时，而检法之置乃在熙宁十年。当考。"

---

① 《宋史职官志考正》，《中央研究院历史语言研究所集刊》第十本（抽印本），1943年，第597页。

《通考·职官考七》"主簿"条载："主簿一人，掌受事发辰，句检稽失，兼簿书钱谷之事。元丰官职行，定员分职，里行、推直悉罢。检法官，掌检详法律（注释略）。主簿，掌句稽簿书。各一人。"

据以上史料反映，御史台原设有主簿一职，"掌受事发辰，勾检稽失兼簿书钱谷之事"。后在神宗熙宁十年（一说"元丰官制行"）"改主簿作检法官，各一员"，"主簿，掌钩考簿书"，没有提到"钱谷之事"（《通考》也如此）。所以龚延明《宋史职官志补正（增订本）》中说：

> 邓先生《考正》谓："史志'勾稽簿书'句当改"，但据《神宗正史·职官志》，主簿确兼掌"勾考簿书"，似不宜将此句加以改动。（页207—208）

此外还需说明，上引此段文字涉及御史台主簿与检法职能及沿革，他书相关记载详略与顺序不同。其中关键字句：《宋史·职官志七》载"勾稽簿书"，《神宗正史·职官志》作"钩考簿书"，《通考》作"句稽簿书"。"勾"、"钩"、"句"皆是南宋高宗赵构避讳字。疑《通考》与《宋史》此处皆参考了《四朝志》，并非来自《神宗正史·职官志》。

（五）镇抚使

《宋史·职官志七》"镇抚使"条载："时剧盗李成在舒、蕲，桑仲在襄、邓，郭仲威在扬州，许（薛）庆在高邮，皆即以为镇抚使。"（页3966）

邓广铭先生在节录上段文字之后加案语说：

> 此条亦均照录《通考》之文。《通考》则引录《朝野杂记》甲集（十一）"镇抚使"条而稍有增删者。高邮剧盗《杂记》原作"薛庆"，《系年要录》建炎四年五月乙丑及《会要》"镇抚使门"所载同年五月二十四日诏命（职官四二之七五）亦俱作"薛庆"，是则《通考》之作"许"，盖以薛许音近而致误，史志亦遂以讹传讹矣。①

---

① 《宋史职官志考正》，《中央研究院历史语言研究所集刊》第十本（抽印本），1943年，第640页。

今按：《通考·职官考》引录李心传《建炎以来朝野杂记》之文一般注出书名，有学者统计为六条。① 此处未注出处，且行文有异同。再者，《通考·职官考十六》在此条后低两格附加马端临的"按"语，明确说他所据的是"会要及史志"（页565）。说"《通考》则引录《朝野杂记》"是没有依据的。李心传曾参与《中兴四朝国史》的撰修，主要为"帝纪"部分，后来完成的"志传"部分，可能参考或采纳了《建炎以来朝野杂记》。

再比较《宋史》与《通考》所载"镇抚使"条，仅有个别文字的差异。如《宋史》载"建炎四年，范宗尹为参知政事"，《通考》此句脱一"为"字；《宋史》载"干办公事二员"，《通考》此句脱一"办"字。这细小差异正表明，《宋史》比《通考》所载更全面，不可能来源于《通考》。至于说两书同将"薛庆"误作"许庆"，合理的解释当是宋国史志即有此误，两书皆相承致误。

(六) 府州军监

《宋史·职官志七》"府州军监"条载：

> 掌总理郡政，宣布条教，导民以善而纠其奸慝，岁时勤（劝）课农桑，旌别孝悌，其赋役、钱谷、狱讼之事，兵民之政皆总焉。凡法令条制，悉意奉行，以率所属。有赦宥则以时宣读，而班告于治境。举行祀典。察郡吏德义材能而保任之，若疲软不任事，或奸贪冒法，则按劾以闻。遇水旱，以法振济。安集流之，无使失所。（页3973）

邓广铭先生在节录上段文字之后加案语说：

> 《合璧事类》于"称判"之下即载此段，于"无使失所"下注《四朝国史》四字。《通考》转录而削去其所注出典，史志又自《通考》转录之。"岁时勤课"当从《合璧事类》及《通考》作"岁时劝课"。②

---

① 王瑞明：《马端临评传》，南京大学出版社，2001年，第326页。
② 《宋史职官志考正》，《中央研究院历史语言研究所集刊》第十本（抽印本），1943年，第645页。

今按:《通考·职官考十七》转录此文也有错,即"悉意奉行"作"悉意孝行";又,"而班告于治境"中的"班"作"颁"。依据史源及错漏异同,当是《宋史》与《通考》皆抄袭宋国史而各有传刻之误。

今天我们已无法一一查到宋国史及宋会要等原始记载与《宋史》相关之文对照,而从他书转录的宋官修片断史料也存在类别差异问题。由于邓广铭先生用于比勘的史料不是同一类别,所以导致误判。至于《宋史》与《通考》相关文字的比较,有完全相同、基本相近、差异很大等多种情况,需结合史源及相关史料等进行综合分析。一般情况是,文字完全相同的应是同出一源,基本相近当是同出一源而各自有所取舍或传刻之误,差异很大等可能是依据了不同的史料。绝不可简单地将《宋史》与《通考》相同或相近之文断定为相互抄袭。两书所依据的宋国史早已失传,这正反映两书都具有重要的史料价值。

2007年,邓广铭先生在为龚延明《宋史职官志补正》所写的鉴定意见中指出:"半世纪以前,我曾撰写《宋史职官志考正》一文,重点在于抉发该《志》所有材料的来源及纂修者们因不熟悉两宋官制沿革而造成的诸多谬误。然因写作时限短促,思考多有不周,故在刊出之后,自行检校,亦惊诧于其中颇多极不应有之疏失,其后日本学者宫崎市定在为佐伯富的《宋史职官志索引》所写序言中,对拙文的失误之处亦间有指述。"① 人们的认识不可能尽善尽美。邓广铭先生对《宋史·职官志》的"匡谬"之功前所未有,而"抉发该《志》所有材料的来源"确有"疏失"。

四、余论

元代史臣苏天爵在元顺帝下诏修辽宋金三史之际(1343),写信给编撰官欧阳玄,提出应注意的一些重要问题。其中说:"宋自太祖至宁宗实录几三千卷,国史几六百卷,编年又千余卷,其他宗藩、图谱、别集、小说,不知

---

① 龚延明:《宋史职官志补正与两位名家》,《光明日报》2007年3月1日第7版。关于日本学者宫崎市定的"指述",见该文"结论"部分提到:"《宋史·职官志》的主要材料,来自宋《三朝国史》、《两朝国史》、《四朝国史》等《职官志》部分。"又说:"《宋史·职官志》的文字谬误甚多,邓广铭先生已在《宋史职官志考正》中做了校订,但绝没有穷尽。"见《宫崎市定全集》(第10册),岩波书店,1992年,第308页。

其几。今将尽加笔削乎？止据已成国史而为之乎？"① 看来苏天爵的担心不是多余的。元修《宋史》本来可以参考或采录很多书，实际参考或采用的宋国史以外史料并不多，而因诸志本文底本差异及相互之间分工撰写，参考或采用情况也会有些区别。

本文有些地方说明《宋史》诸志参考或采用了宋国史以外史料，其中政书提到《通典》与《通志》，见《舆服志》页3478、《食货志》页4155，但没有提到《文献通考》。实际是否多少会有所涉及？近些年一些学者或研究生主要采用史料比较分析法进行探索。梁太济、包伟民所著《宋史食货志补正》，通过深入细致考察史源得出结论："《宋志》的主干内容，是以宋历朝《国史志》为依据节录的。《通考》相应诸考的宋代部分，虽然主要也自宋《国史志》节录，但《宋志》节录《国史志》并不是通过《通考》转录，而是各以己意对《国史志》独立进行取舍的。与此同时，《宋志》也曾以《通考》为参考，并从《通考》中补充了一些内容。"② 具体从《通考》中补充的内容共有四条，另有一条为马端临的按语。文中列举补充的"马元方"、"郑民宪"等的议论或纪事，主要从文字比较、史料来源、写作笔法等不同角度推测，都不是"铁证"。考虑到《宋史·食货志》序言对"宋旧史""去其泰甚，而存其可为鉴者"的说明，宋国史以及会要、实录之文很多已经失传、今天无法具体搜集比较的情况，即使只在《通考》中找到与《宋志》类似或相同的记载，也未必两者一定有源流关系，有可能同源于早已失传的宋国史等，或者各有不同来源。关于《宋史·食货志》"布帛"部分采用马端临"《通考·市籴考一》中所加的按语"③，涉及对王安石变法的评价，则为《宋史》在个别处可能参考了《通考》提出重要线索。

上海师范大学导师汤勤福近年指导的（王志跃、王兵）博士、硕士论文，在对《宋史·礼志》、《宋史·舆服志》的史源探讨中，没有确定《宋志》的直接或主要史源是历朝宋国史志，而是通过对现行宋元文献相关纪事的比较，认为"元修《宋志》，兼采众家，史源甚为广泛，既有官方著作，如《国史》、官修《会要》者，也有私家著述，如《续资治通鉴长编》、《文

---

① 苏天爵：《滋溪文稿》卷25《三史质疑》，中华书局，1997年，第424—425页。
② 见该书《绪论》：《宋史食货志的史源和史料价值》，中华书局，2008年，第34页。
③ 《宋史食货志补正》上册，中华书局，2008年，第158—159页。

献通考》等"①。其论据主要是：查核上述《宋志》中有一些与《通考》完全相同或相近的记载，"而现存宋元史籍则未见同样的记载，故《宋志》这些地方均当来自《通考》"②。前已指出，在宋国史等已失传的背景下，这种推论是有缺陷的。由于宋元以来史料流失，史家记述一般又不注明出处，故《宋史》诸志有些史料来源说不太清楚。历史文献学的优良传统是"信以传信，疑以传疑"。不必强为之解。

  学术贵在求真。本师邓广铭先生特别注重史料鉴别研究，对宋史很多重要问题的考证起到里程碑的作用。邓广铭先生指导我考证《宋史·兵志》，从研究生基本功训练的角度，提出收集史料、比较甄别、综合分析的基本方法与途径，鼓励发表不同意见，并提供了很多基础阅读书目与参考资料。我在考证探讨中，对本师及前辈或同行的论点提出部分不同意见，不过是一得之见，目的正在求真。当时还特别学习了《陈垣史源学杂文》，他崇敬清代考证大家，从中受益良多，同时提出其中疏漏瑕疵问题，通过精密考证加以正误完善。他所说考寻史源的两句"金言"——"毋信人之言。人实诳汝"③激励我独立思考、追寻真理，而不能盲从轻信，人云亦云。同时深感考寻史源、正其讹误需要比较深厚的基本功或者累积功。我在《宋史》史源探讨方面虽然断断续续下了一些功夫，但因长时期涉猎研究领域较杂，考证功力有限，难免有不周之处，当然也不想留下"诳汝"的弊端，恳请大家批评指正。

（原载于《史学史研究》2014 年第 4 期）

---

  ① 王志跃：《宋史礼志史料价值初探》，《史学史研究》2011 年第 1 期，第 105 页。《宋史礼志史源述评》，《许昌学院学报》2011 年第 30 卷第 1 期，第 39—42 页。
  ② 王志跃：《宋史礼志史源述评》，《山西师大学报》2011 年第 2 期，第 96 页。
  ③ 《陈垣史源学杂文》，人民出版社，1980 年，第 2 页。

赵汝愚《国朝诸臣奏议》初探

奏议是中国古代臣僚写给帝王的意见书，其名称随时代而异。王应麟《玉海》卷六一《艺文·奏议策》序云："唐虞之臣，敷奏以言；秦汉之辅，上书称奏。奏者，进也，敷下情进于上也。"臣僚"进于上"的奏议，一般为现实中的迫切问题，内容涉及国家政治生活及社会制度的各个方面。古代开明君主常以求言为治道，贤臣则以极谏为忠节，故凡为史官所讳而不敢直书者，往往见于奏议。其史料价值是不容低估的。

流传到今天的奏议，有按历史人物或门类编辑的，也有依朝代顺序或断代辑录的。其中按门类编辑属于断代性质的奏议，卷帙最繁的是南宋赵汝愚编辑的《国朝诸臣奏议》。

南宋孝宗时期，赵汝愚与其僚友按门类编辑了北宋二百四十三位官员所上的一千六百三十一篇奏议。这部大书自问世以来，先后有宋刻本、明会通馆活字本、清四库全书本流传，但都流传不广，一般治史者很难见到。现国务院古籍整理规划小组已委托北京大学中国中古史研究中心校点出版该书，本人也承担了部分工作，因而有条件了解这部大书的编辑、流传及价值等情况。今将一得之见整理出来，以供治史者参考。

一、赵汝愚的生平

赵汝愚字子直，宋太宗之长子汉恭宪王元佐七世孙，生于高宗绍兴十年（1140）二月丙申，卒于宁宗庆元二年（1196）正月壬午，享年五十七岁。谥忠定，追赠少保、少师、太师，累封沂国公、福王、周王。

有关赵汝愚的传记资料，宋时有其长子崇宪撰写的《赵丞相行实》及游似所撰《神道碑》，皆已失传。柴中行所撰《赵忠定公行状》，原文已佚，唯从徐自明《宋宰辅编年录》一书中尚得见其称引的几个片段。刘光祖所撰《宋丞相忠定赵公墓志铭》则全文保存下来，是研究赵汝愚生平最有价值的资料。元修《宋史》卷三九二《赵汝愚传》比较简略，然间有《墓志铭》所未载者。据《墓志铭》记载，赵汝愚曾祖士虑，官至东头供奉官，后赠太师。曾祖母龚氏，封陈国夫人。祖父不求，官至成忠郎，后赠太师、申国公。祖母晁氏，封吴国夫人。父亲善应，官至修武郎，后赠太师、庆国公。母亲李氏，封冀国夫人。赵汝愚妻徐氏，封秦国夫人，所生有男七人，女六人。

赵汝愚原籍嘉兴崇德县，后因祖父在江西饶州余干县任监税官，遂全家迁居饶州余干。《墓志铭》说："公早有大志，每曰：'大丈夫得汗青一幅纸，始为不负此生。'初以取应中选，益杜门读书。"至孝宗乾道二年（1166）开科取士，时年二十七，以优异成绩考中第一。这在宋历代宗室子弟中是极为罕见的。赵汝愚曾以宗室子授官，按科举"故事"，须"降居其次"，但"仍赐第一人恩例"[①]。

宋孝宗至宁宗前期，南宋与北方金国的民族矛盾趋于缓和，而国内的阶级矛盾与统治阶级内部的矛盾却不断上升。一些高呼北伐中原、恢复失地的士大夫，渐渐地把注意力转移到整顿朝纲、稳定统治方面上来。赵汝愚在这一时期的仕宦生活垂三十年，任职屡有变化。为便于读者参考，兹列表如下：

赵汝愚仕履表

年岁	纪年	寄禄官	职事官	职
27	乾道二年（1166）五月	左宣义郎	签书宁国军节度判官（未赴）	
30	乾道五年（1169）五月			秘书省正字
31	乾道六年（1170）六月			校书郎
32	乾道七年（1171）七月			著作佐郎
33	乾道八年（1172）五月	左奉议郎	知信州	
36	淳熙二年（1175）三月 十月		知台州 江西转运判官	

---

① 《宋会要辑稿》帝系7之6、选举2之20。

续表

年岁	纪年	寄禄官	职事官	职
39	淳熙五年（1178）		吏部郎中兼太子侍讲	
41	淳熙七年（1180）九月		权给事中	秘书少监
42	淳熙八年（1181）三月		权吏部侍郎兼太子右庶子	
43	淳熙九年（1182）五月	朝奉郎	福建路安抚使兼知福州	集英殿修撰
45	淳熙十一年（1184）三月			敷文阁待制
46	淳熙十二年（1185）三月	朝散大夫	四川制置使兼知成都	龙图阁直学士
51	绍熙元年（1190）十一月	中奉大夫	知潭州(未赴)改知太平州 福建路安抚使兼知福州	敷文阁学士
52	绍熙二年（1191）九月		吏部尚书	
53	绍熙三年（1192）		兼侍读	
54	绍熙四年（1193） 正月 三月 七月 十一月	 中大夫 太中大夫	兼知贡举 同知枢密院事 知枢密院事	
55	绍熙五年（1194） 七月 八月	正议大夫 光禄大夫	兼权参知政事、迁枢密使 右丞相	

续表

年岁	纪年	寄禄官	职事官	职
56	庆元元年（1195） 正月 二月 八月 十二月	银青光禄大夫	 知福州 提举临安府洞霄宫 宁远军节度副使、永州安置	 观文殿大学士 落观文殿大学士
57	庆元二年（1196） 正月		道过衡州卒	

〔附注〕此表依据刘光祖撰《宋丞相忠定赵公墓志铭》、朱熹撰汝愚父《赵君彦远墓碣铭》、汪应辰《文定集》、陈傅良《止斋集》、《宋史·赵汝愚传》等编次而成。

参照上表可知，赵汝愚在淳熙九年前的十余年间，主要任馆阁侍从、奉使典州。他曾预修神、哲、徽、钦宗《四朝会要》，负责考校点检科举试卷，整理国家图书档案，并接触了一些地方上的社会现实。尤其是在淳熙七、八年，他任权给事中与吏部侍郎期间，屡次上书言事，议革弊政，裁抑权幸，封驳无所避，受到孝宗的赏识。

从淳熙九年至绍熙二年，他历职数郡，"首尾十年，自蜀至闽，身行万里"。蜀、闽分别为南宋的前沿与后方阵地，宋廷均遴选有名望的重臣镇守。赵汝愚帅闽时，造举子仓，浚东、西二湖，筑长堤，行钞盐法，得到闽人的称颂。"治蜀事，细大悉究心焉。"其间节用度，宽民赋，创召士兵，稳定少数民族诸部落，颇有政绩。孝宗夸他有"文武威风而知大体"，召赴朝廷任职。

绍熙二年至庆元元年初，他由吏部尚书骤迁宰执。按宋"祖宗之法，宗室不为执政"。赵汝愚当然亦十分清楚，处"同姓之卿"易遭猜忌，用他自己的话说，"臣之踪迹，愈高则愈危"。故三番五次上书辞职。但由于他在调和最高统治层——太上皇帝（孝宗）与儿皇帝（光宗）之间的矛盾，以及在解决光宗禅位与宁宗的所谓"两朝内禅"的过程中起了关键性作用，才破例被推上了宰执的高位。

赵汝愚在皇帝周围的斡旋，成功地使朝廷渡过了危机，但他在人事安排上的失误，却使自己陷入了困境。曾参与拥立宁宗而受到冷遇的外戚韩侂胄，与工部尚书赵彦逾等人，迅速组织起反击力量。反击者仅"以同姓居相位，将不利于社稷"的口实，争得宁宗支持，将赵汝愚贬斥外放，并制造了震动朝野的"庆元党禁"，严厉打击他所重用的朱熹、彭龟年等人。在居相位仅半年后，他便在外放途经衡阳时，抑郁而死。

赵汝愚平生以北宋名臣范仲淹、韩琦、富弼、司马光自期，与当时的学者汪应辰、李焘、张栻、吕祖谦、朱熹等人相师友。其中交谊最厚的是朱熹。朱熹比赵汝愚年长十岁，曾应汝愚之请撰写了其父善应的墓碣铭。据《朱文公文集》记载，朱熹曾十五次致书赵汝愚。其中赵汝愚帅福建时九次，任吏部尚书时四次，任丞相时两次。书信主要内容是讨论地方军政事务、朝廷礼仪及营缮、著述等事①。在光宗禅位于宁宗之际，赵汝愚及时将朝议函告朱熹，不久又荐朱熹由知潭州为焕章阁待制兼侍讲。赵汝愚去世后，朱熹曾撰《祭赵丞相文》，表达了一片痛惜之情。

历仕孝、光、宁三朝的赵汝愚，尽管莅高位的时间短暂，没有也不可能有效地缓和当时日益加深的社会危机，但他还是聚集四方名流力图有所作为，以振兴赵宋王朝的统治。他对己"奉养甚薄，为夕郎时（此指任侍从官时），大冬衣布裘，至为相亦然"。"每言及国家，辄感愤慷慨。"忘家忧国，为时人所推重。而激烈残酷的统治阶级内讧，却迫使他过早地离开了人间。

赵汝愚学识渊博，擅长文辞。李焘之子李壁曾说："丞相余干赵公秉正履度，即之凛然，至形于篇章，则思致清丽逸发，虽古今能文辞者有不逮。"② 他在从政时期，也很看重工于"骈俪"、"做好文字"的人③。他的著述有《赵忠定诗文集》十五卷，《奏议》十五卷。"别本总为一集，亦三十卷。"原本已佚。《坚瓠集》载有赵汝愚《题福州鼓山寺》诗："几年奔走厌尘埃，此日登临亦快哉！江月不随流水去，天风常送海涛来。"这是今天所能见到他唯一的一首诗。朱熹曾摘"天风海涛"四字刻于石。其《奏议》部分地保存在明人编辑的《历代名臣奏议》一书中。他还将"其父善应彦远事状"编成《笃行事实》一卷④，又编成《太祖实录举要》⑤。皆已失传。流传至今的，只有他与僚友们编成的《国朝诸臣奏议》一百五十卷。

---

① 见卷27、28、29。
② 《文献通考》卷68《经籍考·集部》。
③ 叶绍翁《四朝闻见录》甲集《赵忠定抡才》。
④ 《直斋书录解题》卷7《传记类》、卷18《别集类》。
⑤ 见《宋史》本传。

二、《诸臣奏议》编辑经过

赵汝愚身处官宦之家，祖辈以来嗜好读书。其父"所藏至三万卷"，他本人也"藏书五万卷，终身不失"。他到秘书省工作后，接触了大量内廷资料，平时政务之暇，孜孜读书。他还常与学者名流相往来，切磋学艺。所有这些都为他的著述工作奠定了坚实基础。《国朝诸臣奏议》卷首载他所上《乞进皇朝名臣奏议札子》一道。札文首先指出，"自古以来，凡有国家者，莫不自有一代规模制度。其事切于时而易行，不必远寻异世之法"。并以汉魏大臣"奉行故事"为例，说明"此最明于治体之要者也"。其后指出编此书的目的，正在于"存圣代之典"，以利于"治道"。他在秘书省工作时，已"收拾编缀"诸臣奏议千余卷。到福州后，又与僚友们分类编次数百卷，并打算采择"尤切于治道者"，每缮写十卷进呈。此札之后载："淳熙十三年正月一日，三省同奉圣旨，依。"可知奏上的时间当淳熙十二年赵汝愚知福州时。

南宋初年，社会上已流传多种北宋大臣的诗文集与奏议集，也有将朝廷诏旨及大臣著述按历史时期或专题辑到一起的作品。孝宗于淳熙四年，见到临安书坊有江钿所编《圣宋文海》，乃命临安府校刻，后又命秘书郎吕祖谦改编，"仍断自中兴以前"。淳熙六年编成进呈，孝宗赐名《皇朝文鉴》。其书中所收诸臣奏议"百五十六篇"，孝宗以为"采取精详，有益治道"①。而赵汝愚则"病其太略"，故复广搜博采，积累资料。他在福建编辑过程中，曾征求过朱熹的意见。朱熹认为此书"大体甚正"，同时对其中编排、取舍和体例提出了一些具体意见。② 赵汝愚在福州尚未及改定此书，又移知四川。在四川任内，他约请李壁、史容等"蜀之名流"参与此书的讨论修定③，并在成书后上《进皇朝名臣奏议序》，表达对宋开基以来政事得失的一些看法。

序文之中有对王安石的指责之辞，可以说是当时的政治气氛使然。南宋君臣一提到北宋亡国，往往都归罪于王安石。而赵汝愚则认为关键在于"言路通塞"，并且措词强烈，这可能与他当时的处境有关。据《墓志铭》记载，他任职四川时期，曾因"成都大火"及修千金堰事，一再遭到某些臣僚的弹

---

① 《建炎以来朝野杂记》乙集卷5《文鉴》。
② 《朱文公文集》第27《与赵帅书》。
③ 《真文忠公文集》卷41《李公（壁）神道碑》、史季温跋《国朝诸臣奏议》。

劾。他有口难辩,"力请祠"即辞职又不获允,因而请求皇帝广开言路、明辨是非的情绪就自然反映到此书序文中来。直到光宗即位,他还奏上《论听言疏》,详述他的政治主张①。宋理宗淳祐十年(1250),史容之子史季温在福州刻印了《国朝诸臣奏议》。赵汝愚在四川已择此书一百五十卷进呈,受到孝宗的高度评价。

综上所述,赵汝愚编辑《国朝诸臣奏议》经历了三个阶段:第一,自乾道五年至淳熙九年(1169—1182),在秘书省工作期间,搜集诸臣奏议千余卷。第二,自淳熙九年至十二年(1182—1185),知福州期间,分类编次,厘为数百卷(后成三百卷)。第三,自淳熙十二年至十六年(1185—1189),知成都期间,精选为一百五十卷进呈。从搜集千余卷至精选一百五十卷,前后二十年,《四库提要》说"其去取颇不苟"。

三、《诸臣奏议》编辑体例及资料来源

赵汝愚所辑北宋大臣奏议的书名,据其所上奏札及自序,皆称《皇朝名臣奏议》。南宋陈振孙《直斋书录解题》卷十五《总集类》、马端临《文献通考》卷七六《经籍考·总集类》所载同。这作为此书的本名是无疑义的。王应麟《玉海》卷六一《艺文·奏议策》题作《国朝名臣奏议》,仅将"皇"易为"国",含义未变。此外,赵希弁《郡斋读书志·附志》卷五《总集类》题作《皇朝名臣经济奏议》;吕祖谦《皇朝文鉴》卷首载其从子吕乔年《太史成公编皇朝文鉴始末》,在"盖非《经济录》之比也"句后有注云:"《经济录》,赵公丞相编次。"这些提法似都不够确切。

南宋理宗时雕印此书,史季温在跋中称《国朝名臣奏议》,而全书及每卷标题却均改称《国朝诸臣奏议》。清四库馆臣收录此书,改题《宋名臣奏议》。《四库提要》对此解释说,原本序"皆称《名臣奏议》,而此本题曰《诸臣奏议》,岂以中有丁谓、秦桧诸人而改其名欤?"这当是臆解。因为宋时刘光祖撰《墓志铭》,其中就提到赵汝愚"取本朝诸臣奏议类成三百卷,择其尤切治道者为百五十卷以进",《宋史》卷三九二《赵汝愚传》(当依据宋旧史)亦说其"类宋朝诸臣奏议三百卷"。看来当时易"名臣"为"诸臣",并无褒贬之义,不过是同书异名罢了。

---

① 《历代名臣奏议》卷206。

《朱子语类》卷一三二《本朝六·中兴至今日人物下》云："赵子直要分门编奏议，先生曰：'只是逐人编好。'因论旧编《精义》，逐人编，自始终有意。今一齐节去，更拆散了，不见其全意矣。"《四库提要》引述此条后云："今此集仍以门分，不以人分，不用朱子之说。盖以人而分可以综括生平，尽其人之是非得失，为论世者计也，以事而分，可以参考古今，尽其事之沿革利弊，为经世者计也。平心而论，汝愚所见者大矣"。"按人"或"按门"编奏议，各有其功用。在当时宋人文集、奏议集并不难得，若"按人"编是比较容易毕事的。而赵汝愚却将"逐人"奏议"拆散"，花大气力"按门"编，正是"为经世者计"。如宋孝宗所说"治道尽在此矣"①。

全书共分十二门，子目一百一十二。为便于了解其概貌，兹抄录于下：

君道门：君道、帝学、政体、慈孝、恭俭、法祖宗、用人、广言路、勤政、听断、诏令（内降）、风俗。（子目12）

帝系门：尊号、皇太后、皇后、皇太子、嫔御、宗室、公主、外戚。（子目8）

天道门：祥瑞、灾异。（子目2）

百官门：宰执、侍从、学士待制、经筵、台谏、给舍、六部、寺监、馆阁、史官、东宫官属、内侍、三衙、诸将、帅臣、奉使、监司、守令、官制、谨名器、省官、优礼、荐举、考课、重外官、久任、致仕辞、荫补、戒敕、辞免、朋党、转对、见辞谢。（子目33）

儒学门：学校、贡举、制科、武举、学术、释老、方技。（子目7）

礼乐门：郊祀、明堂、祖宗侑祀、宗庙、濮议、褒崇先圣、群祀、朝会、临幸、宴飨、丧礼、谥法、恤典、士庶五礼、雅乐。（子目15）

赏刑门：赏罚、法令、禁约、恤刑、议狱、赦宥、锡赉。（子目7）

财赋门：理财、税赋、宽恤、劝课、营屯田、荒政、内帑（封桩库）、常平义仓、茶法、盐法、新法。（子目11）

兵门：兵议、禁卫、州郡兵、民兵、蕃兵、马政。（子目6）

方域门：宫禁、都城、河议、营造。（子目4）

边防门：辽夏、青唐、高丽、女真、蛮徭、盗贼。（子目6）

总议门：总议。（子目1）

---

① 《宋宰辅编年录》卷19引《行状》。

每目之下，采用编年形式，收录北宋大臣奏议，约一百三十余万字。

关于奏议标题，与传世的宋人文集、奏议集所记载的相比较，可知大都经过作者改动，以下举例说明。首先以《国朝诸臣奏议》卷一载司马光奏议，与司马光《温国文正司马公文集》的相同奏议比较：

《奏议》卷一《上仁宗论人君之大德有三》、《上仁宗论致治之道有三》、《上仁宗五规》、《上神宗论人君修心治国之要三》；

《文集》卷十八《三德》、《御臣》、《进五规状》、卷三六《作中丞初上殿札子》。

再以《国朝诸臣奏议》卷一三四载欧阳修奏议，与欧阳修《欧阳文忠公文集》的相同奏议比较：

《奏议》卷一三四《上仁宗论西鄙议和先防北虏》、《上仁宗论廷议元昊通和事》、《上仁宗论元昊来人不可令朝臣管伴》、《上仁宗论西贼议和利害》；

《文集》卷八九《论河北守备事宜札子》，卷九九《论乞廷议元昊通和事状》、《论元昊来人不可令朝臣管伴札子》、《论西城和议利害状》。

所改标题，除加"上某宗"三字，一般依内容而定。有个别改题与原题相悖，如：

苏轼《东坡全集·奏议集》卷二载有神宗熙宁七年知密州时上《论河北京东盗贼状》及元丰元年十月知徐州时进《上皇帝书》，《上皇帝书》的内容见《国朝诸臣奏议》卷一四四，却题作《上神宗论河北京东盗贼》，显是将前疏标题误植后疏标题之上。毕仲游《西台集》卷四载有《官制议》与《试荫补人议》，《国朝诸臣奏议》卷六九将两议首尾连到一起，中间割去一大段，文义极不连贯，而改题《上哲宗论官制之失荫补之滥》，大失奏议之原貌。

《国朝诸臣奏议》总目录与卷中目录标题亦有相抵牾者，如总目录卷一〇六司马光《上英宗乞选河北监司赈赈济饥民》，卷中目录标题"英宗"误作

"神宗"。总目录卷三四杨畋《上仁宗论李珣刘永年再除防御使》，卷中目录标题作杨畋《上仁宗论李珣刘永年无功除授》。此种歧异，或是赵汝愚编书时前后检校不周所致。

宋代皇帝在裁处军国大事，或遇天象异常、地震水灾之时，常下诏书征求元老大臣的意见。元老大臣则以"答诏"形式上奏。对已发布的诏书，大臣亦可上疏提出异议。《国朝诸臣奏议》收录此类奏议，一般前附诏书全文。

宋人奏议后，有些加"贴黄"申述补充意见。《国朝诸臣奏议》对"贴黄"或删或存，存者标"贴黄"或"贴黄称"字样，并无一致的体例。

赵汝愚所辑北宋大臣的奏议，大都是全文（奏议正文前面的年月日及后面的"取进止"之类的套语例皆删去），少量为节文。删节的文字，有些是引经据典部分，不影响奏议的基本内容，有些则关系到宋代的重要史实，实应存留。值得指出的是，有些节文，恰与南宋李焘《续资治通鉴长编》所录的节文一致，兹举例如下：

范祖禹《范太史集》卷二二载元祐六年所上《转对条上四事状》，其中第三状，《国朝诸臣奏议》卷六五节录选入，题作《上哲宗请于监司中养才以备将帅》，与《长编》卷四六八元祐六年十二月乙卯所载正同，其中第四状，《国朝诸臣奏议》卷一四四节录选入，题作《上哲宗乞除盗贼重法》，亦与《长编》同上卷年月日所载同。

杨亿《武夷新集》卷十六载咸平四年《上议灵州事宜状》，《国朝诸臣奏议》卷一三〇节录选入，题作《上真宗论弃灵州为便》，与《长编》卷五十咸平四年十二月丁卯所载相同（《宋文鉴》卷四二亦有此篇节文，题作《论灵州事宜》）。

张方平《乐全集》卷二六载熙宁九年上《论讨岭南利害九事》，《国朝诸臣奏议》卷一四三节录选入，题作《上神宗论交趾备御九事》，与《长编》卷二七六熙宁九年六月末所载相同。

此外，《国朝诸臣奏议》所收每篇奏议之后，一般附注其人当时所居之官及所上奏议之年月，有些还注有大段补充文字，而补充文字也有不少与《长编》所载相同者。两书之间是否多少有些因袭相承关系呢？

考察《长编》与《国朝诸臣奏议》所载皆限北宋九朝，两书的编写均历多年。李焘《长编》至孝宗淳熙四年已全部编成进呈，淳熙十年又将修订本"重别写进"。赵汝愚在秘书省工作期间应能见到此书进呈本，然据他后来的进书序札称，资料来自"四库所藏及累朝史氏所载忠臣良士便宜章奏"，是从搜集到的上千卷奏议逐渐筛选成一百五十卷的，而且综观两书的相关文字，亦稍有详略歧异之处，有些地方则出入甚大，不能断定两书之间有因袭相承关系。至于说《长编》的作者李焘之子李壁，曾在四川参与了《国朝诸臣奏议》的"讨论"，他能否提供一些《长编》或《长编》所依据的资料，现在是无从考知的。

北宋大臣的奏议，在作者的文集或奏议集中是全文收录的，国家也设专门机构收藏这些奏议，但官修的国史、实录及会要等书，即"累朝史氏"所载奏议则多为节文。上面引述相同的节文，或许各自从官修的史书中采撷而来的。

《国朝诸臣奏议》收录最多的是司马光奏议（145篇），范仲淹、韩琦、富弼、欧阳修等人奏议也占较大的比重，王安石奏议所收寥寥无几（仅6篇），沈括奏议则一篇未录，从中亦能反映赵汝愚的政治倾向。

四、《诸臣奏议》宋刻本之流传

赵汝愚编辑的这部大书，宋时曾在成都、福州印行。今天我们所能见到的最早的宋刻本，只有宋理宗淳祐十年（1250）史季温的福州刻本。史季温在此书的跋中云：

> 蜀旧锓木已毁于鞑（蒙古），公之孙尚书阁学必愿绳武出填（镇?），尝命工刊刻而未就。适季温以臬事（即任提点刑狱公事）摄郡，捐金，命郡文学掾朱君貔孙继成之。

宋理宗端平三年（1236），蒙古军攻掠四川成都等地，估计蜀刻本毁于此时。淳祐五年（1245），赵汝愚之孙必愿①知福州，"尝命工刊刻而未就"。及至史季温出任福建路提点刑狱公事，"念先世（即其父史容）同纂辑之勤"，又"捐金"命州学教授朱貔孙②"攻木之工而墨之"，至淳祐十年九月毕工。

此宋版框高二十一至二十三厘米不等，广十六点三厘米。字体方正，笔画

---

① 《宋史》卷413有传。
② 《宋史》卷411有传。

谨严。版式为每半页十一行、行二十三字，白口，左右双边，双鱼尾。版心上有字数，中有卷页，下有刻工名。

这部大书印行后二十余年，南宋亡国，代之而起的元朝统治了近百年。其间书版一直存于福州，但有局部的烂损。从现存的宋刻元修版的标记看，元朝曾先后进行三次刊补：元成宗大德四年（1300）、元武宗至大八年（1308）、元惠宗元统二年（1334）。

标记所见卷页	版心之下刻	字数
10/2	至大元年刊补	六
34/13	至大元年刊补	六
34/14	至大元年刊	五
51/10	元统二年刊	五
75/1、2	大德四年九月补刊	八
104/3、4	大德四年九月补刊	八
117/1、5	元统二年刊	五
119/4	元统二年刊	五
122/14、16	元统二年刊	五
133/9、18	元统二年刊	五

又，卷八二末页书名下注"大德四年九月补刊"八字，相隔三行有牌记云"福州路儒学教授刘直内命工刊补"十四字。卷一四七末页书名旁有"大德四年九月日，福州路儒学教授刘直内命工刊补"双行二十一字牌记。

元朝三次刊补的字体不尽一致，总起来说，较宋刻字体潦草，而且版心上无字数、下无刻工名，可以分辨出来。由于元刊补的标记不在刊补的本页上，而是在宋刻的版心之下，所以每次刊补的具体情况是难以确定的。

《国朝诸臣奏议》尚见于南宋人的书目，而元修《宋史·艺文志》却遗漏未载，大概是流传不广的缘故。

元朝灭亡后，福州雕版移到南京国子监（又称南雍）。明黄佐《南雍志》卷十七《上篇·官书本末》载有"《宋名臣奏议》三十本，共一百五十卷"，卷十八《下篇·梓刻本末》载有"《宋名臣奏议》一百五十卷"。明朝刷印此书，既无序跋，又无牌记。检阅宁波天一阁所藏此书残本，是用明公文白绵纸刷印的。公文皆毛笔手写，散见此书纸背中，长者八九行，短者三四行。因纸张剪裁，有的仅剩一二行，也有一部分空白纸。公文内容反映明南京诸卫粮仓、草场的收贮、管理及吏员升迁情况。公文涉及的部门为南京锦衣卫乌龙潭仓、金吾卫仓、鹰扬卫仓及南京西城兵马指挥司等。其时间集中在明武宗正德二年（1507）三、四、五月间。有些公文的年月上还钤有朱文大长方印或朱文大方印①。由此可以确证，宋元时期存于福州的此书雕版，至明归于南京，在明正德二年五月后，曾用公文纸刷印。

明朝刷印的质量较差，有的整页模糊，且有污迹。书版较宋刻元修时复有烂损。在北京、上海图书馆所藏宋刻元明递修本，亦有同样情况，但均非公文白绵纸，而是空白的黄麻纸。

我所见明朝官府与私人所编书目，著录此书的情况是：

（正统）杨士奇《文渊阁书目》卷四《经济》："《宋名臣奏议》（一部四十册完全、一部四十册残缺、一部三十二册完全、一部七册缺、一部五册残缺）。"

（正统）叶盛《绿竹堂书目》卷二："《宋名臣奏议》四十册。"

（嘉靖）范钦《天一阁书目》史部诏令奏议类："《宋名臣奏议》一百五十卷。"

（万历）焦竑《国史经籍志》卷五《集类》："《宋名臣奏议》一百五十卷。"

（万历）孙能传、张萱《内阁藏书目录》卷五《奏疏部》："《宋朝奏议》三十二册全、八册不全、十册不全、四十册全、二十八册不全。"

清嘉庆二年（1797）彭元瑞等奉敕编辑的《天禄琳琅书目续编》卷四《宋板史部》载："是书在元明两朝凡阅数家珍藏，俱有印记。"下录自"赵氏子印（朱文卷首）"至"古吴书画之印（俱白文卷首）"，凡十一方印记。可见元明时期藏存此书者确实为数寥寥了。

清朝私人藏书家著录此书的见：

  钱谦益撰　陈景云注《绛云楼书目》卷四《奏议类》
  徐乾学《传是楼书目》集部奏议
  张金吾《爱日精庐藏书志》卷十二《史部·诏令奏议类》

---

① 详见《明代南京仓场及残存的公文资料》，《文献》1988年第2期。

莫友芝《邵亭知见传本书目》卷五《史部》

汪士钟《艺芸书舍宋元本书目》宋版书目史部

瞿镛《铁琴铜剑楼藏书目录》卷九《史部二》

陆心源《仪顾堂集》卷十七、《皕宋楼藏书志》卷二《史部·诏令奏议类》

清朝私人所藏此书有的渐渐散失，有的保存至今。据我查考，目前这部大书的宋刻本、宋刻元修或元明递修本，国内外至少存二十五部，而每部或多或少皆有残缺[①]。以下仅就其中重要的几部加以说明。

1. 天一阁藏本。据清光绪己丑（1889）薛福成《天一阁见存书目》卷二《史部诏令奏议类》载："《国朝诸臣奏议》一百五十卷。目录四卷。存二十八卷；卷一百十一至一百十六，卷一百二十三至一百四十四。目录四卷。"民国十九年杨铁夫等《重编宁波范氏天一阁图书目录》载："《宋名臣奏议》一百五十卷。六册缺。"民国二十六年重修天一阁委员会《鄞范氏天一阁书目内编·劫余书目第二》所载与《见存书目》同。《中国古籍善本书目》史部诏令奏议类载天一阁存此书四十七卷，较原著录（即存二十八卷、目录四卷）增出卷五十四至六十，卷六十七至七十四，共十五卷。经查核，这增出的十五卷，分订二册，系江浙藏书家冯贞群（字孟颛）所捐。第五十四、六十七卷首分别有"冯贞群印"白文方印与"孟颛"朱文方印。天一阁所藏此书残本皆用明公文纸刷印，前已述及。

2. 张金吾《爱日精庐藏书志》中指出："是书除此本外，有明会通馆活字本，谬误不可枚举。"以下罗列例证。最后说他所藏此书，"版心内间有注大德、至大刊补者，盖宋刊元印之本。缺卷一，卷一百九，卷一百四十四至一百五十，共九卷。抄补"。此书现存北京图书馆，有瞿熙邦校语，见卷一四六末"甲戌（1874 年）初夏，以残宋本校此三卷，补缺文三段，改正错字无数。凤起"。

[①] 中国古籍善本书目编委会，1980 年版《中国古籍善本书目》（征求意见稿）登录十七部，其中北图存八部，余九部存科学院、北京大学、天一阁、上海、吉林、黑龙江等图书馆。（台）"国立中央图书馆"，1967 年版《国立中央图书馆善本书目》（增订本）登录四部。（台）"国立故宫博物院"，1983 年版《国立故宫博物院善本旧籍总目》登录两部。王重民，1983 年版《中国善本书提要》登录美国国会图书馆藏一部。〔日〕河田罴，1917 年版《静嘉堂秘籍志》登录一部。

3. 陆心源在《皕宋楼藏书志》中引录张金吾识语之后附案语云："此南宋刊本，缺页较少，当是宋季元初印本。卷中有隆庆壬申夏提学副使邵晒理书籍关防，朱文长印。"《仪顾堂集》在介绍此书所收北宋九朝上章奏的大臣姓名及编辑、刊行情况之后云："张月霄（张金吾号）所藏板心间有元大德、至大补刊字样。此本为黄俞邰旧物，有晋江黄氏父子珍藏印，尚无元修之板，当为元大德以前印本，然缺叶已与《藏书志》所记同矣。"按："俞邰"是黄虞稷字，泉州晋江人，其父居中字明立，明末任南京国子监丞。黄氏父子嗜好藏书，所藏至六万余卷。清初黄虞稷撰《千顷堂书目》，著录宏富，然未录《国朝诸臣奏议》[1]，真使人费解。

陆氏藏书已于清光绪三十三年被日本岩崎弥之助购去，现藏东京静嘉堂文库。《静嘉堂秘籍志》卷五、《静嘉堂文库汉籍分类目录》史部皆有著录。法、日等学者编写的《宋代书录》（香港中文大学出版社，1978年版），以为陆氏所藏是"流传到今天的最早版本"，并估计这个本子是宋淳祐年间刻印的。已故的版本目录学家王重民先生曾据张金吾、陆心源藏本缺叶，"验以北京图书馆所藏（明）南雍印本，缺叶正相同"。由此推断，"张氏、陆氏所谓为元印者亦非矣"[2]。这种推断是有道理的。不过，张金吾自称为"宋刊元印之本"，陆心源则自称为"元大德以前印本"。1987年4月，北京大学历史系邓广铭先生到日本访问，在东京静嘉堂文库查阅了这部书，结果是元大德、至大、元统补刊字样。此本除一抄补页不存外，其余皆存，实与张金吾所藏版本同。陆心源说"无元修之版"是不真实的。

4. 汪士钟藏本（又见罗振常《善本书所见录》卷二《史部》）后归张元济，《涵芬楼烬余书录》史部载：

《国朝诸臣奏议》，宋刊本，存二十二卷，十册，汪阆源（即朗园，汪士钟号）旧藏。存目录乙集，卷九至十一，卷二十九至三十一，卷三十八、九，卷五十六至五十九，卷六十九至七十三，卷一百十九、一百二十，卷一百四十四至一百四十六。……藏印"汪士钟字春霆号朗园书画印"。

---

[1] 黄虞稷与周在浚编《徵刻唐宋秘本书目》，徵刻家藏的罕传本凡九十六种，亦未录。
[2] 见王重民撰《中国善本书提要》史部·政书类。

经查核，涵芬楼所藏此书中，除有汪士钟藏印，尚有八册的首页上钤有"海盐张元济经收"朱文长方印。后来此书又转至罗振玉手中，现存北京图书馆，凡十册（二册后配）。书套上题"《宋椠诸臣奏议》，宸翰楼藏"，有"罗振玉"朱文方印。北图著录此书存二十五卷，较涵芬楼著录增出三卷①，同时注明"卷六十九至七十，一百十九至一百二十配另一印本"。检阅此书版本亦是宋刻元修，但卷十页二、卷一一九页四版心下元补刊字样已被人为地磨损。

5. 近代藏书家傅增湘（字沅叔、号藏园居士）于民国十八年（1929）编《双鉴楼善本书目》卷二《史部》著录《诸臣奏议》二十七卷，宋刊残本，十一行、二十三字，存卷十四至十九，卷二十七至三十三，卷四十四至四十七，卷一百三至一百七，卷一百十二至一百十六。1983年出版傅增湘《藏园群书经眼录》史部所载卷数同，并注明"间有元大德四年补刊叶，记于版心"。此本现存北京图书馆，有"双鉴楼珍藏印"朱文长方印，但卷数缺一百五至一百七，实存二十四卷。

检商务印书馆1983年编辑出版的《张元济傅增湘论书尺牍》载民国十九年（1930）七月十七日张元济致傅增湘函中有云：

> 日本友人藏有宋刻元印《国朝诸臣奏议》，仅缺第一百五六七卷，题为《财赋门》劝课、荒政、国币、常平义仓。检藏园书目适有之，拟代借抄，当寄纸到北平，托伯恒兄代办。

七月二十五日信函又提及此事，八月九日傅增湘于回函中云："《诸臣奏议》亦检讨伯恒，但侍藏（指傅增湘本人所藏）亦残本，仅可拆出配全。计三卷影宋本钞费亦须六七十元，若其愿配，其值听尊意主持可耳。"八月十八日、二十六日双方又通函议价，九月五日张元济复函云："寄下宋刊《国朝诸臣奏议》一册，已收到，暂存敝处，已嘱经手人函询东友，答复再达。"此后结果书中没有再涉及。经查核，现存东京静嘉堂文库的陆心源藏本，此三卷与其他各卷是一个印本，而不是后配补的。很可能在日本尚存原"缺第一百五六七卷"，后配以傅增湘藏本一册的另一印本，但迄今未见日本目录书著卷，尚待查访。

傅增湘所编《宋代蜀文辑存》，曾采撷《国朝诸臣奏议》，故深知其书之

---

① 卷90至92。

价值。1937年,商务印书馆拟印国藏丛书上千册,选编书目过程中,傅增湘多次致函张元济,请求印行《国朝诸臣奏议》,指出这部大书"重要文字甚多,取各部参配当可全,如有缺叶,可留空叶,此次不印,恐永无印行之日耳"。张元济指出此书"纸墨黯敝,难于制版"。不久,日本发动大规模侵华战争,上海沦陷,印书计划遂作罢①。

6. "九一八"事变后,日本帝国主义加紧侵略中国。1935年,北京图书馆为了保证古籍善本的安全,选出馆中所藏善本二千七百余种,先运存上海,后又秘密运往美国,寄存美国国会图书馆远东部。当时任职北图的王重民先生为这批善本书籍全部拍摄了缩微胶卷,其中包括三部《国朝诸臣奏议》,存卷分别为一百三十八、一百二十五、四十四②。一百三十八卷本含卷一至十,十九至三十,三十五至一百五十,宋刻明印。1947年王重民先生将这批善本的缩微胶卷带回北京图书馆(其中《国朝诸臣奏议》只有一百三十八卷本),60年代美国将原书移交台湾"国立中央图书馆"③。台湾文海出版社于1970年将此书存一百三十八卷宋刻明印本影印发行④。书中缺卷、缺叶有所配补,文字漫漶处重新描摹。其描摹之处差讹甚多。尤其值得指出的是,为此书发行所写的序言,在简要介绍本书的作者及价值之后,竟将李埴《皇宋十朝纲要》的版本流传、体例内容误装到赵汝愚《国朝诸臣奏议》的头上,真可谓"李冠赵戴"的硬伤。

台湾"国立故宫博物院"所藏《国朝诸臣奏议》一部存一百四十五卷(缺卷六十一至六十五)、目录三卷,宋刻明印,五十七册;一部存二卷(存四十一页),原为清内府藏善本之一种,贮昭仁殿(后改名天禄琳琅)。归民国故宫图书馆后,贮寿安宫。抗日战争时期,先后移存上海、南京、四川等地,1949年自南京运至台湾"国立故宫博物院"⑤。

7. 1939年秋,王重民先生受美国国会图书馆远东部主任恒慕义的邀请,整理鉴定该馆所藏中国善本古籍,其中有《国朝诸臣奏议》一部,原著录宋

---

① 《张元济傅增湘论书尺牍》,《张元济书札》1937、1938年纪事。
② 1949年"国立中央图书馆"从南京运往台湾的善本有一部《国朝诸臣奏议》,存三十三卷,宋刻元明递修本。其中一卷是配补的。见(台)1985年版《屈万里全集·国立中央图书馆善本书目初稿》。
③ 见(台)《国立中央图书馆善本书目》增订本屈万里序。
④ 赵铁寒主编《宋史资料萃编》第2辑。
⑤ 《国立故宫博物院善本旧籍总目》蒋复璁序。

刻元印本，四十二册，六函。王先生为此书写的提要，见《美国国会图书馆藏中国善本书录》卷二，又见新版《中国善本书提要》史部。王先生在介绍此书版本情况之后说，张金吾藏本卷二六司马光与傅尧俞疏之间缺两页，"按此本（指美国会藏本）所缺与张本同"。张本卷一二四苏辙与吕陶疏之间缺两页，此本"俱不缺"。同卷"范（纯仁）、王（岩叟）二疏所缺（两页）与张本同"。卷一三三范仲淹疏，张本"存首三页"，"此本则三页以后，第四、五两页已抄补，第六页不缺。然则张本所缺六页之中，此本有其三"。其下接着断言："在今日所存是书印本，当以此为最善矣。"又说："此本纸质如练，明洁如玉，轻莹若素。且版心无大德、至大等年月，疑为大德以前印本。惟全书稍有残缺，缺卷为：一至四，十二至二十二，四十五至七十六，一百四十八至一百五十。又目录一册（卷三十六至七十七）。其卷一百四十八至一百五十已钞补。"

今按，美国国会藏本已为北大中国中古史研究中心所复制。经查核，王先生指出的此本若干卷页确实稍详于张金吾本，而且卷末或版心无元补刊字样。自宋淳祐十年（1250）至元大德四年（1300）五十年间，未见刊补此书，则美国国会所藏当为宋淳祐刻印本，也是传世的唯一"最善"本。

此本的书套题《宋朝诸臣奏议》，原装订成六十四册（二或三卷为一册），已缺二十二册，存四十二册。所缺卷次王先生著录时稍有差误，即缺卷一百四十三至一百四十七（第六十二、六十三两册），没有说明。

现存的所谓此书宋刻本，除美国国会所藏真正为宋刻印本，其余均为宋刻元修或元明递修本，而无论哪种本子均有残缺。利用这些残本相互拼补，唯卷二六司马光《上慈圣皇后论任人赏罚要在至公名体礼数当自抑损》、傅尧俞《上英宗乞勿烦皇太后听政》及《上慈圣皇后乞还政》，卷六一傅尧俞《上仁宗再论朱颖士李允恭》及《上仁宗再论李允恭》，需依据司马光文集与《历代名臣奏议》所载相同奏议补完，其他均可拼补完整。现在北大中国中古史研究中心正在标点的此书底本，正是这样一种相互拼补的百衲宋刻本。

五、明会通馆活字本与清四库全书本

明朝弘治年间无锡华燧（字文辉）开会通馆，创举以铜活字排版印书，为一代文化艺术做出贡献。弘治三年（1490）《国朝诸臣奏议》摆字印行，版式为每半页九行（每行两排字，实为十八行），行十七字，白口，左右双边，单鱼尾。《中国古籍善本书目》登录此书流传至今的有五部：

北京图书馆存一百五十卷（内有缺页）

中国科学院图书馆存六十七卷（卷一至六十七）

中国科学院文学研究所图书馆存十七卷（卷六十至七十三，七十六至七十九）

上海图书馆存二十一卷（卷二十一至二十三，二十八至四十，四十二，九十八，一百四十，一百四十五，一百四十八）

天津图书馆存二卷（卷三十三，三十四）

台湾《国立中央图书馆善本书目》著录存两部：一部存一百五十卷（小字本，有清道光十五年（1835）马玉堂手跋），一部存二十三卷（大字本，卷十四至十七，四十七，四十八，七十五，八十九至九十一，九十三至九十六，一〇一至一〇七，一三六，一三七）。

清张金吾曾用所藏此书宋刻本与明活字本对校，指出：

> 是书除此本外，有明会通馆活字本，谬误不可枚举。如卷四六谢泌《论宰相枢密接见宾客》疏，卷六十一傅尧俞《再论朱颖士李允恭》疏，此本俱存上半篇；卷一百二十四苏辙《乞募保甲优等人刺为禁军》疏，存首二行；吕陶《论保甲二弊》疏，存下半篇；卷一百三十三范仲淹《论元昊请和不可许者三大可防者三》疏，存首三页。活字本俱删去，犹可目以其残缺而去之。最可异者，如卷二十六司马光《论任人赏罚要在至公名体礼数当自抑损》疏，"恩虽至厚而人不敢妬者，何也？众人"下，此本缺两页，活字本于"众人"下竟直接傅尧俞《上慈圣皇后乞还政》疏"诚赞翊援皇帝于藩邸，以继大统"。卷一百二十四范纯仁《乞拣阅保甲》疏，"乞并给盘缠赴缺，委殿前"下，此本缺两页，活字本于"殿前"下竟直接王岩叟《乞免第四等第五等保丁冬教及罢畿内保甲》第二疏"释然放之也"。不思字句之不贯，不顾文义之隔绝，藉非宋本尚存，奚从订正其误。（《爱日精庐藏书志》卷十二）

清道光五年（1825）瞿绍基（字荫堂）好友邵恩多又据张金吾所藏宋刻本校此活字本，并作跋语云：

宋版不易得，行世者惟会通馆铸铜活字本，中间讹谬舛踳，几不可读，如《爱日精庐藏书志》所载者，当有未尽也。去岁秋七月，荫堂出活字本，属假张月霄所藏宋版雠校，缺者补之，讹者正之，以甲之前半篇，接乙之后半篇，而不能句读者足之，宋版漫漶者缺之，凡双行夹注者，悉以红点志之，历十阅月而始藏事。其赵希㳫序篇，奏札一道，自叙一篇，史季温跋一篇，总目十三叶（原注：活字本未录），目录一百四叶，俱照宋版录出，以存其真。他如字里行间，悉用红笔更正。惟宋版缺第一卷至第二卷之第十二叶，又缺第一百九卷，又缺一百四十四卷至一百五十卷，终无从是正。《传是楼书目》载有宋本，未知尚在人间否也。（此所校活字本现藏北图，邵恩多跋语载于卷首，又见瞿良士《铁琴铜剑楼藏书题跋集录》卷二）

查核宋活字本可知，邵恩多尽管花费很大力气校对，然终因所据张金吾宋刻本既有缺卷，又多缺页，所缺某些卷页甚至超过了活字本所据的底本，故实际校对成果甚微。张金吾、邵恩多均贬低活字本的价值，清道光十五年（1835）马玉堂则为之鸣不平，他在此书跋中云：

近人过于佞宋，遂极诋此本，至有不如不刻之叹。夫宋本之佳妙，固不待言，然以过尊宋本之故，竟视此本为陋板恶抄，任意抑扬，未为定论。况《奏议》自淳祐刊刻以来，七百有余岁矣，必尽得宋刊而后可，是犹课汉之司农行姬公之井田，责宋之大理读李悝之《法经》也，难乎不难？

从史籍保存的角度看，活字本基本上是照宋刻元或明印本摆印，没有擅改文字之处。对原本的缺页，摆印之际，一般将有缺页的残篇奏议径自删去。但有的缺页恰是两篇奏议的尾首，即前篇残尾，后篇残首，原本又不留空白页，校勘者不察便相连为文，当成一篇奏议。张金吾所谓活字本"不思字句之不贯，不顾文义之隔绝"，正在于此。然而当时的印刷条件，用铜活字摆印一部上百万字的大书，检校不周，无可厚非。我们还是应当充分肯定它对传布这部大书所做的贡献。

清乾隆年间开馆修《四库全书》，从浙江采进一部《国朝诸臣奏议》，编入《史部·诏令奏议类》。馆臣据此书前所附赵汝愚"奏札自序及史季温序",改题《宋名臣奏议》①。

《四库全书》共抄成七部,其中抄写最早、质量最好的是藏故宫供皇帝阅览的文渊阁本。这个本子现存台湾,已影印发行。具体负责文渊阁本《宋名臣奏议》的馆臣分别为:详校官王燕绪,编修裴谦,总校官缪琪。誊录者绝大部分是国子监生,也有个别举人。有一人抄二三卷或四五卷,有二人合抄二三卷不等,人员更换也很频繁。

王太岳《四库全书考证》卷三七记录校勘此书讹脱共十一条,仅涉及卷一至四七中的十卷,除校卷三九"天道门,刊本脱门字,今增",其余所校九卷仅涉及十篇奏议的个别字句。校勘依据主要是上疏者本人文集与《宋文鉴》,个别地方据所引前人著述或文义改。用宋刻本及有关史籍对照,可知四库本所考证者并不止此,如下举宋刻本的错讹衍脱,库本皆做了校改:

卷二一王觌《上徽宗论好问不可不择其人迩言不可不察其实》"觌"误作"观"。(总目不误)

卷四六杜衍《上仁宗乞迭召两府坐论治道》"迭"误作"送"。(总目不误)

卷六一吴及《上仁宗乞禁止辄宫童幼》"吴及"二字原脱。(总目有此二字)

卷九六范镇《上仁宗乞复用旧乐》疏后附注"胡瑗"误作"胡援","宋祁"误作"宋杞","七十六分"原脱"六"字,"六斗四升"的"六"误作"八"。(疏后附注之文又见《宋史》卷七一《律历志四》)

卷一二三韩琦《上英宗乞募陕西义勇》疏后附注陕西"泾州"误作"径州"。

卷一三一庞籍《上仁宗论先正内而后制外》疏文"令经畫训练之法",其中"畫"误作"盡"。

同上卷吴育《上仁宗论建立基本以销未萌之患》疏后附注"宝元二年三月上","二年"误作"三年"。(按:宝元三年二月改元康定)

卷一三七富弼《上神宗答诏问北边事宜》疏后附注"而北虏亦自知理曲","而"下原衍一"而"字。

---

① 见《四库提要》卷55,另据商务印书馆1960年版《四库采进书目》,清自两淮、江苏也采进此书各一部。

库本通过本校或参据有关史籍及文义所做的校改，还可列举一些，但细核起来，库本所校改的部分，在全书应校改的部分中占极小的比重。因为库本主旨是抄存原文，原文已误而库本照误是情有可原的。问题主要在于库本所采用的宋刻本也有不少残缺，缺页与张金吾本略同①，库本是如何处理这类问题的呢？与活字本例删残文不同，库本还是勾稽史籍补全了部分残文，而所补的文字却大可斟酌。

库本所补卷二六司马光《上慈圣皇后论任人赏罚要在至公名体礼数当自抑损》之缺文，参据了《温国文正司马公文集》卷二五、《司马文正公传家集》卷二七《上皇太后疏》，两书中皆载"凡名体礼数所以自奉者，皆当深自抑损，不可尽依章献明肃皇太后故事，以成谦顺之美"。其中"抑损"库本作"贬抑"，义同，"不可"库本作"伏乞"，含义正相反。

库本所补卷四六谢泌《上太宗论宰相枢密接见宾客》之缺文，来源于《宋文鉴》卷四二《论宰执不许接客》。其文字与《长编》卷三二淳化二年四月己丑、《历代名臣奏议》卷二八五所载同一奏议稍异。台湾影印本此疏缺文已用宋刻本配补。此疏中云："塞相府请托之渐，岂无他径乎？此非陛下持赤心以待大臣，大臣展四体以报陛下之道也。"（宋刻本与他书引文同）库本"他径"作"官径"，又脱"大臣"及"陛"诸字。这类字句方面的歧异错讹，当是誊录者程于功令、草率从事所致，并不稀奇②。而令人不解的是，上引谢泌疏，宋刻本与《长编》皆系淳化二年（991）四月上，《宋史》卷三六《谢泌传》（节文）与《历代名臣奏议》皆系淳化二年上，库本却系"雍熙四年（987）三月上"，其根据何在？检宋刻本谢泌疏之前后两疏，附注的年号分别为"端拱"与"天圣"；再查《宋文鉴》卷四一第一篇载赵普《雍熙三年请班师》疏，卷四二第三篇所载谢泌疏本无年月，四库馆臣既然是据《宋文鉴》补其宋刻本谢泌疏之缺文，则是否按之排列次第，由赵普疏推测谢泌疏的年月，尽管这种推测毫无道理，然而今天我们追究其致误之由，似乎除此之外再找不到其他线索了。

问题并不止此，我们看宋刻本卷六一傅尧俞《上仁宗再论朱颖士李允恭》，此疏自"臣恐纲纪之紊"后缺页，库本与《历代名臣奏议》卷二九二同

---

① 即集中在卷26、34、46、61、124、133。

② 库本所补卷124苏辙《上哲宗乞募保甲优等人刺为禁军》之缺文，仅脱漏句子便有5处47字。

载这篇奏议，凡见于宋刻本的部分，两书之文字亦同，而宋刻本缺页的部分，库本所补，自"渐有不可复正者"至"则法令明而纲纪正矣"，并加附注"嘉祐七年七月上"，凡五十字，《历代名臣奏议》之文，则自"或基于此"至"以正刑典"，凡九十九字①。两书所载宋刻本缺页部分的文字大不相同，究竟谁符合原貌？《宋史·艺文志（七）》所载傅尧俞《奏议集》十卷久已失传，无法据第一手资料彻底发覆。然而值得庆幸的是，《历代名臣奏议》在这篇奏议之后接着载"尧俞又上奏曰：臣近三状论列李允恭、朱颖士等，皆蒙留中，遂于今月初五日具札子，乞以臣前状并御史中丞王畴札子付外"云云。其中提到"今月初五日具札子"的请求，与前篇奏议最后九十九字中提到的"伏望陛下以臣三状并王畴札子，并付所司依法行遣"的请求正合，完全可证《历代名臣奏议》所载符合傅尧俞奏议原貌。而库本所补五十字中，则完全没有涉及这一请求，只是写上"乞将朱颖士、李允恭各加勘责"云云。通观同卷所载傅尧俞累上的几篇奏议，可知馆臣所补实际摘取了傅尧俞《上仁宗论朱颖士干求内降乞行勘责》疏的某些词语，又参以己意，其附注的年月，则是从同卷前篇傅尧俞《上仁宗论李允恭不合荐孙永昌》疏后附注的年月移植过来的。断鹤续凫，竟至于此。

四库馆臣臆补的大段文字，我仅见此一处，还有不少个别字句的臆补，以下引证几例：

《国朝诸臣奏议》卷一三七刘述《上神宗论种谔薛问》疏中有云："洎过本路，遂将公文并手诏与诸将，称得密旨。"其"诏"字宋刻元印本漫漶，约略可见"言"字部首②。《历代名臣奏议》卷三二九作"诏"，是。而库本作"书"，误。

卷一三八司马光《上哲宗乞还西夏六寨》疏，页十二A版幅下断去一二行文字，据《温国文正司马公文集》卷五十、《司马文正公传家集》卷五十、《长编》卷三六五元祐元年二月壬戌及《历代名臣奏议》卷三四五所载相同的奏议，此处可填补"似"、"以"、"宝"、"私市"、"益逊"、"交"诸字，库本同上处则作"似"、"大"、"宝"、"交易"、"益顺"、"贸"诸字。查北图存四十七卷宋刻元印本，以上诸处宋刻皆完整，且与文集等四书所载同，可确证库本是以上下文义补，尽管有个别字补对了，但司马光集子并不难得，何不查对一下呢？

---

① 按此书体例，疏文后不加注文。
② 台湾影印本描作"诸"字，误。

卷一四四富弼《上仁宗乞诸道置兵以备寇盗》疏中有云："今诸处贼盗已盛,方思设备,已是后时,若又迁延,则无所及。"其中"是后时"三字宋刻本漫漶,据《历代名臣奏议》卷三七补入,库本作"失隄防",当为臆补。

以上事例表明,底本所补缺的文字错讹较多,特别是有妄改臆补问题。馆臣的动机或出于奏议的完整性,然强古人以就我,以假乱真,改变了奏议的原貌,这种恶果,富于才学的馆臣难道考虑不到吗?

库本所据宋刻本中的残缺,检照总目录可知,所残一般不止一篇奏议中的几页,而是二三篇奏议中的几页。残两篇者——前篇"残尾",后篇"残首",或后篇全残;残三篇者——在前后两篇残文中间,缺一全篇。如:

卷二六司马光疏"残尾"后缺傅尧俞《上英宗乞勿烦皇太后听政》全篇,接下残傅尧俞《上慈圣皇后乞还政》"诚赞翊援皇帝于藩邸"以上部分。

卷六一傅尧俞疏"残尾"后缺傅尧俞《上仁宗再论李允恭》全篇(恰至本卷之末)。

卷一二四范纯仁疏"残尾"后缺王岩叟《上哲宗乞免第四等第五等保丁冬教及罢畿内保甲》第一状全篇,接下残王岩叟此疏第二状"释然放之也"以上部分。

同上卷苏辙疏"残尾"后残吕陶《上哲宗论保甲二弊》"粮而行"以上部分。

库本补缀此类残缺,一般只限于"残尾"的前篇,而"残首"的后篇例皆删去,两篇之间全文残缺者也一概不补(或没有发现)。偶有以下特殊情况:

卷三四苏辙《上哲宗论侯称少欠酒课以抵当子利充数》,原本自"已具状"后残,库本唯此"残尾"未补,而将此疏残文删去。又此疏下尚有曾肇"同上"标题奏疏一篇,原本全文缺(恰至卷末),库本也未补。

卷四六谢泌疏"残尾"后,缺刘随《上仁宗乞留王曾》全篇,库本未补;其下又残杜衍《上仁宗乞迭召两府坐论治道》"臣伏见中书、枢密院之官,是皆选自宸衷"以上部分①,库本对此疏残文未补未删,却在正文前冠以《上仁宗乞迭召中书枢密院臣僚坐论治道》的标题了事。

综观四库馆臣抄录《国朝诸臣奏议》,除对书中明显错讹做了某些校正,其余对残文缺页的处理似乎没有确定一个统一的标准,而所补文字往往避繁就简,草率行事,且有妄改臆补之病。另外,此书库本尚存避清讳改写字句违

---

① 共残4行,每行23字,台湾影印本存。

背原义者多处。因为这是库本共同存在的问题,这里就不一一涉及了。

六、本书的文献价值

在五代十国基础上建立起来的赵宋政权,为建立稳固而长久的统治,十分注重总结历史经验,广泛吸收地主阶级的意见,包括反对的意见。因之,散见于宋人文集的奏议,以及单行的奏议集,数量非常之多,超过以往任何一个朝代。南宋学者吕祖谦曾汇辑一部《国朝名臣奏议》十卷,收录奏议二百篇,久已失传。《长编》辑录不少北宋大臣的奏议,但多为节文。史传之中节录奏议的篇幅就更少了。《国朝诸臣奏议》是汇辑北宋大臣奏议数量最大的一部。这些奏议又是按门类编排起来,并附以上奏者的年代、官职及增补说明,脉络因果,条理井然,为我们考察宋代史事及典章制度提供了极大方便。

奏议本身是当时人论当时事,其资料的可信度是比较高的。我们这里主要探讨它的文献价值,即包括辑佚补缺、校勘证误的价值。

这部大书所收北宋大臣的奏议,有些没有保存在作者本人的遗集之中,而他书所载往往又不详备。明、清人辑佚宋人文集或奏议集,有的便采自这部大书。如田锡(字表圣)原有《奏议》二卷,久佚。明安磐即从《国朝诸臣奏议》中辑录田锡奏议十四篇,编成《田表圣奏议》一卷(今传世的田锡《咸平集》卷一《奏议》部分,即来自《国朝诸臣奏议》,但仅收奏议十二篇,佚二篇见《国朝诸臣奏议》卷三七《上太宗论旱灾》、卷一二九《上太宗论边事》。余靖(谥号襄)原有《谏草》三卷,久佚。清黄慈博采摭《长编》、《国朝诸臣奏议》等书,编成《余襄公奏议》二卷六十六篇,附《武溪集》后。又范仲淹、范纯仁父子,宋时皆有奏议集,久佚。明范惟一编范仲淹《范文正公政府奏议》与范纯仁《范忠宣公奏议》,所收皆不完备。清时范能濬又辑补其祖先二范奏议,采摭《国朝诸臣奏议》,分别编成《范文正公集补编》(收十一篇)与《范忠宣公遗文》(收三篇),均收入《二范全集》中①。

明清人的某些辑本没有参考《国朝诸臣奏议》,我们又可据此书增补。如明万历时,林熙春重辑杨时《龟山集》四十二卷,《国朝诸臣奏议》卷六三杨时《上钦宗论不可复近奄人》第二状未见采录。清乾隆时,四库馆臣从《永乐大典》中衷辑出刘挚《忠肃集》二十卷,《国朝诸臣奏议》卷六三《上

---

① 见此集《遗文目录序》。

哲宗弹奏王中正等四宦官之罪》、卷六五《上哲宗论祖宗不任武人为大帅用意深远》，皆为《永乐大典》所缺载者，辑本亦未采录。清劳格《忠肃集拾遗》，辑刘挚佚文三篇，其中有一篇采自《国朝诸臣奏议》卷五四《上哲宗乞召用傅尧俞等以销奸党》。又《忠肃集》卷三《论用人疏》，《永乐大典》缺载，馆臣辑自《宋史·刘挚传》，内容有删节，同一奏议全文见《国朝诸臣奏议》卷十五《上神宗乞谨好恶重任用》[①]。

至今尚无辑本而赖此书得以保存下来的宋人奏议，为数极为可观。如富弼原有《奏议集》十二卷、《札子》六卷，皆已失传，《国朝诸臣奏议》收录其奏议三十九篇。韩琦有《安阳集》五十卷传世，而《谏垣存稿》三卷则已失传，《国朝诸臣奏议》收录其奏议三十三篇。傅尧俞原有《奏议集》十卷，失传，《国朝诸臣奏议》收录其奏议亦为三十三篇。此外如范镇、吕诲、朱光庭、王岩叟等人当时皆有单行的奏议集，今皆不传，从《国朝诸臣奏议》中，还可见到他们相当一部分奏议的原貌，这对历史研究来说，无疑是十分珍贵的。

《国朝诸臣奏议》所收的章奏，绝大部分见于现存的宋人文集或奏议集，而两相比较，则其校勘价值昭然在目。如此书卷一三四范仲淹《上仁宗和守攻备四策》："日夜游说元昊，使其侵取汉地，而以汉人守之，则富贵功名，衣食嗜好得如其意。乃知非独元昊志在侵汉，实汉之叛人日夜为贼谋也。"《范文正公集·政府奏议》卷下《奏陕西河北攻守等策》载此段文字，自"侵取汉地"至"乃知"凡二十五字脱（四部丛刊本）。

又如此书卷九五苏舜钦《上仁宗乞录用刘石子弟》："此虽败衄，是亦勤劳于时。"《苏学士集》卷十一《乞用刘石子弟》，"时"误作"是"（四部丛刊本、上海古籍标点本）。

他如此书卷一三六司马光《上神宗论纳横山非便》："故其民习于（原写作"於"）用兵，……臣恐朝廷不惟失信于谅祚，又将失信于嚷侧也"。《温国文正司马公文集》卷三八《横山疏》，"於"误作"旅"，又脱"谅祚，又将失信于"七字（四部丛刊本、《传家集》卷四一未脱误）。

此书卷一三六刘敞《上仁宗论城古渭州有四不可》："指意恳恻。"《公是集》卷三二，"意"误作"音"（武英殿聚珍本）。

此书卷六六欧阳修《上仁宗乞置堵路按察使》："欲渐渐整缉，……谨别

---

① 《国朝诸臣奏议》所载刘挚奏议而未见《忠肃集》者可能不止以上几条，因没有将两书奏议全部核对。

条具冗官利害六事，……每岁科率一物，……不知朝廷本意。"《欧阳文忠公文集》卷九七《再论按察官吏状》，"缉"作"顿"，"具"字脱，"岁"误作"或"，"知"误作"如"（四部丛刊本）。

此书卷一二三张方平《上仁宗论刺四路弓手充保捷宣毅（系第二状）》："正月向尽，麦种未入，……拱手就擒。"《乐全集》卷二二《论弓手强壮充军不便事》，"麦"误作"首"，"擒"误作"拘"（四库全书本）。

此书卷一四四苏轼《上神宗论河北京东盗贼》（当作《上皇帝书》）："地宜粟麦，……国家有急，取办于二千石；二千石尊重难危，乃能使下。"《东坡全集·奏议集》卷二《上皇帝书》，"粟"误作"宿"，又脱"二千石"三字①。

此书卷一四○苏辙《上哲宗论不可失信夏人》："苟吴围鼓，鼓人或请以城叛，吴弗许。……吾闻诸叔向，……终以内患未解，……利人土地宝货。"《栾城集》卷四六《论西边商量地界札子》，"苟"误作"旬"，"或"误作"哉"，"叔向"误作"州向"，"内患"二字互倒，"人"误作"大"，"宝货"二字互倒（四部丛刊本）。

对了解北宋历史来说，李焘《长编》具有重要的研究与文献价值，这历来是人们所公认的。现在中华书局已校点出版了这部史书，为读者提供了极大方便。但可惜的是，这部史书的校点没有参考《国朝诸臣奏议》，以致书中的某些错讹没能改正过来。以下仅以《国朝诸臣奏议》中的三卷，可校正校点本《长编》的错讹为例（奏议的作者、标题皆略去，仅举两书的卷页）：

《国朝诸臣奏议》	《续资治通鉴长编》
130/10B 高祖有平城之围。	46/999 "平城"误作"长平"。
130/13A 十三州军。	49/1076 "三"误作"二"。
130/18A 河湟五郡。	50/1097 "郡"误作"都"。
131/12A 堪充边任者。	124/2930 "堪"误作"既"。
131/24A 独流寨。	124/2931 误作"浊流寨"。
132/17B 两路之入十余万人。	131/3096 误作"两路八十余万人"。
132/24A 振武料钱五百，百而二百五十为折枝。	132/3135 脱"二百"二字。

---

① 陶斋尚书仿宋印本。中华书局标点本《苏轼文集》卷26，"宿"据《宋文鉴》卷55改作"菽"，"二千石"不脱。

132/24B 况骁胜、云武、武骑之类。	132/3135 "武骑"误作"二骑"。
132/25B 除军员外,其余士卒每一季或因都阅,……财粮用度,岂有异司?今主兵主财者,皆力敌权均,纷然相制。	132/3136 "外"误作"及";"司"误作"同";又脱"主财"二字。
133/13B 一郡之入凡三十万。	135/3218 "凡"误作"余"。
133/19B 其陕西戍边人负过,必逃其地,盖有归矣。	139/3349 "其地"二字脱。
133/20B 待其给用既毕,却求衅兴兵。	139/3351 "既毕"二字脱。

以上举例,均为《国朝诸臣奏议》可校勘宋人文集与《长编》错讹之处,至于它本身的错讹,亦占相当比重,有些地方可说是相当严重。这就需要诸书之间相互比勘、攻错相长了。

《国朝诸臣奏议》对后世史籍的编辑也产生了一定的影响。曾参与此书编辑的李壁,又"略仿赵公凡例",将南宋高宗一朝"诸臣所论,类而辑之",编成《国朝中兴诸臣奏议》,"总为十八门,别而汇之,又二百门,通为四百五十卷"①。

明永乐年间,黄淮、杨士奇利用内阁藏书,分门编成《历代名臣奏议》三百五十卷,上起商周,下迄宋元,搜罗极为宏富。其中北宋部分,有些完全照抄《国朝诸臣奏议》,如富弼与韩琦奏议,《国朝诸臣奏议》分别收录三十九、三十三篇,《历代名臣奏议》所收篇数皆同(采自《宋史本传》的奏议不计在内)。有些则是在《国朝诸臣奏议》基础上增而广之。如包拯、傅尧俞、王安石奏议,《国朝诸臣奏议》分别收录十九、三十三、六篇,《历代名臣奏议》所收分别为七十五、七十三、十篇(采自《宋史本传》的奏议不计在内)。但《历代名臣奏议》并没有将《国朝诸臣奏议》全部囊括在内。以《国朝诸臣奏议》卷六一至六四为例,《历代名臣奏议》所未收者有以下六篇:

---

① 《真文忠公文集》卷41《李公神道碑》、《玉海》卷61。

卷六一吴及《上仁宗乞禁止辄宫童幼》
　　　傅尧俞《上仁宗论朱颖士干求内降乞行勘责》
卷六二傅尧俞《上仁宗论赵继宠不合越次干当天章阁》
卷六三余应求《上钦宗乞罢随军承受》
卷六四苏辙《上哲宗乞定差管军臣僚》
　　　司马光《上哲宗乞罢将官》

　　收录篇章既有不同，写刻也难免出现错讹，因此，这两部大书的相关部分可互校互补，并不存在互相取代问题。

　　总而言之，《国朝诸臣奏议》是研究北宋历史的重要资料，它所具有的文献价值是别的文献无法取代的。以往由于这部大书传本甚少，没有得到很好的利用。现在，我们应尽最大努力，整理出一个比较完善而通行的本子来，发挥它应有的作用，以推进北宋史的深入研究。

　　附记：本文是根据我在校勘《国朝诸臣奏议》过程中的学习体会写成的。全文承吴小如先生审阅修改，谨致谢忱。

（原载于《文献》1989年第1、2期）

清官包拯

包拯、清官与廉政

一、包拯在宋代的地位与影响

包拯字希仁,谥号孝肃,宋代庐州(今安徽省合肥市)人。生于宋真宗咸平二年(999),卒于宋仁宗嘉祐七年(1062),享年64岁。

包拯的祖辈居住在今合肥市城东约40公里的包村,父亲包令仪曾任福建惠安县知县,后以尚书虞部员外郎退休还乡,是一个品位不高的闲散官。包拯自己曾回忆说:"生于草茅,早从宦学,尽信前书之载,窃慕古人之为,知事君行己之方,有竭忠死义之分,确然素守,期以勉循。"① 说明自己出身乡村,门第不高,而从小就读书刻苦,抱负高远。

包拯年轻时得到北宋前期文坛名人、庐州知府刘筠的赏识。宋仁宗天圣五年(1027),年已29岁的包拯参加贡举考试,主持贡举的恰是已升任礼部侍郎的刘筠。同年考取进士30余人,共分六甲即6个等级,包拯名列最高的第一甲(总计30人),被授予八品官大理评事、知(江西)建昌县。他的同年进士有文彦博、韩琦等人,后来皆官居要职。这时包拯的父母年事已高,不愿远离故里,因此他恳求改任。朝廷改任他监和州税,和州虽与庐州相邻,而父母仍不愿随行,包拯考虑为国尽忠之日尚长,而行孝之日苦短,便毅然决定弃官归养。他居家10年,以孝亲闻名乡里,直到父母相继亡故,安葬守墓完毕,才在家乡人的劝勉之下重登仕途,出知扬州天长县。

包拯自39岁重登仕途,直至64岁病逝,其间仕宦26年,任职多次变化,主要职掌过地方守臣与京师官、御史与谏官、三司官、监司官、军政官等。职掌内容涉及地方和京师军政、中央监察、谏诤、财政、军政等。他去世前最后一年任相当于副丞相、主管军政的枢密副使。在当时的官僚群中,

---

① 《包拯集》卷10《求外任三》。

他的地位、声名不及范仲淹、韩琦、文彦博、欧阳修等人；在当时的改革潮流中，他的理论、实践更不能与同时代的范仲淹以及稍后的王安石相提并论。从他的事迹及宋廷对他的评论看，他是以清廉刚正著称于世的。他的事迹在宋代影响最大的是以下几个方面：

一是直言敢谏。宋代的台谏官指御史台和谏院之官，分掌纠察百官违法与谏言朝政缺失，均属影响政局的言事官。包拯任此官多次上书言事，指斥非法，不避权贵，主张改革，兴利除弊。这在传世的《包拯集》（原称《孝肃包公奏议集》）中有不少反映。如此集所收174篇奏议，有一半以上为具体的改革主张或除弊措施；有55篇指责了本朝人物，被指名道姓的腐败庸碌者竟有64人之多。他敢仗义执言，实话实说。宋仁宗宠爱后宫张贵妃，重用其伯父张尧佐，包拯连上数道奏疏谏诤，其中尖锐指出："张尧佐凡庸之人，徒缘宠私，骤阶显列。"终于迫使仁宗做了一些让步，降了张尧佐的职。宋廷评论他"识清气劲，直而不挠，凛乎有岁寒之操"①。仁宗嘉祐中，士大夫相传，"富公（弼）真宰相，欧阳永叔（修）真翰林学士，包老（拯）真中丞（指御史中丞），胡公（瑗）真先生（指侍讲）"。这四位官员被称为"极天下之望"的"四真"②。王楙《野客丛书》卷二十《杜撰》说："包拯为台官，严毅不恕。朝列有过，必须弹击。故言事无瑕疵者，曰没包弹。"一时间，朝廷把有没有包拯的弹劾作为评价朝臣优劣的主要标志，以至后来"包弹"一词广泛流传，引申为"批评"的同义语。可见他作为直臣的威慑力与影响力极大。

二是公正严明。宋仁宗时期朋党之争激烈，而包拯一直没有参与，他能站在公正立场上发表见解，敢作敢为。《宋史·包拯传》称："公立朝刚毅，贵戚宦官为之敛手，闻者皆惮之。"他主张"赏德罚罪"，不避权贵，对赃官污吏严惩不贷。他曾在《乞不用赃吏》疏中说："臣闻廉者，民之表也；贪者，民之贼也。"③他在开封府任上约一年半时间，以威严著称。开封府除正式官员以外，府吏编制六百，其中有相当一部分久任其职，习于狡诈，甚至

---

① 刘敞：《公是集》卷30《龙图阁直学士赵师民包拯刑部郎中》。
② 洪迈：《容斋随笔·五笔》卷3《嘉祐四真》。
③ 《包拯集》卷3。

愚弄上司长官。包拯上任伊始，就有一些府吏试探性地抱出一堆堆文书使之处理。包拯从容安排，依次过目，对其中夹带陈旧无用文书明显挑衅者，"悉峻治之，无所贷"，大大扼制了府吏骄横之势。开封府旧制，凡诉讼者不得直入衙内，府吏守门，先收状牒，谓之"牌司"。府吏往往因缘为奸，从中勒索、作弊。包拯调查得知，即命罢牌司，"民得自趋尹前，无复隔阂"。横贯京师的惠民河，是连接东南漕运的通道。沿河空地原有标识，不得私人占用。但有些权官却仗势在河边禁地建筑亭榭庐舍，造成河身狭窄，不时泛滥。包拯奏请朝廷尽毁违法建筑，权官却称有地契如此。包拯即派人实地勘验，得河边空地标识及侵占步数，权官在事实面前只好听从。包拯还亲自处理一些诉讼事件，理雪冤狱，号为明察。京师百姓称赞说："关节不到，有阎罗包老。"苏辙说包拯在此任上，"以威严御下，名震都邑"①。接任包拯权知开封府的欧阳修，"承包拯威严之后，一切循理，不事风采"，故后人有"包严欧宽"②之说。

三是关心民众。包拯认为："民者，国之本也。"安民之道，"则必薄赋敛、宽力役、救荒馑"③。因而在任职所到之处，能从统治阶级的根本利益出发，关心百姓疾苦。宋仁宗庆历年间，江淮、两浙地区遭受严重的旱灾，包拯数次上疏请免除受灾地区的苛捐杂税，并揭露一些官员诛剥灾民的不法行为。戏曲小说中有《陈州粜米》的故事，就是由此演化而来。三司及监司是分管中央与地方财政经济的，与百姓利益关系尤为密切。包拯任此职期间，不仅多次上疏呼吁兴利除弊，而且还亲自处理一些百姓亟待解决的问题。如赴河北奏请将部分牧马监地还民耕佃，赴陕西支持地方官范祥所改的有争议的盐法，即将禁榷改为通商，颇得百姓欢迎。又奏罢强加在秦陇百姓的科率，即造船材木之类的负担。在瀛州废除一些官员利用公钱贸易，即官府经商，从中舞私营利的弊政。任权三司使后，"常急吏宽民，凡横敛无名之人，多所蠲除"。张田在《包拯集》的《题辞》中说："公上裨帝阙，下瘳民病，中塞国蠹，一本于大中至正之道，极乎是，必乎听而后已。"亦即为国利民，义无反顾。

---

① 苏辙：《栾城后集》卷23《欧阳文忠公神道碑》。
② （乾隆）《祥符县志》卷12《包欧二贤祠碑记》。
③ 《包拯集》卷7。

四是廉洁自律。包拯在刚步入仕途时写了一首《清心为治本》的五言诗自勉。康定元年（1040）包拯徙知端州。端州出产名贵的砚台，每年都要向朝廷进贡。历来郡守常用进贡的名义，向百姓多敛取数十倍，以馈赠朝官权贵。包拯为守，严令按进贡的定额征收，多增一个也不行，而且他期满卸任，"不持一砚归"。这种清风亮节，实在难能可贵，宋时即传为美谈。知乡郡庐州时，亲友犯法也不宽恕。对于荣誉地位包拯从来看得很轻。他调任陕西路转运使时，官服应由五品换为三品。他接到诏令后，首先想到的是夏粮就要登场，要赶紧到位，连官服也未及换就起程了。宋仁宗发现包拯是穿着五品官服上任的，连忙赐给一套三品服，派特使去追赶包拯。送衣使者日夜追赶，一直追到华阴，才把衣服交给他。此时，距西安只有50多公里了。曾巩《隆平集》卷十一记载："其为人不苟合，未尝伪辞色以悦人，平居无私书，故人亲党，亦皆绝之。人多惮其方严，虽里巷妇人稚子，莫不知其名。仕至通显，奉己俭约，如布衣时。"司马光评论包拯："为长吏，僚佐有所关白，喜面折辱人；然其所言若中于理，亦幡然从之。刚而不愎，此人所难也。"[1] 包拯不仅自己能廉洁自律，不逐名利、不为亲党、不贪钱财，而且立下《家训》一则："后世子孙仕宦有犯赃滥者，不得放归本家；亡殁之后，不得葬于祖茔之中。不从吾志，非吾子孙。"[2] 严格要求子孙后代，为世人所称道。

包拯在宋代士大夫中的地位是清廉刚正的直臣，具体表现在直言敢谏、公正严明、关心民众、廉洁自律四个方面。包拯能做到如此地步，从主观条件说，除他的性格峭直的特点外，主要是汲取了中国传统文化的精华，具备封建社会最重要的忠和孝的道德品质，如宋代吴奎所撰《包公（拯）墓志铭》中所说："竭力于亲，尽瘁于君。"[3] 这是他敢作敢为、建功立业的思想基础。从客观条件说，当时宋仁宗比较开明宽容，善于纳谏，能听取不同意见，包括批评自己的意见，否则，包拯"逆龙鳞"，也会招杀身之祸的。包拯与宋仁宗，可以说是特定条件下的君臣际遇，具有积极意义。包拯因仁宗而成名，成名的基础则是包拯的优秀品质。

---

[1] 朱熹：《五朝名臣言行录》卷8之5《枢密包孝肃公》。
[2] 《包拯集》补遗。
[3] 载《文物资料丛刊》1980年第3辑。

二、从历史人物包拯到文学形象包公

《包公（拯）墓志铭》开头便说："宋有劲正之臣，曰包公。""其声烈表爆天下人之耳目，虽外夷亦服其重名。朝廷士大夫达于远方学者，皆不以其官称，呼之为'公'。"包拯在宋仁宗的官僚群及学者中有较高的威望，也赢得了平民百姓的普遍喜爱。在他仕宦所至的端州、庐州及开封等地区，人们还修建祠堂长期纪念他。端州曾在神宗熙宁间修建了包公祠。南宋末包恢在《肇庆府学二先生祠堂记》中说："孝肃尝一守古端，人到于今称之。"又说他在端州"岁满不持一砚归，此其律己之义，凛乎严凝"①。庐州在包拯逝世后四年便修了包公祠。南宋绍兴二十七年（1157）、淳熙元年（1174）庐州两次刻印《包公集》，绍兴刻本序中称："孝肃包公，名塞宇宙，小夫贱隶，类能谈之。"当时虽值战争年代，书版受毁，而包公祠"不废祀典"，包拯遗风不泯。开封作为北宋京城，约有200余人做过知府，而其中影响最大、最受后人推崇的是包拯。原立宋开封府衙署有块《开封府题名记》石碑（此碑现存开封市博物馆），记载了自太祖建隆元年（960）至徽宗崇宁四年（1105）共183人次知府的姓名、莅职年月及官秩，其中独包拯的名字最引人注意，以至被手指磨得无法看见。如南宋末年人周密说此碑中题名："独包孝肃公姓名为人所指，指迹甚深。"②说明其影响之大。开封还建有包公祠，明朝人胡谧《重修包孝肃公祠记》载："开封府故有宋包孝肃公祠，盖祀其知开封府时功也。"又说此祠"历金、元以迄我朝"③，即延续到当时的明朝。

宋代历史人物在民间影响较大的有杨业、包拯、岳飞等。人们称颂杨业、岳飞为抵御外族入侵的英雄，包拯则为铁面无私、执法如山的清官。包拯在宋代官僚群中的文治武功并不显赫，即使在宋仁宗时代也不及范仲淹、韩琦等人闻名；同时代直言敢谏的御史、谏官还有欧阳修、余靖、王素、蔡襄、唐介、赵忭诸人，有些人的名气才华要比包拯高。但为何平民百姓及艺人、文人偏偏选择包拯作为清官代表传颂，为何历史人物的包拯能演化成文学形

---

① 包恢：《敝帚稿略》卷3。
② 《癸辛杂识》别集上《汴梁杂事》。
③ 《汴京遗迹志》卷11《包孝肃公祠》。

象的包公，这其中有多少偶然与必然的因素？我们分析其原因主要有以下四点：

1. 首先是包拯的清廉刚正的历史事迹和优秀品质受人推崇。仁宗时期社会矛盾尖锐，吏治比较腐败，而包拯却以清廉刚正突出于官僚群中，当时能做到如此地步是很不易的，是最得人心的，这也是历史上的包拯演化成文学形象包公的社会基础。

2. 包拯之公直是仁宗时代君臣公认的。仁宗时代不少官吏追逐名利，不择手段，又参与党派纷争，相互攻讦。包拯则站在公正的立场上，清心直道，一身正气，"一本于大中至正之道"，所以"天下不得异议"。宋名臣司马光曾称赞说："向者仁宗时，包拯最名公直。"①

3. 包拯在开封府任上政绩突出。京师在天子脚下，历称难治。包拯在一年半的权知开封府任内，不仅敢于惩治违法的权豪势要，而且严厉制裁了府吏的骄横之势，威严御下，执要不繁，宋人评论"本朝称治天府，以孝肃为最"②。其事迹因开封政治经济文化发达也得以四处传播。后代传颂的包拯事迹，多以开封府为背景。

4. 宋元时期阶级、民族矛盾交织发展，尤其是元代因统治方式落后，矛盾更加尖锐，官僚贵族严重腐化堕落，平民百姓与下层文人普遍受到压抑。一些汉族知识分子感受亡国之痛，怀有故国情思。北宋的仁宗时代成为他们最憧憬的盛世，而包拯则成为他们最欣赏的清官。百姓及艺人、文人们借历史人物包拯反映对现实社会的要求愿望。

人们选择包拯为清官，既有人物的历史特点，又有时空的客观条件。时代呼唤清官，人们选择了包拯，这应该说是历史偶然性与必然性的统一。胡适曾说包拯如同中国历史上最有影响的黄帝、周公一样是"有福之人"，"是一个箭垛式的人物"，古来许多折狱的奇案，或载在史书，或流传民间，一般人不知道它的来历，很容易堆到一两个人身上，民间的传说不知怎样选出了宋朝的包拯来做一个箭垛。当然包拯具有这种清官的"代表资格"③。历史上

---

① 《温国文正司马公文集》卷38。
② 徐度：《却扫编》卷中。
③ 胡适：《三侠五义》序。

的包拯与清官包公既有联系又有区别。清官包公是在历史上的包拯的基础上升华出来的,是经过百姓及艺人、文人们的创作而成的,两者神似而形异。历史上的包拯是真实存在的宋代的清廉刚正的名臣,是封建统治阶级的成员;清官包公是经过艺术典型化处理的文学形象,是人民理想的化身。清官包公经过近千年的艺术典型化处理,比历史上的包拯事迹更丰富,情节更生动,形象更鲜明,影响更广泛。

关于包拯的历史文献记载毕竟有限,而文学资料则极为丰富生动,并不断发展。作为文学形象的清官包公值得注意的是:一是包公的声名不同于孔子,儒家代表人物孔子主要是由封建统治阶级抬起来的,而清官代表包公则主要是靠平民百姓和艺人炒热的。人民喜欢包拯式的人物,蕴含着人民的喜怒哀乐与价值观念,反映了人民的理想和愿望。二是人们将不同时代不同人物有关折狱断案的故事都集中到包公身上,借助历史人物,塑造清官形象,并经过不断的艺术典型化加工,使其形象愈来愈崇高,成为神人合一式的完美人物、正义之神。如同文学形象的诸葛亮代表智慧、曹操代表奸诈一样,包公代表着正义。三是塑造清官包公的艺术形式多样,从民间口传到话本、词话、杂剧、小说及近代戏曲等,构成文学宝藏的重要组成部分,而编创者主要是来自民间的艺人与文人,具有鲜明的民间文学或通俗文学的特色。四是深刻反映了现实生活和社会矛盾,突出了反对贪官、邪恶、腐败,推崇清官、刚正、廉洁的重大主题,构成了具有独特风格和内涵的清官文化,对廉政建设尤其是法制建设具有长时期的现实意义。

由此可见,作为一个时代的具体的历史人物包拯,已跨越历史的门槛,成为一种文化现象、超越时空的理念精神、公理与正义的化身、反腐倡廉的思想武器。对他的研究可从历史、文学、法学、社会学等多角度多层次地进行,已远远超过了历史人物的本身,有着重大的学术意义与现实意义。作为历史人物,包拯是正直之臣;作为文学形象,包公是清官代表。历史上的包拯征服人心,文学上的包公感人肺腑,两者相得益彰。

三、清官包公的艺术特色与意蕴

作为历史人物的清官自国家设官置吏以来便逐渐产生,而作为文学形象的清官则基本是在宋代以后才出现的。此时出现的原因除社会政治、经济因素以外，重要的是文化事业的兴盛。从宋元话本、戏文、杂剧到明清词话、传奇、小说及近现代的一些地方戏曲，这些主要由民间艺人、文人创作的通俗文学，塑造了一批清官形象。宋元话本中所述的断案故事首先将包公带入文学领域。现存18种元公案杂剧，出场的清官良吏共7人，即张鼎、李圭、钱可、张商英、窦天章、王筱和包公。包公在11种剧中出场，张鼎在2种剧中出场，其余的李圭、钱可等各在1种剧中出场。元杂剧中包公是主要的清官代表。明以来词话、传奇、小说及近现代戏曲中的主要清官代表，除宋包公以外，还有明况钟、海瑞及清于成龙、施世纶、彭鹏、刘墉等。这些代表人物构成了中国文学中富有独特人物性格、社会意识和文化观念的清官艺术形象系列，而其中影响最大或最有光彩的还是包公。

包公的艺术形象在不同时代有不同特色。最早的有关包公的宋元话本，如《合同文字记》、《三现身包龙图断冤》，叙述包公故事十分简单，基本属"尾巴式人物"，只是在最后断案时作为判官的形象登场。元杂剧中的包公，突出描写了包公敢碰违法的皇亲国戚及豪强势要，如《鲁斋郎》、《生金阁》、《陈州粜米》等故事；再是强调了包公善断狱案、执法如山，如《灰栏记》、《合同文字》、《盆儿鬼》等故事。在复杂的矛盾冲突中塑造了一个铁面无私、体恤民艰、富有人情味和幽默感的清官形象。元杂剧中对包公的个性刻画、形象描写虽还不够充实，但就题材内容、情节结构及语言技巧来说，仍取得了前所未有的成就，包公刚正、智慧的形象基本定型，也构成了清官艺术形象的框架。

元代以后包公故事不断扩增、更改或翻新，相应地，包公故事中所展现的包公艺术形象也出现复杂性或多重性。如新发现的明成化年间有关包公的8种词话作品对包公生活经历、言行举止着墨较多，又强化了包公与皇亲国戚及豪强势要的尖锐斗争，一个有血有肉、为民除害的法官形象充分展现出来。明后期的短篇小说集《百家公案》及《龙图公案》（又称《包公案》），主要根据民间传说、笔记小说及有关案例书拼凑改编而成，载有百余则包公审案断狱的故事，包公在故事中被描绘成明察秋毫、善断疑案的侦探，即胡适所称的"东方的歇洛克·福尔摩斯"。清代长篇小说《三侠五义》将清官包公与侠客义士结合起来，由清官统领侠士帮助政府锄暴安良、杀奸平乱，包公又被涂上忠臣的色彩。明清时期的包公戏曲虽不及元杂剧发达，但它以传奇的艺术形式，吸取了杂剧、词话及小说的某些精彩内容，通过舞台耸立起一个嫉恶如仇、铁面无私的青天形象，包公的舞台形象也由"正末"或"外"转变为"净"角扮演，充分表现了黑脸包公的凛凛威风，对近现代的地方戏曲影视产生了重要影响。

从传世的有关包公的传说故事及作品可以看出，作为清官包公的艺术形象在元代基本形成，其后又被涂上法官、侦探、忠臣或青天的色彩，以不断变换的脸谱吸引着广大观众。当然，不同的时代、不同的作者及作品对包公形象的描绘会有各自的侧重与特色，色彩容有斑斓互映，质量难免轩轾不等，需做具体分析。① 但综合融会各类包公脸谱，可以寻出其最基本的形象，即刚强睿智、为民请命、铁面无私、执法如山。他的舞台打扮基本定型为黑脸长髯，身穿蟒袍，头戴乌纱，额上还嵌着一弯明月。这种清官形象已离开历史原型，充满浪漫主义色彩和鲜明的人格力量，在艺术人物的画廊中独具一格，或者说在官僚群中树立了一个崇高形象、一面鲜艳旗帜，具有很强的艺术魅力和教育意义。千载之下，人们提起包公，犹能仰其形象，见其颜色，这应归功于人民的伟大创造。

自宋代以来民间口头流传的包公故事，很多已失传了，有些经民间艺人或文人加工整理成为文学作品，各类不同体裁的传世的文学作品相互借鉴吸收又有所发展，构成了文学史上公案文学系列。这类文学很长时期登不上比较雅致的或正统的文学殿堂，只是以比较粗俗的或随意的说唱及表演形式在民间传播。它以勘狱断案为主线，适应了宋代以来不断壮大的平民阶层的需要，反映了平民阶层憎恨腐败政治，企盼安居乐业，并能得到清官保护的美好愿望。所以，公案文学应基本归于平民的或市民的文化范畴。正如鲁迅在《清之侠义小说及公案》一文中所说："是侠义小说之在清，正接宋人话本正脉，固平民文学之历七百余年而再兴者也。"② 按照他们的理想与愿望所演绎的包公故事及所塑造的清官形象，已获得了永恒的艺术生命。

---

① 详见朱万曙：《包公故事源流考述》，安徽文艺出版社，1995年。
② 鲁迅：《中国小说史略》第27篇《清之侠义小说及公案》，载《鲁迅全集》第9卷。

传世的包公故事，由宋代话本的几个，发展到元杂剧十几个，到明清小说累增到一百多个，这些故事内容虽然大都查无实据，但事出有因，其基本政治倾向就是惩恶扬善、锄暴安良。惩处的对象既有土豪劣绅、奸吏刁民，也有违法的皇亲国戚、权贵势要。凡是为非作歹、残害人民的，皆在惩处之列。安抚的范围包括一切安分守法的善良人民，不论其地位高低、财产多寡，皆在安抚之列。其中最精彩的是敢把矛头指向违法的皇亲国戚、权贵势要方面。包公惩恶扬善、锄暴安良的依据主要是法理。法与理是相辅相成的。理是立法的依据，法是维护理的手段。包公所依据的理，有些是封建社会的伦理道德，更多的是黎民的常情常理，特别是在他敢把矛头指向违法的皇亲国戚、权贵势要方面。即使封建的伦理道德之中，也有超阶级的属于人类文明的公共生活规则。包公手中的法，固然不能脱离同时代的封建法律规范，但也绝非照搬御批的法律条文，实际有相当部分是反映民意、否定封建等级特权的。包公断案时常说的几句话就是"王法无私"、"王法无亲"、"王子犯法与庶民同罪"。这种法律至上的思想，在封建专制或人治社会中是很难得的。

包公的严格执法还有着更深一层的含义，这就是追求公理和正义。在当时历史条件下，一般平民百姓，特别是弱者最需要的是法治。他们对处理各种纠纷问题，主要要求官员公正无私、依法办事。而当纠纷问题经历无数抗争得不到合理解决时，便把希望寄托在包公一类清官身上，希望包公能严格执法、主持公道、为民做主、雪冤洗枉。明代思想家李贽评论包公，说了一句发人深思的话："此等世界，此等人亦自少不得。"[①] 只要社会上存在歪理邪恶、冤假错案，就少不得包公这样的人物。所以包公身上寄托着人民的理想愿望，凝结着公理与正义，这正是包公故事的意蕴所在，也是包公故事久传不衰的根本原因。

四、廉政建设与清官、清官意识

在政权建设中反对腐败、倡导清廉是古往今来的一个重要课题，也是当今世界热点问题之一。因为按照事物的一般发展规律，都有一个从萌芽、发

---

① 《史纲评要》卷29《宋纪》。

展兴盛到衰弱、腐败的过程。一个政权如果缺乏自我调节、改善的机制，也会走向消亡。无论从历史经验还是从现实教训看，造成政权不稳，乃至失民心、失天下的，大都是由官员的贪赃腐败引起的，即我们通常所说的，堡垒是最容易从内部攻破的。因此，有见识的统治者一般都要采取各种措施反腐倡廉。

在反腐倡廉措施中，涉及一个实际问题是如何看待历史上的清官、清官意识问题。近些年随着戏曲影视界推出一批以历史或当代清官为主题的作品，更引起人们对此问题的关注。不少学者认为，清官意识是人们对清官拥戴、歌颂的一种意识，是一种复杂的文化现象。它既体现了人民群众的愿望，也积淀着封建政治文化的成分；既有进步的民主思想，也带有一种封建思想的毒素。即具有明显的两重性。这种两重性的分析是客观、必要的。它有助于我们批判地继承祖国的传统文化。但也有一种意见认为，以往历史及文学中所宣扬的清官都是封建统治阶级的成员，清官意识的本质或主导是歌颂封建统治阶级，宣扬清官是鼓吹人治等。其实，此种意见很值得商榷。

首先，从现象看，历史上的清官是封建统治阶级的成员，但封建统治阶级并非是清一色的，实有清贪廉腐之分。清官的刚正廉洁是相对贪官的贪赃腐败而言的，两者泾渭分明。清官的刚正廉洁是人类文明进步的表现，符合人民利益，特别受人民的欢迎，有见识的统治者也予以倡导。而由人民创造的比较成功的文学形象的清官，形式上虽是统治阶级的成员，实际经过形象化、典型化处理，其历史与阶级局限已被扬弃，如包公式的人物，已离开历史原型，成为清官典型，人民的代言人，有较强的人民性。将清官笼统说成统治阶级的成员是不符合实际的。

其次，从内容看，清官意识有明显的两重性，但其本质或主导并非是歌颂封建统治阶级，恰恰相反，它主要歌颂的是以包公为代表的铁面无私、执法如山的正直官吏，揭露统治阶级的残暴罪行，表达了普通百姓的喜怒哀乐及生活态度，体现了劳动人民的道德价值观。由人民自己创造的作品，恐怕不会再去歌颂欺压自己的残暴的统治者。清官意识从另一角度说是指为官之道、从政之德，其具体表现为生活俭约、淡泊名利、奉公守法、刚直不阿等方面。人们将这一道德形象地概括为一个"清"字，含有清白如水之意。清官所拥有的优秀品格受到人民的崇尚，也成为社会的价值取向，属于中国传统文化的宝贵财富。对此，在今天的廉政建设中不仅不应摒弃，反而需要大力弘扬。实际上历代有见识的统治者也都视此为官箴、政训等，倡导官员继承与发扬。其实质是要求为官者有良好的人格或品质。正人才能正己，修身才能治国平天下。古往今来皆如此。

再次，封建时代有人治与法治之别。人治主要是指皇帝及各级官吏亦即掌权者在处理国家各项事务时可以凌驾于法律之上，甚或个人意志就是法律；法治主要指掌权者依照各项法律法规处理国家各项事务。尽管封建时代是以人治为主，践踏法律者比比皆是，但放到当时具体的社会历史环境去考察，清官却是重视法治、依法办事的。也就是说，在以人治为主的封建时代，也还有法治，重视法治、依法办事的主要是清官。尽管这种清官在封建社会为数寥寥，但他们毕竟是黑暗中的一道亮光，给人以光明和希望。在历史基础上升华的文学形象中铁面无私、执法如山的清官，更是人民崇敬的偶像、理想的化身。北京大学中文系教授段宝林《关于包公的人类学思考》一文说得好："对包公的赞颂和崇拜，固然是对他个人的崇拜，是因为他人好，为官清正，似乎是'人治'。但这'人治'只是表面现象，而在本质上，人民崇拜的是包公奉公守法、执法如山的精神。包公的'人治'，实际上是'法治'，他是被作为坚决进行真正的法治的代表人物而受到崇拜的。'依法治国'、'王子犯法与庶民同罪'，在包公故事中都成为现实。""崇拜包公，也就是崇拜法治。这才是问题的本质所在。"[①] 从实际情况看，人与法确有密切的联系。我们今天实施依法治国的方略，强调法律至高无上的地位，而法律的制定与执行落实都要靠人，两者"相须为用，不可偏废"。人民对践踏法律者不满，呼唤青天，实际也是呼唤法治。贬低法律作用的人治与贬低人的作用的法治都是不可取的，我们应辩证地看待这个问题。所谓宣扬清官是鼓吹人治的思想是站不住的，宣扬包青天式的清官正是为了加强法治。

以包公为代表的清官，作为一种文化现象，自宋代产生之后迅速传播，千百年来在中国传统文化的环境之中逐渐发展成熟起来。尽管这种文化属于中国传统文化的优秀部分，但它难免夹杂或渗透一些封建糟粕，如其中的封建专制、封建伦理、善恶报应及神秘色彩等。对此我们应采取分析批判的态

---

① 载《光明日报》1999年5月6日第7版。

度。还需说明,历史上的清官与我们所说的人民公仆有着重要的区别。人民公仆是在近代新的阶级关系、社会意识与民主政治条件下产生的人民利益的忠实代表,是我们党和国家机关干部为人民服务工作宗旨的本质反映。由于历史条件与时代背景的不同,人民公仆与历史上为民做主的清官相比,他是为民服务的勤务员;与传统的人民理想中的清官相比,他有更高层次的规范要求。但人民公仆与清官也不是根本对立的。作为人民公仆应当也可能借鉴吸收清官的有益成分,更好地为人民服务。人民将这类干部称为"当代包公",即说明了这一点。

历史人物的包拯及文学形象的包公,皆已成为重要的历史文化资源与精神财富。我们今天在新形势下纪念包拯,称颂包公,主要目的在于继承和发扬清官的清正廉洁的优秀品德,提高官员的道德修养,期望出现更多的包公式的执法者,进一步落实依法治国的方略,推动社会主义的廉政建设。社会总是充满了矛盾,反腐倡廉是长期任务,人民长期崇敬的铁面包青天仍会有旺盛的生命力和感人的艺术魅力。

(原载于《包拯研究与传统文化——纪念包拯诞辰千年论文集》,安徽人民出版社,2001年)

包拯的法治思想与断案特色

提起包拯、包公、包龙图、包青天，人们比较熟悉。他在世时名气就很大，同时代的人为他写的《孝肃包公墓志铭》中说，他是宋仁宗朝著名的"劲正之臣"，"其声烈表爆天下人之耳目，虽外夷亦服其重名"。① 直至现在，可以说，包拯不但在中国妇孺皆知、家喻户晓，而且在韩国、日本、新加坡等东方国家，知道者也很多。当然，大家所知道的包拯，大多是戏剧舞台上或影视屏幕上的"黑脸包青天"，是铁面无私、断案如神的"清官"。如著名学者胡适所说："包龙图——包拯——是箭垛式的人物，古来有许多精巧的折狱故事，或载在史书，或流传民间，一般人不知道它们的来历，这些故事遂容易堆在一个人身上。"② 千百年来，广为传颂的包公断案故事就有上百个，明代《百家公案》说包拯破过一百个案子，而实际上，包拯亲自断过的民刑案件，史书中有真实记载或有据可考的不超过十个（如果宽泛地将宋人笔记小说中所涉及的与包拯相关的民刑案件全部包括在内，也不足二十个），③ 其他都属于民间传说及各种文学作品虚构的。本文主要从历史角度，说明包拯的法治思想与断案特色。

一、包拯的法治思想

封建时代法治与人治是相辅相成的。人治主要指皇帝及一些权豪可以凌驾法律之上，甚或个人意志就是法律；法治主要指依据法律法规办事。宋代

---

① 吴奎：《孝肃包公墓志铭》，载《文物资料丛刊》1980年第3期，文物出版社，第158—160页。
② 胡适：《三侠五义》序。
③ 参见杨绪容：《包拯断案本事考》，《复旦学报（社会科学版）》2001年第2期。徐忠明：《包公故事：一个考察中国法律文化的视角》，北京：中国政法大学出版社，2002年，第136页。

将皇帝发布的诏令指示称为敕，敕成为最权威的法律形式，敕与律互相补充，矛盾之处即以敕代律，反映皇帝对法律的独断性。从《包拯集》中所载包拯的传世奏议可知，包拯在从政过程中重视以法治国，维护法律的尊严，并尽力严格执法，取得显著成效。

（一）"法存画一、国有常格"

包拯认为法律的制定与修改必须慎重，以保持其稳定性，而实现稳定关键在皇帝。他在《论诏令数改易》疏中批评"朝廷凡降诏令，行之未久，即有改张"，"累年以来，此弊尤甚：制敕才下，未逾月而辄更；请奏方行，又随时而追改。民知命令之不足信，则赏罚何以沮劝乎"？他尖锐指出："诏令人主之大柄，而国家治乱安危之所系焉"，因此"乞今后朝廷凡处置事宜，申明制度，不可不慎重。或臣僚上言利害，并请先下两制集议，如可为经久之制，方许颁行。于后或小有异同，非蠹政害民者，不可数有更易。如此，则法存画一，国有常格。"①

包拯强调制定法律务要慎重，经过充分讨论，使之"经久"。能否"经久"，主要看是否"蠹政害民"。利民者存，害民者改。只有利民，才能持久。他在《言陕西盐法》中论及通商与禁榷法之利弊时说："法有先利而后害者，有先害而后利者。"行禁榷法是先有小利而终为大害；改通商法则先有小损而终成大利。"国家富有天下，当以恤民为本。今虽财用微窘，亦当持经久之计。"② 在《请置鹿皮道者》疏中更明确指出："善为国者，必务去民之蠹，则俗阜而财丰；若蠹原不除，治道从何而兴哉！"③ 可见包拯把法之稳定建立在安存百姓的基础上。这也是维护了统治阶级的根本与长远利益。

"法存画一"必须注意取信于民。包拯在《论赦恩不及下》疏中说明宋与西夏发生战事后，朝廷常临时征调百姓，双方和议后，朝廷几次下诏减轻百姓负担，但"有司往往不即遵行"，"使王泽壅于上，民情郁于下"。因此建请"自西事以来一切权宜之事，因循未厘革者，将来明堂赦书，尽采余弊，著之条目，悉与改正，以为定制"。"若有司稽违，必严行黜责"。④ 在《论江西和买绢》疏中也指出："凡朝廷降一命令，所以示信于天下。若有司承受，

---

① 张田编：《包拯集》，北京：中华书局，1963年，第21—22页。
② 同上书，第105页。
③ 同上书，第62页。
④ 同上书，第13页。

委而不顾，乃是命令之不足遵守，俾四方何以取信？则朝廷纲纪，亦缘此寝隳矣。"①

（二）"赏德罚罪，在乎不滥"

包拯于庆历三年（1043）所上《论星变》疏中指出当今形势"外则边防之大，戎狄可忧；内则机务之烦，纪律不振。况今政失于宽，而敝在姑息，官弛于苟简"。朝廷要改善内外交迫的状况，关键是"发号施令，在乎必行；赏德罚罪，在乎不滥"②。强调令行禁止，赏罚公平。包拯于庆历七年《上殿札子》中尖锐批评仁宗赏罚不当，指出："近岁以来，赏罚之典，或尚因循，且人知法令之不足信，则赏罚何以沮劝乎！"并列举唐文宗与李石的对话："天下何以为治？""朝廷法令行则易治。"感叹："治道之要，无大于此。"期望仁宗："临决大政，信任正人。赏者必当其功，不可以恩进；罚者必当其罪，不可以幸免。邪佞者虽近必黜，忠直者虽远必收。法令既行，纪律自正，则无不治之国，无不化之民，在陛下力行而已。"③在《论日食》疏中请求仁宗"奋乾刚之至德，畏天地之大异，发号施令，审思乎利害，赏德罚罪，无间于疏昵"④。就是要公平执法。

在赏罚不滥问题上，包拯还具体指出朝廷存在的三种弊端：一是内降，二是覃恩，三是疏决。包拯在《请绝内降》疏中指出，刘太后临朝称制时，朝中便有一种请托风，"盖倾邪之辈，因左右之容，假援中闱，久渎圣化"。这种通过不正当途径而获得的荣宠仅在朝内宣布，故称"内降"。仁宗亲政后一度革除此弊，而"顷年以来，此路寝启，妨公害政，无甚于此"。所以包拯请仁宗"特降指挥止绝。如更妄有陈乞，并令中书、枢密院、三司、开封府等处详先降指挥，依公执奏，毋得阿徇"⑤。此意见为仁宗采纳。

宋廷于明堂举行祭祀天地大礼时，照例大赦覃恩。但对百姓赦恩常不及下，而对百官恩赏却极冗滥。真所谓"恩逮于百官者，惟恐其不足，财取于万民者，不留其有余"。包拯在《论明堂覃恩》疏中指出："爵禄者，天下之公器，而邦国之大柄也。惟士之有功与德，所宜处之，非此二者，不可滥

---

① 张田编：《包拯集》，北京：中华书局，1963年，第91页。
② 同上书，第18—19页。
③ 同上书，第14页。
④ 同上书，第17页。
⑤ 同上书，第46页。

与。"认为对官吏"不辨能否，普加官爵"是一种"蠹政"。请求仁宗对百官迁转恩泽，"特行裁处"①。这个意见和庆历新政时"抑侥幸"的措施是一致的，可惜并没被采纳。

宋廷于常年四五月内，由皇帝亲自疏决罪人，视情减刑降罪，以示"皇恩"。"疏决之名，本以盛暑之际，恐囹圄之中有滞积冤结，有司不为申理，使无所诉，故天子临轩，亲加虑问，平其枉直，无辜则赦，有罪则诛，使久系之人一朝而决。"形成定例以后，一些部门，如三司、开封府等，每当四月疏决临近，便将应了结处理的诸项案件"用情拖延，等候疏决"。由此产生诸种舞弊、不公等问题。包拯奏请"今后才入三月，应有合行结绝公事，严紧催促了当，仍令当职官员躬亲检举，庶绝奸弊"②。

（三）"杜渐防微，中外协济"

包拯作为统治阶级中的有识之士，以极大的政治责任感探讨政权的稳固长久。他在《弹郭承佑》疏中指出："圣人思患预防，君子见几而作，皆慎于微小，则其祸易除。及事变之后，虽有智谋，即能戡定，所伤亦已多矣。"③ 重视防患未然，杜绝萌渐，及时发现问题、解决问题，是包拯法治思想的重要内容。

历来君主专制皇权常受到内部宦官（内臣）、外戚、权臣、奸吏、将帅等方面的威胁。统治者鉴于历史经验教训时常防范，但又因专制体制影响而无法根绝。包拯在《论内臣事》中指出，真宗时对内臣管制严格，"至于班秩赐与，不使过分，有过未尝矜贷，此辈常以畏惧"。其后分析"近年内臣禄秩权任，优崇稍过，恐非所以保全之也。以陛下英明神断，有罪必罚，此辈或不敢为大过。然在制之于渐，庶免贻患于后"④。对仁宗私昵后宫、重用外戚张尧佐，包拯数上疏论列，并请仁宗"思以前之失，为杜渐之制"⑤。对仁宗"幸臣"郭承佑，包拯曾前后四次弹劾其非法，并担忧"国家威令不行，则凶人无以戒慝，开奸宄之隙，发贼乱之萌，贻戚将来，固不细也"。恳

---

① 张田编：《包拯集》，北京：中华书局，1963年，第47页。
② 同上书，第53页。
③ 同上书，第70页。
④ 同上书，第21页。
⑤ 同上书，第64页。

请仁宗不惜一"幸臣",尽快"重行降黜"①。包拯还几次借天象异常、地表灾害谏言仁宗:"进擢贤杰,振张纪律,广辟众正之路,屏绝群枉之门,斥远奸佞,慎重听纳。近自宫禁,远及边陲,杜渐防微,中外协济。"②

仁宗时期与辽、夏议和后,普遍感到农民起义及兵变事件是"心腹之患"。包拯对此一方面主张及时采取措施"捕捉净尽,免成后害"③,同时主张查根治本,以防蔓延。其中特别重视通过改善吏治、严明赏罚、赈灾蠲税来消除祸患,稳定统治。

(四)权衡轻重,严惩赃吏

包拯在《请不用苛虐之人充监司》疏中讲道:"治平之世,明盛之君,必务德泽,罕用刑法。"又据汉代儒者董仲舒"天人合一"的理论,提出:"王者亦当上体天道,下为民极,故不宜过用重典,以伤德化。""方今民力凋残,国用窘迫,若乃专用刻薄好进之吏,则民不聊生,窃恐非国家之福也。"④包拯主张不轻易使用重典,反对用刻薄之吏,对于死罪重刑一定要由所在提刑司亲自审问决断,"所冀刑狱或无冤滥",但对贪官污吏则主张从严惩处,"法外重断"。

包拯认为激化阶级矛盾的重要原因是贪官污吏之恶行,而法律对他们的制裁并不严厉。他在《乞不用赃吏》疏中讲道:"臣闻廉者,民之表也;贪者,民之贼也。今天下郡县至众,而赃污摘发,无日无之。洎具案来上,或横贷以全其生,或推恩以除其衅,虽有重律,仅同空文,贪猥之徒,殊无畏惮。"其下又列举两汉及宋太宗朝严惩赃吏故事,请求仁宗"今后应臣僚犯赃抵罪,不以轻贷,并依条施行,纵遇大赦,更不录用,或所犯若轻者,只得授副使上佐。如此,则廉吏知所劝,贪夫知所惧矣"⑤。包拯在执法过程中,坚决贯彻这一主张。如在《请重断张可久》疏中指出,前淮南转运按察使张可久,在任时与部下兴贩私盐一万余斤,本为"一方之表帅,而巧图财利,冒犯禁宪",因此建议对张可久"特于法外重行远地编管,以励将来"⑥。

---

① 张田编:《包拯集》,北京:中华书局,1963年,第70页。
② 同上书,第12页。
③ 同上书,第58页。
④ 同上书,第44页。
⑤ 同上书,第40页。
⑥ 同上书,第54页。

朝廷采纳其议,将张可久"责授保信节度副使"。在《请法外断魏兼》疏中,鉴于"前淮南转运使工部郎中魏兼,以先在任日,于部内置买物业,并剩量过职田斛斗等"问题,指责其"在表率之地,故当正身莅下,竭节奉公,而乃不顾朝章,自为非法。窃虑疏决在近,乞不从原减之例"。又援引先朝对同类案件的从严处理,建议仁宗对其"法外重断,以警贪狠"①。包拯在呼吁从重论处贪官污吏的同时,推荐一些"清望干才"者请朝廷任用,反映了他对反腐倡廉的重视。他本人以清廉自持,严于律己,为其公平执法、敢任事责奠定了基础。

二、包拯的断案特色

宋代断案的官员有专门从事中央司法工作的大理寺、刑部、审刑院等官员,地方主要有提点刑狱等官员,再是州县官,地方行政、军政及司法全权负责。虽然州县有专门从事司法的官员,但州县官负总责,行政与司法没有分离,司法基本隶属行政。包拯长期担任地方州县官,还做过主管京城的开封府官,司法实践应当较多,但留下的事迹并不多。从现有可信的历史资料看,包拯的断案特色主要体现在智慧、刚正、廉洁三个方面。

(一) 包拯智慧断案

审牛舌案是史书中有真实记载的第一个包拯所断案件,也是包拯39岁开始走上仕途、知扬州天长县时唯一处置的刑事案件。

天长县在安徽省的最东部,在宋代隶属于淮南(东路)扬州。包拯在这个地方上任不久,就发生了一个非常蹊跷的事情。宋代《仁宗实录·包拯附传》中记载:"有诉盗割牛舌者,拯使归屠其牛鬻之。既而有告私杀牛者,拯曰:'何为割某家牛舌而又告之?'盗者惊服。"牛和马都是当时国家严格管制的物资。史载"牛是耕家之本","马能致远供军"。对牛和马不准私自宰杀,更不准盗杀。如果违反规定,所判的刑法较重。《宋刑统》卷19载:"盗官私马牛及杂畜而杀之,或因仇嫌憎嫉而潜行屠杀者,请并为盗杀。如盗杀马牛,头首处死,从者减一等。""头首处死"即主犯处死,"从者减一等"即从犯免死,但要服三年劳役(加役流)。"如有盗割牛鼻、盗砍牛脚者,首

---

① 张田编:《包拯集》,北京:中华书局,1963年,第55页。

处死，从减一等。疮合可用者，并减一等。"① 说明盗杀马牛、盗割盗砍牛者，首犯都要处死。包拯分析这个案件，罪犯没有偷牛，而只是割掉了牛舌头，很可能是过去两人有仇，割牛舌是一种报复，而不是为了图谋钱财。包拯进一步判断：割牛舌这种报复会关注牛的状况，如果仇人还有犯法行为，那人还会乘机告状，以报复仇人。所以包拯叫农民干脆把牛杀了卖掉，以引诱割牛舌者再来告状。

宋代郑克《折狱龟鉴》卷7《钩慝》记载了包拯在天长县审"牛舌案"的事迹。其中他讲到包拯是用"钩慝之术"。"钩慝"这个"钩"指勾引，"慝"指奸细，意思就是引蛇出洞。"盖以揣知非仇不尔"，就是他揣摩肯定是仇家这么干的，"故用此谲"，因而用诈，然后"复出告也"。包拯通过心理分析，诱使案犯进入法网。

我们再举历史上真实的、包拯在开封府任上智慧断案的事迹，即匿金案。《孝肃包公墓志铭》记载："尝有二人饮酒，一能饮，一不能饮。能饮者袖有金数两，恐其醉而遗也，纳诸不能饮者（能饮者醒而索之，不能饮者拒之）。曰：'无之。'金主讼之。诘问，不服。公密遣吏持牒为匿金者自通取诸其家。家人谓事觉，即付金于吏。俄而吏持金至，匿金者大惊，乃伏。"

包拯面对的此案一无字据、二无证人，两个人各说各的理，谁是谁非，如何处置？经过仔细研究案情，包拯乃密遣公差带着官府的公文到被告家中，说被告已经供认金子藏在家里，要求官府把它取回。被告家人以为事已发觉，无法抵赖，果然把金子全部交给公差。不一会儿，公差把金子呈上大堂，在赃物面前，被告吓得魂飞魄散，连忙低头认罪。

包拯审牛舌案、破匿金案体现了他的聪明才智。首先他善于体察案犯的心理，用心理战术征服案犯；再是他善于用诈，或叫谲诈，设套让案犯钻。正因如此，使无头案水落石出，取得人证物证，从而做出公正的判决。包拯明察善断，人所公认，但毕竟包拯是人而不是神，偶尔也出现过断案思虑不周、受欺蒙而失误的情况。北宋杰出科学家沈括在《梦溪笔谈》中就记载了包拯受开封府衙吏蒙蔽而误判的事例。②

历史上真实存在的包拯智慧断案是后来民间流传的包拯断案故事的基调。

---

① 窦仪等撰：《宋刑统》，北京：中华书局，1984年，第299页。
② 沈括：《梦溪笔谈》卷22《谬误》，北京：时代文艺出版社，2001年，第218页。

元代包拯戏的许多剧目都有关于智慧的描写，如《包待制智赚灰阑记》、《包待制智斩鲁斋郎》、《包龙图智赚合同文字》、《包待制智赚生金阁》等，都有"智"字，剧中包拯运用智慧解决矛盾、战胜恶人、解救危难。这些充满智慧描写的杂剧作品，不仅传承了中国历代对智慧崇敬的心理情绪，而且深刻反映了元代社会现实，表达了人民的美好愿望和理想。

（二）包拯刚正断案

包拯刚正断案主要体现在权知开封府任上，能大义凛然，惩治违法的权贵。开封是当时全国最大的城市，约有150万人口，各项公务十分繁重。开封府长官地位显要，却也颇有风险。最大风险就是皇亲国戚和达官贵人聚居京内，其中不少人物互相结连，盘根错节，横行不法，极难究治，弄不好会遭其倾陷，受不白之冤。据统计，有近一半开封府尹，不但未能从此升至宰执高位，反而丢官降职而去。

宋仁宗嘉祐元年（1056）十二月，包拯58岁，由翰林学士欧阳修、殿中侍御史里行吴中复和宰相文彦博荐举，从知江宁府（今南京）升任权知开封府。上任这年的夏季京城开封府连降倾盆大雨，洪水直冒南部城郭，"门关折，坏官私庐舍数万区，城中系筏渡人"①。直至七月，大雨才止，但仍然到处是水。此时正在京城准备参加九月进士考试的苏轼，观京城大水夜景，颇有感慨。他在《牛口见月》诗中回忆道："忽忆丙申年（即嘉祐元年），京邑大雨滂。蔡河中夜决，横浸国南方。"② 可见开封水灾严重。包拯在冬季到任后，一面继续指挥抗洪抢险，一面调查泄洪不畅的原因。

原来，横贯开封城内的大河，是开封交通运输的大动脉，东南漕运的通道，开封城的粮食、盐、柴等物资全靠这条河运来，又是居民生活用水的重要源泉，所以叫作惠民河。因上游来自蔡州，又称蔡河。开封地势低，河流多，易发水灾。开封府为了保证皇宫和全城的安全、货物的畅通、居民生活的便利，对惠民河做了许多具体规定，特别是河道的宽度，重要地段有明确界线或埋有界石标识，任何人不得侵犯。

包拯了解到河塞不通、不时泛滥的原因是天灾加人祸。人祸就是一些贵族、宦官们在河边空地也是禁地上筑起了亭榭庐舍，种花养鱼，造成河道狭

---

① 李焘：《续资治通鉴长编》卷182，北京：中华书局，2004年，第4415页。
② 《苏轼诗集》卷1，北京：中华书局，1982年，第10页。

窄，洪水泛滥。因此，要疏通惠民河，只有将这些亭榭庐舍非法建筑拆除。包拯将查明的情况上奏朝廷，请求将所有违章的亭榭庐舍拆除。仁宗也知道权臣破坏环境带来的危害，下诏令侵占河边地的亭榭庐舍统统拆除，恢复原样。有的宦官自恃接近皇帝，说有"地契如此"，久拖不办，实际在找关系，不想拆除。包拯派人到实地勘验，找出界石标识，拿出"伪增步数"的证据，证明属非法建筑，又上书弹劾，要求彻底拆除。在铁证面前，"中人皆服"，宦官无话辩驳，只好拆除。

《孝肃包公墓志铭》记载包拯在开封府任上既处置了宦官违章建筑案，还处置了权贵欠货案。即："有讼贵臣逋物货久不偿者，公批状，俾亟偿。贵臣负势，拒不偿，公当即传贵臣至庭，与讼者置对，贵臣窘甚，立偿之。"对借公私"物货久不偿者"的"负势"贵臣，包拯没有放纵拖延，而采取"置对"办法，让他们在事实面前马上偿还。由于包拯态度强硬，很快解决了贵臣借东西不还的老大难问题。

包拯为防止权贵们找他"走后门"，干脆完全断绝了与高官显宦及亲朋故旧的私人书信往来。司马光《涑水记闻》卷十载：包拯"迁枢密直学士、知开封府。为人刚严，不可干以私。京师为之语曰：'关节不到，有阎罗包老。'吏民畏服，远近称之"。古代称暗中行贿、托人说情为通关节。这首民谣的大意是：在开封府"走后门"行不通，因为有像铁面无私的阎王爷那样的包拯。包拯自身"干净"，因此敢于严厉弹劾或处置违法的权贵豪强，以至于"包弹"在当时即成为一句成语典故。宋王楙《野客丛书》卷二十也记载："包拯为台官，严毅不恕。朝列有过，必须弹击。故言事无瑕疵者，曰没包弹。"

(三) 包拯廉洁断案

包拯42岁由知天长县转为知端州，他在端州执政的重要政绩，就是反对用当地贡品端砚贿赂官员。

端州即今广东肇庆，不仅自然风景优美，而且还出产一种著名的特产砚台，即"端砚"。端砚与湖笔、宣纸和徽墨是当时的文房四宝。广东端砚、安徽徽砚、山西澄泥砚、甘肃洮河砚是当时著名的四大名砚。端砚名列四大名砚之首，唐代已有知名度。据宋代吴曾记载："端州石，唐世已知名。许浑《岁暮自广江至新兴》诗云：'洞丁多斫石，蛮女半淘金。'自注云：'端州斫石。'李贺《青花紫石砚歌》云：'端州匠者巧如神。'柳公权论砚亦云：'端溪石为砚，至妙也。'"①

端砚在端州作为地方重要土特产，每年都要上贡给朝廷，当时叫土贡，即"任土作贡"，进献君主。宋《元丰九域志》中记载：端州管辖高要、四会两县，有户口2万5千多户，"土贡：银10两，石砚10枚"②。端砚10枚看来数不多，但那时候作为上贡的贡品，要求标准很高，样样为精品，生产起来要付出很大代价。

宋仁宗康定元年（1040），包拯从扬州天长县奔赴千里到广东端州。在知端州任上，他了解到以前到端州做官的人，总是在每年端砚"贡额"之外，加征数十倍，用来贿赂朝廷的一些达官贵人，作为升官的一种敲门砖。当时宋朝官员礼品馈赠之风很盛。③ 包拯上任之后下决心除掉这个弊端，他下令端砚按照贡额生产，不准额外生产馈赠权贵，他本人作为一州之长，也率先垂范，不准别人送给他端砚。由此多年强加给砚工的负担割除了，到包拯在端州任满三年要转换到朝廷供职的时候，他"一砚不持"就离任了。《宋史·包拯传》记载说："端土产砚，前守缘贡，率取数十倍以遗权贵，拯命制者才足贡数，岁满不持一砚归。"④

实际上，包拯十分喜欢书法，当然也喜欢砚台。南宋人刘克庄称包拯"笔法端劲，翰墨间风流蕴藉"⑤。他在端砚产地任职，离任入朝时竟然连一块端砚也未带走，这在当时来说，确实难得可贵；今天来说，也是令人敬佩的。一州之长，不多征一砚，又不持一砚归，事情好像比较小，但所反映的思想境界确实是很高。

宋仁宗皇祐五年（1053），包拯因丧子而改知家乡庐州。于是，一些亲戚故旧以为有恃而无恐，仗势欺人，甚至扰乱官府。一次，他的一位表舅犯法，引起了公愤。外甥与舅父属于近亲，外甥是不便惩处舅舅的。包拯则不顾私

---

① 吴曾：《能改斋漫录》卷1《端溪砚》，上海：上海古籍出版社，1979年，第14页。

② 《元丰九域志》卷9，北京：中华书局，1984年，第414页。

③ 宋仁宗即位后，曾几次下诏，反对以"贡余"为名，将贡奉等物送遗臣僚，还诏令各地监司和知州互送以贻讥。参见李焘：《续资治通鉴长编》卷161，北京：中华书局，2004年，第3882页。

④ 脱脱等撰：《宋史》卷316，北京：中华书局，1985年，第10315页。

⑤ 《后村先生大全集》卷103《跋鲁肃简包孝肃帖》，四部丛刊本。

情,断然下令把这位表舅逮捕起来,在公堂上依法处以笞刑。亲戚故旧看包拯铁面无私,都收敛起来,"自是亲旧皆屏息"①。传说从此之后,"外甥有理打得舅"这句话,在当地演变为一句俗语,一直流传至今。

包拯在开封府任上,为有利廉洁办案,还改革了诉讼制度。《仁宗实录·包拯附传》记载:"旧制,凡讼诉不得入门。拯使径造庭下,自道曲直,吏民不敢欺。"原来规定,百姓诉讼要经门牌司衙吏转交,这有其合理性,但由于衙吏从中营私舞弊,行贿受贿,包拯索性进行改革,撤销了门牌司,规定敞开府衙大门,允许投诉人直接到知府大堂递交状纸,面陈冤屈。《孝肃包公墓志铭》记载:"民得自趋至尹前,无复隔阂。"包拯这项改革,看来简单,实际意义却很大,简化了手续,方便了百姓,增加了办案透明度,转变了工作作风。当然,包拯自身的工作量也加大了,这当是矫枉过正的权宜之举。

公生廉,廉生威。包拯对自己要求非常严格,廉洁自律,不徇私情,所以能铁面无私,秉公执法。

总之,历史上的包拯明察善断、铁面无私、廉洁公正,传世的包拯亲自处理的民刑案件虽然不多,但从中可见包拯司法实践中智慧、刚正、廉洁断案的特色。后来流传的包拯上百个断案故事,掺杂许多虚构、夸张或迷信的成分,不过在一定程度上也反映了这方面的特色。胡适在《三侠五义》序中说:"包拯——他在当日很得民众的敬爱,故史称'童稚妇女皆知其名'。后来民间传说,遂把他提出来代表民众理想中的清官,他却也有这种代表资格。"

(原载于《北京联合大学学报》2011年第4期)

---

① 朱熹:《五朝名臣言行录》卷8之5《枢密包孝肃公》,四部丛刊本。

包公的人格魅力与历史价值

一、包公在宋代以孝、刚、廉、明著称于世

包公在世时就很有名气，同时代的人为他写的《孝肃包公墓志铭》中说："其声烈表爆天下人之耳目，虽外夷亦服其重名。"自宋至今，历经千年，包公名气愈高，不但在中国妇孺皆知、家喻户晓，而且在日本、韩国、新加坡等东方国家，知道者也很多。

包公仕宦26年，主要工作经历是：知天长县、知端州、监察御史、三司户部判官，京东、陕西、河北等路转运使，知谏院，知瀛州、扬州、庐州、江宁府，权知开封府，权御史中丞、三司使、枢密副使。他去世前最后一年任主管军政的枢密副使，官职级别为从三品，穿紫色官服，在宋代相当于副宰相，是当时最高统治集团六七人之一。

包公在宋代地位并不显赫，政绩也不算辉煌，但他在当时及身后名气很大，其主要原因是他的人格魅力强。综合看包公事迹和宋人的评价，其人格魅力突出表现在孝、刚、廉、明，即侍亲以孝、立朝以刚、修身以廉、处事以明。

孝：包公为进士出身，本可以早日步入仕途，但因父母年事高，不愿远离故土，他为尽孝两辞官职，后又墓旁守丧，前后居家10年，在当时深得朝野的好评。他侍亲孝，事君忠。重视兴利除弊，安定百姓。《孝肃包公墓志铭》评价包公："竭力于亲，尽瘁于君。"包公去世后，仁宗皇帝赐封谥号"孝肃"，就是对其孝行的褒扬。

刚：宋朝廷赞扬包公为"劲正之臣"，所赐谥号"孝肃"的"肃"字，就是刚正的意思。宋朝廷评论包公："识清气劲，直而不挠，凛乎有岁寒之操。""峻节高志，凌乎青云。人或曲随，我直其为。人或善容，我抗其辞。自始及终，言行必一。"《宋史本传》称："公立朝刚毅，贵戚宦官为之敛手，闻者皆惮之。"

廉：包公赴任天长县时书写一首"清心为治本"的五言诗，表明他的道德追求与为官准则。他任端州知州期间，不多收一块端砚贡品，离任时"不持一砚归"。欧阳修赞扬包公："清节美行，著自贫贱；谠言正论，闻于朝廷。"他对亲属要求很严，亲友犯法也秉公处理。他历官多年，位尊执政（枢密副使），生活应该很丰裕，但他很节俭，"虽贵，衣服、器用、饮食如布衣时"。

明：包公在执政过程中，多次上疏言事，而所论"以义以正，达于几微，敷奏明辨，娄引大体"。虽"词严气劲"，但"件析明白"，多为朝廷所采纳。他不仅明悉事理，而且明察秋毫。多次处理一些民刑案件，"号为明察"，百姓称"关节不到，有阎罗包老"。包公性格明快爽直，刚而不愎，严而不苛，"常恶俗吏苛刻，务为敦厚。虽嫉恶甚至，人情所不及，即推以恕"。

包公的人格魅力主要受儒家熏陶，同时与他的成长环境相关。儒家文化注重人的作用，并努力培养制度执行者的道德修养，以图鼓励人性的善在制度执行中发挥良好作用。包公出生地安徽肥东县包村，是比较贫困的地区。父亲做过地方官，接受过传统儒家文化的熏陶。包公少时接受过较好的家庭教育与私塾教育，他自称"生于草茅，早从宦学，尽信前书之载，窃慕古人之为，知事君行己之方，有竭忠死义之分，确然素守，期以勉循"。"前书之载"、"古人之为"主要指儒家经典中关于圣人贤士行为的记载。可以看出包公少时便接触儒家传统文化，并以儒家道德要求为行为准则。

二、包公对廉政、法制建设具有重要价值

包公的人品、官德在宋代已受到朝廷、官员和老百姓的赞扬，成为中华民族优秀传统文化重要组成部分。宋代政治家、思想家朱熹、叶适等人都认为包公的一些事迹可以为法。明代思想家李贽认为："此等世界，此等人亦自少不得。"胡适说包公"是箭垛式的人物"，也有资格做"民众理想中的清官"。包公作品多次被翻刻流传，包公祠庙多处修建祭祀，包公的传说、文学作品影响至广，说明人们崇敬包公、学习包公，以人为镜，可以正衣冠。

在新时期，平民百姓尤其是国家干部是否需要继承和发扬包公精神？当然需要。包公故乡合肥建包公廉政文化教育馆，合肥包公园被中央纪委命名为首批"全国廉政教育基地"。开封大张旗鼓地打出"包公牌"，修建包公

祠、开封府，打造包公司法文化博物馆。肇庆在包公祠建立"廉政教育基地"。这些都说明包公的教育价值。从实际政治生活看，特别注意学习借鉴包公的几个方面是：律己严、交友慎、为国忠、处事公。

律己严。包公清心直道，不奢不贪。做官离任时"不持一砚归"。"虽贵，衣服、器用、饮食如布衣时。"对自己亲属也同样严要求，家风以清廉俭朴著称，被誉为"孝肃家风"。司马光《涑水记闻》卷十记载："包希仁知庐州，庐州即乡里也，亲旧多乘势扰官府。有从舅犯法，希仁挞之，自是亲旧皆屏息。"能常怀律己之心、保持"布衣"风格，严格要求自己及亲属，实在难能可贵。

交友慎。《宋史·包拯传》说包公"与人不苟合，不伪辞色悦人，平居无私书，故人、亲党皆绝之"。京师为之语曰："关节不到，有阎罗包老。"朱熹与其弟子漫谈"交际之道"时，曾记述包公在僧舍寺庙读书时，拒绝一位富翁宴请的故事，盛赞包公"立己接人之严"，对人际交往很慎重，并感慨说：有些地方官因交际乡人过密，没有限度，出现"遇事入手，处之颇有掣肘处"的状况，提倡以包公为榜样，即"可谓法也"。

为国忠。包公忠于君主、忠于国家，并将这种忠诚内化成"重民生"的举措。他在施政过程中，能从统治阶级的根本利益出发，兴利除弊，注意改革，关心百姓疾苦。他认为"民者，国之本也。安之之道，惟在不横赋，不暴役"。因而在他任职所到之处，能亲自处理一些百姓亟待解决的问题。张田在《孝肃包公奏议集》的《题辞》中说："公上神帝阁，下瘳民病，中塞国蠹，一本于大中至正之道，极乎是，必乎听而后已。"亦即为国利民，义无反顾。

处事公。包公刚直不阿、处事公道。《包公集》中有弹劾不法官吏的奏章数十篇。宋王楙《野客丛书》卷二十记载："包公为台官，严毅不恕。朝列有过，必须弹击。故言事无瑕疵者，曰没包弹。"包公曾任监察御史、知谏院、权御史中丞等台谏官，直言不讳。当时的士大夫相互传颂说："富公真宰相，欧阳永叔真翰林学士，包老真中丞，胡公真先生。"富弼、欧阳修、包拯、胡瑗等四人，被称为"嘉祐四真"，"皆极天下之望"。包公"披肝沥胆，冒犯威颜"，不知忌讳，不避仇怨，被称为"真中丞"。公生廉，廉生威。包公能严于律己，不徇私情，所以能铁面无私，秉公执法。

学习借鉴包公的优秀品德及法治精神，对社会公众特别是广大青少年培育良好的道德情操，对国家公务员树立秉公用权的价值理念，对政权建设实现"干部清正、政府清廉、政治清明"的目标，特别是对当下开展的廉政、法制建设，具有重要价值。

三、宣传清官包公引发的争议

宋以后随着元明清诸代社会历史的需要，包公被不断升华，成为中国历史上最著名的清官。以包公为代表的清官文化在中国流行了近千年。这种文化是否值得学习宣传、发扬光大，一直存在争议。不少学者认为：人们对清官的拥戴、歌颂是一种复杂的文化现象，它既体现了人民群众的愿望，也积淀着封建政治文化的成分，既有进步的民主思想，也带有一种封建思想的毒素，即具有明显的两重性。这种两重性的分析是客观、必要的，它有助于我们批判地继承祖国的传统文化。以往"文革"中有人提出清官比贪官更坏、更有欺骗性的极左说法已被否定了，但现在还有三种否定的观点值得关注：一是清官是封建统治阶级成员、封建法律的维护者，与劳动人民的利益是对立的，不值得宣传。二是清官代表人治，宣传包公式清官就是宣传人治！三是清官突出个人，执法靠制度，而不能靠个人，所以不能误导。最近还有一种代表性的观点认为："清官情结由其本质属性所决定，归根到底是一种为维护封建专制统治服务的意识形态，与现代政治文明完全是截然不同、背道而驰的。"

这些观点从理论上看来有一定道理，但都忽略了客观历史条件以及事物的辩证法。首先，从表面的现象看，中国历史上的清官虽然都是封建统治阶级的成员，但封建统治阶级并非是清一色的，实有清贪廉腐之分。清官的刚正廉洁是相对贪官的贪赃腐败而言的，两者之间泾渭分明。清官作为政治人物在主观上虽也是为了维护封建统治阶级利益，但在客观上也或多或少维护了无权无势、饱受迫害的广大人民生存的权益。所以，尽管清官也是封建统治阶级内部的成员，但在广大人民心目中，清官毕竟比贪官要好得多，有见识的统治者也予以肯定。封建法律是体现统治阶级意志，但也有维护劳动人民的一面，清官在这方面起了重要作用。因此，笼统将清官与劳动人民的利益对立而加以否定是不妥当的。

其次，封建时代有人治与法治之别。人治主要指皇帝及各级官吏亦即掌权者在处理国家各项事务时可以凌驾于法律之上,甚或个人意志就是法律;法治主要指掌权者依照各项法律法规处理国家各项事务。尽管封建时代以人治为主,践踏法律者比比皆是,但放到当时具体的社会历史环境去考察,清官却是重视法治、依法办事的。也就是说,中国在以人治为主的封建时代,也还有法治,而重视法治、依法办事的主要是清官。对包公的赞颂固然是对他个人的崇拜,似乎是反映人治,实际这"人治"只是表面现象,而在本质上,人民崇拜的是包公执法如山的精神。崇拜包公,也就是崇拜法治。这才是问题的本质所在。

再次,所谓执法靠制度,而不能靠个人。这种观点从法治理论上来说是正确的。法律面前人人平等,人们保护正当利益要通过健全法制,而不必企求清官。但将制度与个人割裂或对立起来也是不现实的。任何制度都要靠人实行,选好人、用好人才能执好法。有法必依、执法必严、违法必究必须用好人。有包公式的清官才能执好法。我们所说清官品德与严格执法实际是统一的。当今执法中的问题,不少不是制度问题,而是官德失范问题。所以我们既要强调为政之制,也要重视为官之德。

至于宣传清官是"清官情结",是阻碍现代文明的落后的意识形态的说法,我认为,这是长期以来受极左思潮影响,否定中国传统文化,或者把传统文化与现代化对立起来、割裂历史的片面说法。宣传清官实质主要歌颂的是以包公为代表的铁面无私、执法如山的正直官吏,揭露统治阶级的残暴罪行,表达普通百姓的喜怒哀乐及生活态度,体现了劳动人民的道德价值观。清官这一称谓是传统社会对忠君为民、清正廉洁官员的至高荣誉称号,是为仕途中恪守官德、实践法治者竖立的不朽丰碑。清官所拥有的优秀品格受到人民的崇尚,也成为社会的价值取向,属于中国传统文化的宝贵财富。"清官情结"的本质是"廉政情结"、"法治情结"。对此,在今天的政权建设中不仅不应指责、不应摒弃,反而需要大力继承弘扬。实际历代有见识的统治者也都视此为"官箴"、"政训"等,倡导官员继承与发扬。

还需说明,清官与我们所说的人民公仆有着重要的区别。人民公仆是在近代新的阶级关系、社会意识与民主政治条件下产生的人民利益的忠实代表,是我们国家机关干部为人民服务工作宗旨的本质反映。由于历史条件与时代背景的不同,人民公仆与历史上"为民做主"的清官相比,是"为民服务"的勤务员;与传统的人民理想中的清官相比,他有更高层次的规范要求。但人民公仆与清官也不是根本对立的。作为人民公仆应当也有可能借鉴吸收清官的有益成分，更好地为人民服务。人民将这类干部称为"当代包公"，即说明了这一点。

清官作为一种文化现象，千百年来在中国传统文化的环境之中逐渐发展成熟起来。尽管这种文化属于中国传统文化的优秀部分，但其难免夹杂或渗透一些封建糟粕，如其中的封建专制、封建伦理、善恶报应及神秘色彩等。历史在不断发展，历史就是历史。从今天看，历史遗产有价值、有局限。对此我们应采取历史辩证的观点、批判继承的态度。

参考文献

1. ［宋］张田编．包拯集［M］．北京：中华书局，1963．
2. ［宋］欧阳修．欧阳修全集［M］．北京：中国书店，1986．
3. ［宋］司马光．涑水记闻［M］．北京：中华书局，1989．
4. ［宋］洪迈．容斋随笔［M］．上海：上海古籍出版社，1978．
5. ［宋］黎靖德编．朱子语类［M］．北京：中华书局，1986．
6. ［元］脱脱等．宋史［M］．北京：中华书局，1985．
7. ［明］李贽．史纲评要［M］．北京：中华书局，1974．

（原载于台湾何福田主编《包青天》一书，乐学书局、新人类文明文教基金会出版，2014年）

包公传说研究

一、引言

包拯字希仁，谥号孝肃，宋代庐州（今安徽省合肥）人。生于宋真宗咸平二年（999），卒于宋仁宗嘉祐七年（1062），享年64岁。

包拯的祖辈居住在今合肥市城东约40公里的包村，父亲包令仪曾任福建惠安县知县，后以尚书虞部员外郎退休还乡，是一个品位不高的闲散官。包拯虽然出身乡里，门第不高，但从小读书刻苦，抱负高远。

包拯年轻时得到北宋前期文坛名人、庐州知府刘筠的赏识。宋仁宗天圣五年（1027），年已二十九的包拯参加贡举考试，主持贡举的恰是已升任礼部侍郎的刘筠。同年考取进士300余人，共分六甲即六个等级，包拯名列最高的一甲（总计30人），被授予八品官大理评事，知（江西）建昌县。他的同年进士有文彦博、韩琦等人，后来皆官居要职。这时包拯的父母年事已高，不愿远离故里，因此他恳求改任。朝廷改任他监和州税，和州虽与庐州相邻，而父母仍不愿随行。包拯考虑为国尽忠之日尚长，而行孝之日苦短，便毅然决定弃官归养。他居家十年，以孝亲闻名乡里，直到父母相继亡故，安葬守墓完毕，才在家乡人的劝勉之下重登仕途，出知扬州天长县。

包拯自39岁重登仕途，直至64岁病逝，其间仕宦26年，任职多次变化，主要职掌过地方守臣、京师官、御史、谏官、三司官、监司官、军政官等。职掌内容涉及地方和京师军政、中央监察、谏诤、财政、军政等。他去世前最后一年任相当副丞相、主管军政的枢密副使。他在宋代的突出事迹是清廉刚正，主要表现在直言敢谏、公正严明、关心民众、廉洁自律诸方面，由此赢得朝野人士的普遍热爱。当时人便敬称他为"包公"。

包拯所处的宋仁宗时代，距宋开国已达半个多世纪，经过长期的和平建设，此时已呈现出"极盛"的景象，但与此同时，阶级矛盾和民族矛盾也不断积累，局部地区已发展到比较尖锐的地步。为缓和矛盾，稳定统治，一些有识之士纷纷提出改革主张。宋仁宗处事虽较优柔,却还仁厚,所以当时士气振作,人才蔚起,以至出现较多"名卿钜公"。在宋仁宗的官僚群中,包拯的地位、声名不及文彦博、欧阳修等人,在改革的潮流中,其理论、实践更不能与同时代的范仲淹以及稍后的王安石相提并论,但有关包公的民间传说却多于同时代的任何人,这些传说是如何生成和演变的?它与传统文化究竟有何关系?它的特点与意蕴何在?这些都是我们所关心的问题。

二、包公传说的生成与演变规律

包公生前就有口碑,身后名声愈高,并逐渐成为中国历史上最著名的清官的代表。有关宋代以来的清官传说,首先在民间口耳相传,形成一系列历史性较强的民间故事,传说之中不断发生变异,有些被人们记录下来,有些则散佚失传。被人们记录下来的不断发生变异的民间清官传说,经过民间艺人或文人加工整理成文学作品,大部分得以传世。这类由民间艺人或文人创作的文学作品,主要形式有宋元话本、戏文、杂剧,明清词话、传奇、小说及近现代的一些地方戏曲。宋元时期说书人的话本中所述断案故事,首先将包公由民间传说带入文学领域。元朝杂剧发达,现存18种元公案杂剧,出场的清官良吏共7人,即张鼎、李圭、钱可、张商英、窦天章、王筱和包公。包公在11种剧中出场,张鼎在2种剧中出场,其余的李圭、钱可等各在1种剧中出场。在元杂剧中包公是主要的清官代表。明以来词话、传奇、小说及近现代戏曲中的主要清官代表,除宋包公以外,还有明况钟、海瑞及清于成龙、施世纶、彭鹏、刘墉等。这些代表人物构成了中国文学中富有独特人物性格、社会意识和文化观念的清官艺术形象系列,而其中影响最大或最有光彩的还是包公。

包公传说的过程,同历史上一般的以真实人物或事件为基础的民间传说的过程差不多。大致情况是:"先为新闻传说,以真人真事为主,后来常常把历史上与该人物相似的事件都附会在他身上。不仅故事情节日益丰富曲折,而且人物性格也更加鲜明突出。"[①] 传说的包公经历了从生活原型到艺术典型化的过程,传说内容以折狱断案为主,艺术形式则以说唱表演为主。伴随传

---

① 段宝林:《中国民间文学概要》,北京:北京大学出版社,1998年。

说故事的发展，包公的艺术形象逐渐形成。最早的有关包公的宋元话本，如《合同文字记》、《三现身包龙图断冤》，叙包公故事十分简单，基本属"尾巴式人物"，只是在最后断案时作为判官的形象登场。元杂剧中的包公，突出描写了包公敢碰违法的皇亲国戚及豪强势要，如《鲁斋郎》、《生金阁》、《陈州粜米》等故事；再是强调了包公善断狱案、执法如山，如《灰阑记》、《合同文字》、《盆儿鬼》等故事。在复杂的矛盾冲突中塑造了一个铁面无私、体恤民艰、富有人情味和幽默感的清官形象。元杂剧中对包公的个性刻画、形象描写虽还不够充实，但就题材内容、情节结构及语言技巧来说，取得了前所未有的成就，包公刚正、智慧的形象基本定型，也构成了清官艺术形象的基础。

元代以后包公传说故事不断扩增、更改或翻新，相应地，包公传说故事中所展现的包公艺术形象也出现复杂性或多重性。如新发现的明成化年间有关包公的《包待制出身传》等8种词话作品，对包公生活经历、言行举止着墨较多，又强化了包公与皇亲国戚及豪强势要的尖锐斗争，一个有血有肉、为民除害的"法官"形象充分展现出来。明后期的短篇小说集《百家公案》及《龙图公案》（又称《包公案》），主要据民间传说、笔记小说及有关案例书拼凑改编而成，载有百余则包公审案断狱的故事，包公在故事中被描绘成明察秋毫、善断疑案的"侦探"，即胡适所称的"东方的歇洛克·福尔摩斯"①。清代长篇小说《三侠五义》将清官包公与侠客义士结合起来，由清官统领侠士"帮助政府"锄暴安良、杀奸平乱，包公又被涂上"忠臣"的色彩。明清时期的包公戏曲虽不及元杂剧发达，但它以传奇的艺术形式，吸取了杂剧、词话及小说的某些精彩内容，通过舞台耸立起一个嫉恶如仇、铁面无私的"青天"形象，包公的舞台形象也由"正末"或"外"转变为"净"角扮演，充分表现了"黑脸包公"的凛凛威风，对近现代的地方戏曲影视产生了重要影响。

可以说，作为清官，包公的艺术形象在元代基本形成，其后又被涂上"法官"、"侦探"、"忠臣"或"青天"的色彩，以不断变换的"脸谱"吸引着广大观众。当然，不同的时代、不同的作者及作品对包公形象的描绘会有

---

① 《三侠五义》序。

各自的侧重与特色，色彩容有斑斓互映，质量难免轩轾不等，需做作具体分析。① 但综合融会各类包公"脸谱"，可以寻出其最基本的形象，即刚强睿智、为民请命、铁面无私、执法如山。他的舞台打扮基本定型为黑脸长髯，身穿蟒袍，头戴乌纱，额上还嵌着一弯明月。这种清官形象虽以历史的面貌出现，包公的身份依然是封建统治阶级的官员，而实际经过艺术典型化处理，按人民及艺人的想象不断塑造加工，已使他超越了历史与阶级的局限，离开历史原型，变成人民理想的化身。这种清官形象充满浪漫主义色彩和鲜明的人格力量，在艺术人物的画廊中独具一格，或者说在官僚群中树立了一个崇高形象、一面鲜艳旗帜，具有很强的艺术魅力和教育意义。千载之下，人们提起包公，犹能仰其形象，见其颜色，这应归功于人民的伟大创造。

关于包公传说的来源大致有三，即引申发挥、移花接木、想象杜撰。

引申发挥主要依据有关包公的历史记载。如史载包公在知天长县时曾审"割牛舌"案②，情节极其简单，仅有40余字，后经引申发挥成"割牛舌"故事，其中虚构了人名及神人相助的情节，载于明小说《龙图公案》，约有六百余字。包公知端州（今广东肇庆）时，有"一砚不持"的清廉事迹，后经引申发挥成"砚洲和黄布沙"故事，包公掷砚处变成砚洲，扔下包砚的黄布变成黄布沙。此见明清《肇庆府志》及近人所编的故事集中。包公在开封府任上，不畏权贵，严格执法，当时既有"阎罗"传说，又有"笑比黄河清"之誉。包公任监察御史时，曾上疏宋仁宗请减免受灾的陈州百姓的赋税，后在民间演化成陈州放粮的故事，并被加工成戏曲、词话与小说等，历久不衰。

移花接木是指将同类的他时他人之事附会到包公身上。如西汉时郡守黄霸曾巧断二妇争子案，事见东汉应劭《风俗通义》，至元代却传说是包公断的案，并编成杂剧《灰阑记》。宋人郑克《折狱龟鉴》中载有张咏断"双钉案"故事，到了明代，张咏被改成包公，其事见明小说《龙图公案》中的"白塔巷"。《明史》卷一六一《周新传》载其明成祖时"善决狱"、"发奸摘伏"事，中有判明寺僧杀妇人案，后来改成包公所为，见明小说《龙图公案》中的"卖皂靴"。赵景深先生曾把包公故事中与其他清官相似的故事做

---

① 朱万曙：《包公故事源流考述》，合肥：安徽文艺出版社，1995年。
② 《宋史》卷316《包拯传》。

了比较研究，得出结论说"包公就是钱和、黄霸、张咏、周新、刘奕、滕大尹、向敏中、李若水、许进等人，不过是一个吸收传说的人罢了"①。

想象杜撰是民间传说的一个特点，它所反映的是民间百姓或艺人、文人的理想和愿望。这类事例为数最多，可以说，自宋以来，每个时代都有想象杜撰的包公传说，并据此演绎成动人的故事。如宋话本《三现身》，元杂剧《智斩鲁斋郎》、《盆儿鬼》，明词话《包待制出身传》、《仁宗认母传》，明小说《龙图公案》中的《忠节隐匿》、《巧拙颠倒》、《久鳏》等。此外，明清以来出现的杨家将、狄青、陈世美等传说故事或多或少皆与包公挂钩，迄今仍有不少包公传说故事新编问世。这类传说故事虽查无实据，但事出有因，是现实社会的反映，是穿上包公服装的现实人的写照。其实上述的引申发挥、移花接木现象，以及同一题材作品的扩增、更改或翻新等都寓有这种因素。胡适曾说包公是一个"箭垛式的人物"，不仅是宋代的，就是宋以前或以后的善断狱案的事，也都集中到他的身上。

在民间传说的过程中，包公逐渐由凡人上升为超人和神。鲁迅曾评论说："宋包拯立朝刚正，《宋史》有传，而民间传说，则行事多怪异。"② 又举元明清文学作品中的"审乌盆鬼"、"梦兆鬼语"等为例。在民间，有作为祭祖的包公祠和作为敬神的包公庙，即由对祖先的崇拜转为对神人的崇拜。毛泽东于1927年所作《湖南农民运动考察报告》中，记湖南农民开展破除迷信活动中发生这样一件事："南区东富寺三十几个菩萨都给学生和农民共同烧掉了，只有两个小菩萨名'包公老爷'者，被一个老年农民抢去了，他说：'莫造孽。'"此举反映了平民百姓对包公的敬重。因为人民喜欢包公这样铁面无私、执法如山的人物，于是便把理想和希望寄托在他身上，赋予他许多"特异功能"，使他变成神通广大的正义之神。这是浪漫主义的理想化的人物形象。包公是民间宗教中崇拜的由杰出人物转化的人神，不同于西方宗教中崇拜的自天而降的天神。③ 这种区别与中国的传统文化密切相关。

---

① 《包公传说》，见《中国小说丛考》，济南：齐鲁书社，1983年。
② 鲁迅：《中国小说的历史的变迁》，见《鲁迅全集》（第9卷），北京：人民文学出版社，1981年，第339页。
③ 段宝林：《关于包公的人类学思考》，《光明日报》1999年5月6日。

三、包公传说与传统文化

　　包公传说故事在民间流行过程中，不可避免地受到传统文化的影响与渗透，其中影响最大、渗透最深的当是民间流行的宗教迷信与统治阶级所提倡的儒家伦理道德。

　　先说宗教迷信方面。宋时包公以威严知开封府，民间流传"关节不到，有阎罗包老"。阎罗本是梵文的音译，意为古印度神话中管理阴间之王。佛教沿用其说，称为管理地狱的魔王，并说其属下有十八判官、分管十八地狱。隋唐时此说已在中国广为流行。宋时将包公比作阎罗之后，宋元话本、杂剧采纳此说并加以发挥，如《三现身》、《生金阁》、《盆儿鬼》等，描述包公不仅管人间治安，还管地狱诉讼，即所谓"日判阳间夜判阴"。明词话《歪乌盆传》中描述潘成拿着呼叫冤枉的乌盆说："将盆去见活阎王。"《仁宗认母记》中还摆设地狱场面，让扮演阎罗王的仁宗、扮演判官的包公审讯加害仁宗亲母的郭槐。这类描写在后来的小说中沿袭下来。

　　生活于金元之际的文人元好问，在《续夷坚志》卷一《包女得嫁》中说："世俗云：包希文（'文'当作'仁'）以正直主东岳速报司，山野小民无不知者。"有关东岳泰山的传说久远。《后汉书·乌桓传》记载："中国人死，则魂归于岱（即泰）山。"东岳泰山成了鬼魂群聚之地。《风俗通义》卷二记载："俗说岱宗上有金箧玉册，能知人年寿修短。"唐宋时期多次兴建东岳庙，供奉掌管人间生死的府君帝神。既然流传包公是阎罗，便与东岳神挂了钩。宋元时的南戏《小孙屠》第十九场，在包公出场前，东岳泰山府君使戏中主人孙必贵复生时说："小圣乃是东岳泰山府君，劝君莫做亏心事，东岳新添速报司。"元杂剧《灰阑记》第四折、《后庭花》第四折中皆将开封府南衙与东岳速报司或东岳摄魂台相提并论。《蝴蝶梦》第二折的开头，在包公上场判案时有诗云："咚咚衙鼓响，公吏两边排。阎王生死殿，东岳摄魂台。"此诗在《鲁斋郎》第四折、《合同文字》第四折、《留鞋记》第三折中皆有同样的记载。明词话《包待制出身传》、《仁宗认母传》、《刘都赛》等，皆有关于东岳庙的记事。这些都说明包公是通阴阳二界、掌生死大权的神人，"世俗"所传已将包公艺术化及神化了。

　　道教以城隍为守护城池或管亡魂之神，说能应人所请，剪恶除凶。唐宋以来广建城隍庙宇祭祀。元杂剧《生金阁》第三折说"城隍庙是鬼窝儿",凭包待制"一道牒文",可"到城隍庙勾那没头鬼"。明清包公故事皆有城隍庙显灵事。《生金阁》第四折中说,包公本是"上天一座杀人星",明词话及明清小说又将包公比作文曲星或奎星(魁星)等。明词话《包待制出身传》说仁宗朝"文有清官包待制,武有西河狄将军",即有包公和狄青一文一武辅佐仁宗。《水浒》开篇中云:"文曲星乃是南衙开封府龙图阁大学士包拯,武曲星乃是征西夏国大元帅狄青。"《三侠五义》第二回标题"奎星兆梦忠良降生",内容讲包公出生时,父亲"梦见一个青脸红发的怪物,从空中掉将下来"。古代的星占家认为,斗魁之上六星,即文昌星是吉星,主大贵或文章之事。唐裴庭裕《东观奏记》中说:"日官奏文昌星暗,科场当有事。"此星占还被道家用以表功名。以包公为文曲星,则表明他是高层文官,受上天指派治理人间的。

佛教的因果报应说在元杂剧中通过故事情节的发展、鬼神托梦显灵已有反映。到明词话中更明确道破此说。如《歪乌盆传》、《曹国舅公案传》卷末皆写道:"湛湛青天不可欺,未曾举意早先知。劝君莫作亏心事,古往今来放过谁?"《陈州粜米传》卷末写道:"劝君休作亏心事,暗有神明世有刑。"《仁宗认母传》卷末写道:"心生一善如来佛,便是如来佛世尊。"又说:"善恶到头终有报,只争来早与来迟。"至于《三侠五义》,其书"光绪己卯孟夏问竹主人"所作"序"中已云:"诸多豪杰之所行,诚是惊心动魄,有人不敢为而为,人不能作而作,才称得起'侠、义'二字。至于善恶邪正,各有分别,真是善人必获福报,恶人总有祸临,邪者定遭凶殃,正者终逢吉庇。昭彰不爽,报应分明,使读者有拍案称快之乐,无废书长叹之时。"

包公传说故事中确有不少鬼神情节,或冤魂告状,或旋风引路,或鬼神显灵等,这绝非偶然现象。中国古代小说的发展历来与宗教迷信有不解之缘,从原始神话、魏晋六朝志怪、唐传奇到明清小说,无不涂上鬼神的色彩。它是以独特的方式反映了人与自然、人与人的关系。作为无神论者,我们不承认鬼神的存在;作为历史唯物主义者,又必须承认鬼神意识的存在有其合理性。问题在于如何对待所谓鬼神。我们仔细分析可以看出,包公故事中的鬼神,一是被用来塑造包公超人的生动形象,表达人们对清官包公执法如山的无限崇敬。清嘉庆十三年(1808)李西桥在《龙图公案》的序中说得好:"《龙图公案》世传为包公所断之案,尝阅一过,灵思妙想,往往有鬼神所不及觉，而信手拈来，奇妙莫测，人人畏服。所以然者，包公非有异术，不过明与公而已矣。"以下引一段《宋史》关于包公的记载，然后说："以其刚正无私，遂以神明况之。若以为果任隐私，有是理乎？夫人能如包公之公，则亦必能如包公之明。倘不存一毫正直之气节，左瞻右顾，私意在胸中，明安在哉！"正由于包公的公正无私，明察秋毫，才被人民"以神明况之"，尊之为神。二是用来抒发蒙冤而死的善良人们的不平心情，表达受冤屈者无法压抑的翻案报仇的愿望。人活时有冤无处诉，有仇不能报，让冤鬼诉说或报应也好嘛。明《二刻拍案惊奇》卷十三中说得很透彻："何缘世上多神鬼，只为人心有不平。若使光明如白日，纵然有鬼也无灵。"鬼神帮助破案，贬低了人的智慧，是不高明的；受害者死而复生是不可能的。"假作真来真亦假"，这给人许多迷幻感觉，不应提倡。但是运用鬼神奇特、诱人的法力，为小说增添了浓郁的浪漫主义的色彩，表达当时人们"善有善报、恶有恶报"，当世最好、来世也成的无可奈何的心态，借以劝人积德行善，也是可以理解并具有一定积极作用的。

以下再说儒家伦理道德的影响。如所周知，儒家思想长期为中国传统思想文化的主流，它所阐述的伦理道德渗透到社会各个领域，尤其在中国封建社会后期，由于其理论体系的完备、统治阶级的提倡，其渗透力更强。宋元以降的文学作品，对儒家思想或吸收，或排斥，或兼而有之。有关包公的文学作品吸收内容最多的当是儒家的孝行观。

历史上包公就是受儒家思想影响很深的"孝子"。他29岁考中进士被授知县官，而因父母年迈，辞官侍养，"十年亡宦"，以孝闻乡里，所以他的谥号为"孝肃"。在流传的许多包公故事中，包公断案的依据就是儒家的孝行。如在话本《合同文字》中，刘添祥夫妻为独占家产，不认其亲侄刘安住。包公得知内情后，要严惩刘添祥，而刘安住一再为之求情："可怜伯伯年老，无儿无女，望相公可怜见！""宁可打安住，不可打伯父。"刘安住的孝行感动了包公，不仅宽大处理，"全刘添祥一家团圆"，还上奏朝廷："旌表孝子刘安住孝义双全，加赠陈留县尹。"显然这是依据儒家孝道行事的。

《蝴蝶梦》中皇亲葛彪无故打死平民王老汉，王老汉的三个儿子复仇将葛彪打死。包公审断此案时要王母交出一个儿子为葛彪偿命。王母先是与三个儿子争相承认自己打死葛彪，未果后还为保全前妻之子王大、王二，又毅然决定交出自己亲生儿子王三为葛彪偿命。包公见"为母者大贤，为子者至孝",为他们的孝行义举所感动,便想出偷梁换柱之计,以偷马贼赵顽驴替其子偿命,还推荐王母三个儿子登入仕途,王母封为"贤德夫人",可见包公断案很看中儒家的孝行义举。

明词话包公故事中,孝行观最重的是《仁宗认母》。刘太后本是造成仁宗母子分离以及一些人命案的主犯,但仁宗仅处死了帮凶六宫大使郭槐,而因李后向仁宗求情:"一日食她三度乳,三年乳哺受她恩",毅然决定赦刘后。两后"当初冤仇如山重,翻作恩情似海深"。这个结局正是儒家孝行观的生动体现。在明《龙图公案》、清《包公案》①中叙述的故事,有不少情节反映了包公既为案主雪冤洗枉,又全了孝行贞节,以至"天理昭然,而法大明矣"。

对包公出身经历的刻画也很能反映儒家伦理道德的影响。现存宋元时期包公的文学作品缺乏这方面具体记载,但在民间流传及宋元话本、杂剧基础上编写的明词话《包待制出身传》则具体描写道:"听说清官包待制,家住庐州保信军,离了庐州十八里,凤凰桥畔小包村。爷(父)是有钱包十万,妈妈称呼叫太君。家有水田三千顷,每雇长工千百人,好养耕牛千百个,鸣锣便是放牛人。十万亲生三个子,头生两子甚超群,未遇三郎生得丑,八分像鬼二分人,面生三拳三角眼,太公一见怒生嗔。"三郎就是包公。包十万命童仆"抱去南山下涧水中淹杀,免得后来千年之害"。包公的大嫂乞求公公由她抚养。后来包公经历了放牛、读书的艰难经历,终于科考做官。明《百家公案》卷首载有《包待制出身源流》共计十八面,每面设计为上图下文,图约占本面四分之一,其文字内容基本沿袭了明词话。清《三侠五义》第一回至第四回记包公出身故事,又做了不少改动,而基本精神也与明词话相同。《三侠五义》说他从出生到童年经历了种种磨难,父亲包怀人称包善人、包百万,梦见怪物后生子,即老三包公,因二哥包海之妻挑拨,被遗弃山中,善良的包大嫂王氏将包公抱回家中抚养,后经历放牛羊、读书等经历,至16岁进京赴考,开始了仕宦生活。

明清作品描写包公的出身经历用两个字概括就是——神、苦。说他生来怪异,遭受父亲嫌弃,二嫂陷害。这样描写的目的何在?《三侠五义》第一回中说得明白:"包公降生,自离娘胎,受了多少折磨,较比仁宗,坎坷更加

---

① 全名称《包公案狄公案》,北京:华夏出版社,1995年。

百倍（指狸猫换太子），正所谓'天将降大任'之说。"儒家有一条重要理论，即："天将降大任于斯人也，必先苦其心志，劳其筋骨，饿其体肤，空乏其身，行拂乱其所为，所以动心忍性，曾（即增）益其所不能。"① 描写包公出身经历之坎坷，后来担当大任，就是儒家此种理论的具体化。

儒家的伦理道德，是为当时的封建统治阶级服务的，他们所提倡的孝道与忠君有密切联系，所谓"君君臣臣，父父子子"，子听命于父，臣则忠于君，旨在维护封建的等级制度。但在民间，提倡孝行，孝敬父母，也有可取之处。作为一个担大任、有作为的人，曾经历一些艰苦磨难也是客观辩证的。但认为天命如此，则是糟粕，应当扬弃。

总之，包公传说故事虽然反映了人民对清官的向往和对社会恶势力的鞭挞，但它既根植于中国传统文化之中，便不可避免地受其影响。"任何一个时代的统治思想始终都不过是统治阶级的思想。"② 作为正统的儒家思想渗透到社会各个方面，一般百姓包括市民阶层也不例外。佛教、道教等宗教既有自己的体系，又与儒家思想相互影响。所以作为包公传说故事既有精华，也有糟粕；有合理高尚的，有荒诞浅俗的。我们应采取批判继承的态度，为人民提供更好的精神食粮，为社会主义精神文明建设服务。

四、包公传说的主要特点与意蕴

历史上的包拯与民间传说中的包公究竟有何联系和区别呢？简单说，传说中的包公是在历史上的包拯的基础上升华出来的，两者神似而形异。历史上的包拯是真实存在的宋代的清廉刚正的名臣，是封建统治阶级的成员；传说中的包公是经过艺术典型化处理的清官，是人民理想的化身。传说中的包公经过近千年的艺术典型化处理，比历史上的包拯事迹更丰富，形象更鲜明，影响更广泛。

由于包公是民间传说中的清官，所以包公的声名不同于孔子。儒家代表人物孔子主要是由封建统治阶级抬起来的，而清官代表包公则主要是靠平民

---

① 《孟子·告子章句下》。
② 马克思、恩格斯：《共产党宣言》，见《马克思恩格斯选集》（第1卷），北京：人民出版社，1972年，第270页。

百姓、艺人和下层文人"炒"热的。人民喜欢包公式的人物，蕴含着人民的喜怒哀乐与价值观念，反映了人民的理想和愿望。与历史上一般的民间传说人物相比，包公传说还有三个主要特点：①包公如同历史上最有影响的黄帝、周公一样成为"箭垛式的人物"（胡适语）。人们将不同时代不同人物有关折狱断案的故事都集中到他身上，借助历史人物，塑造清官形象，并经过不断地艺术典型化加工，使之成为"神人合一"式的完美人物、正义之神。②塑造清官包公的艺术形式多样，从民间口传到话本、词话、杂剧、小说及近代戏曲等，以折狱断案为主线，以新兴的说唱表演艺术为主，构成了中国文学宝藏的重要组成部分，而编创者主要是来自民间的艺人与文人，具有鲜明的民间文学或通俗文学的特色。③深刻反映了现实生活和社会矛盾，突出了反对贪官、邪恶、腐败，推崇清官、刚正、廉洁的重大主题，构成了具有独特风格和内涵的清官文化，对廉政建设尤其是法制建设具有长时期的现实意义。

自宋代以来，民间口头流传的包公故事，是一种民众口传的历史文学。其中有些故事经艺人或文人加工整理，被选入书场或搬上舞台，成为一种民众的以说唱表演为主的历史文学。这种文学虽很长时期登不上比较雅致的或正统的文学殿堂，但因其适应了宋代以来不断壮大的平民阶层的需要，成为中国文学的瑰宝。明清时期有关包公的小说也受此影响。清《三侠五义》即是在说书人石玉昆《龙图耳录》的基础上形成的。正如鲁迅在《清之侠义小说及公案》一文中所说："是侠义小说之在清，正接宋人话本正脉，固平民文学之历七百余年而再兴者也。"[①] 按照他们理想与愿望所演绎的包公故事及所塑造的清官形象，已获得了永恒的艺术生命。

传世的包公故事，由宋代话本的几个，发展到元杂剧十几个，到明清小说累增到一百多个，这些故事内容的基本政治倾向就是惩恶扬善、锄暴安良。惩处的对象既有土豪劣绅、奸吏刁民，也有违法的皇亲国戚、权贵势要。凡是为非作歹、残害人民的，皆在惩处之列。安抚的范围包括一切安分守法的善良人民，不论其地位高低、财产多寡，皆在安抚之列。其中最精彩的是敢把矛头指向违法的皇亲国戚、权贵势要方面。包公惩恶扬善、锄暴安良的依据主要是法理，尤其是法，即所谓"王法无私"、"王法无亲"、"王子犯法与

---

① 鲁迅：《中国小说史略》，见《鲁迅全集》（第9卷），北京：人民文学出版社，1981年，第278页。

庶民同罪"。封建王法的基本内涵就是封建的法律。而包公手中的法，并非完全依据"御批"的成文法，有时还掺杂不少封建的伦理道德，或黎民的常情常理；即使封建的伦理道德之中，也有超阶级的属于人类文明的公共生活规则。因此，包公严格执法，既维护了统治阶级的根本利益，也在一定程度上符合人民的愿望。

  包公的严格执法还有着更深一层的含义，这就是追求公理和正义。在当时历史条件下，一般平民百姓特别是弱者最需要的是法治。他们对处理各种纠纷问题，主要要求官员公正无私，依法办事。而当纠纷问题经历无数抗争得不到合理解决时，便把希望寄托在包公一类清官身上，希望包公能严格执法、主持公道、为民做主、雪冤洗枉。人们崇拜包公也就是崇拜法治。明代思想家李贽在《史纲评要》中评论包公，说了一句发人深思的话："此等世界，此等人亦自少不得。"① 只要社会上存在歪理邪恶、冤假错案，就少不得包公这样的人物。所以包公身上寄托着人民的理想和愿望，凝结着公理与正义，这正是包公传说故事的意蕴所在，也是包公故事盛传不衰的根本原因。

（原载于《北京联合大学学报》1999年第4期，收入范利主编《二十世纪中国民俗学经典》，社会科学文献出版社，2002年）

---

① 《史纲评要》卷29《宋纪》。

从台湾包公庙看海峡两岸文化之传承

一、台湾包公庙近年受关注

中国自古以来崇尚清廉刚正、执法无私的清官。包拯是宋代以来最有名的清官,人们敬称为包公。他逝世以后,在家乡合肥及仕宦所至的开封、端州、天长县等地陆续修建了包公祠。随着包公戏曲、词话、小说的传播,包公的知名度愈来愈高,在中国的许多地方,以及海外华人聚居区也兴建了不少包公祠或包公庙。1484年(明成化二十年)河南开封府知府张岫在《孝肃包公奏议集》开封刻本跋中说:"(包公)至忠至孝,作奋朝绅,垂休后世,非特中国佣人孺子知其名,虽海外杂国,莫不知其名而敬慕之。"可见,至迟在明代,包公大名已跨越国界。明清以来中国传统文化随大陆百姓向外迁移增多而传播海外。据调查,在中国港、澳、台地区以及东南亚的菲律宾、印尼、泰国、马来西亚、新加坡等国都建有包公庙。

祠或庙在中国传统文化中,作为人与神对话或交流的圣域,受到高度重视。开始人们修建祠堂作为祭祀祖先与圣贤之用,其中被人敬仰的神人合一式人物,又为之修建庙宇作为敬神之用。在中国大陆,宋、元时期建有包公祠,明代以来建有包公庙。台湾因移民及环境等原因,信奉宗教种类及兴建寺庙庵堂繁多,其中一类是包公庙。

台湾寺庙中供奉的主神,大都是从中国大陆移植过去的,其中数量较多、影响较大的有玄天上帝(又称真武大帝)、观音佛祖、妈祖及关帝等,供奉包公的数量不大,影响也小。如1738年(清乾隆三年)在台湾的北部和中部同时由大陆福建泉州移民兴建了两个寺庙:台北龙山寺与云林包公庙(始称海清宫)。现今台北龙山寺名气很大,和"故宫博物院"等列为观光客来台湾旅游的胜地,而云林包公庙似乎不大被人注意或近年才受人关注。据考察,台湾的云林、彰化、南投、苗栗、台北、桃园、高雄等地建有11座包公庙,其中历史最悠久、规模最庞大、被誉为包公祖庙的是云林县四湖乡三条仑海清路的包公庙。

二、台湾包公庙的功能目标

17世纪中叶（即明末清初），位于台湾中部东侧的沿海地段（今云林县西端），其南北横列着三条长长的沙丘，俗称沙仑。当时大陆福建泉州百姓渡海来台，有一部分散居沙丘之西，赖海为生，间做农耕。其后海水暴涨，吞没散居村落，居民乃纷纷向东约2公里迁移。云林包公庙就是由这些泉州移民于1738年创建的，最早奉祀阎罗天子，迄今已历263年。据此庙文献记载：

> 清高宗乾隆三年（1738）七月八日夜，有本村吴稽先生，睡至三更，冥冥中见祥光万丈，一黑髯老人，手持金杖自天而降，直趋其身侧道：吴善士，七月十日申时有天神将降贵村西南海面，请走告村民，集往接驾回村，建庙奉祀朝拜，不能延误。语毕，即刻飞逝。吴善士惊醒，满身大汗，原乃南柯一梦，渠反复思索梦境，忽觉灵光盈室，筋脉发热，血气奔腾，如斋戒沐浴，顿生祥瑞之气，深信必有征兆。翌日清晨，即将梦境转告村民，村民亦深信不移，乃相约如期前往指示地点迎驾。果至申时，遥见西南海面有一黑影直奔海岸，刹间，乌云密布，狂风大作，白浪滔天，瞬刻又复风平浪静，白日青天。但见舢板一艘，上有木块神牌，上横刻"森罗殿"，中刻"阎罗天子"神像乙尊，身佩红布，书其来历曰"安徽省包家庄包家祠"。神尊上附挂香火，楷书"福德正神"，村民目睹奇迹，欢心腾悦，乃集村民，广纳众议，商讨建庙事宜，决于海岸东面沙丘立建砖造小庙奉祀，曰"海清宫森罗殿"，并订农历七月十日为阎罗天子千秋庆典。尔后村民平安，风调雨顺，五谷丰登，六畜兴旺，信徒有求必应，天子显灵事迹屡见不鲜，各地善男信女慕名涌向本宫朝拜，香火鼎盛，终年不绝。（台湾三条仑海清宫管理委员会编《海清宫简介》，1983年版）

借助神灵托梦建庙，似乎是偶然的冲动，而寻求其历史背景看，当时的大陆移民环境条件艰苦，冲突械斗频繁，吏治问题较多，选择包公作为神祇供奉，是很自然的。它反映人们的一种精神愿望，企求清官庇佑，平安幸运，避灾求福。这些移民在大陆的原居地佛教、道教等便很盛行，求神拜佛的人众多，迁移后自然恋于旧习俗。同时，托梦建庙，也是聚集乡人、互助联谊的重要手段。此庙 1738 年建成，因庙址临海，年久被海水浸坏，1923 年再筹建庙，即此庙现址。日据时代受破坏，光复后再建。又经 1965 年、1972 年、1975 年、1978 年、1981 年历次整修扩建，现此庙广场占地 5 公顷，后庭面积 10 公顷，共可停放游览车 300 余辆，香客约万人。

云林包公庙同台湾其他的庙宇一样逐渐向多元化发展，其文献记载称：

> 佛经有云：地藏王菩萨曾立志愿"地狱不空，誓不成佛"；而阎罗天子严治阴司，赏罚分明，与地藏王菩萨各司职责，旨在劝人行善，殊途同归。奉祀阎罗天子，俾世人效法包公精神，遵循其行事坦荡，公正无私，不惧权势之典范；膜拜地藏王菩萨，使之潜移默化，放下屠刀，积德修行，隐恶扬善，擅扬佛道光辉，贡献国家，造福人群，开创千秋伟业。

于是此庙在 1981 年决议大兴后殿，增设地藏王菩萨。台北善德堂既主祭包公，又旁祭土地公、妈祖和菩萨。这当是岛内人民适应社会生活环境需要而做的变通。

此庙的功能目标经不断调整扩展，现主要归纳为以下几种：

1. 弘扬民族精神：阐述阎罗天子生平事迹，辉耀其清廉断狱、不畏权势、严明善恶、分辨忠奸之正义，资后世景法，匡正社会颓风。

2. 推广社会福利：开展急难救助，医疗保健服务，优秀清寒奖助学金及其他慈善事业，增进大众福祉。

3. 增设图书设备：充实育乐中心图书、报刊，供学生、民众阅览，广求知识，涵泳书香乐趣。

4. 加强庙会联系：延揽各庙宫热心善士，聘为顾问，提供兴革意见，促进本庙发展。

5. 辟成观光胜地：规划风景区，绿化庙园，整建育乐中心，兴建观日台，配合海水浴场，发展宗教观光。

祠庙本为祭祀场所，后随时代发展内容不断丰富，云林包公庙的五项主要功能目标，涉及教育、服务、联谊、观光诸方面，此也是现存海峡两岸较大规模祠庙比较普遍的功能目标。

三、包公庙弘扬中华民族精神

包公在宋代以威严知开封府，民间有"关节不到，有阎罗包老"之誉。所谓阎罗原本是古印度神话中管理阴间之王，佛教沿用其说，称为管理地狱的魔王，并说其属下有十八判官分管十八地狱。道教则引申为掌管地府的十殿阎罗王。隋唐时期此说已在中国广为流行。宋时民间将包公比作阎罗之后，一些文人、艺人又加以发挥，包公成为"日判阳间夜判阴"的神人，十殿阎罗王中第五殿的森罗王。台湾云林包公庙作为包公祖庙，所信奉的"阎罗天子"，来自"安徽省包家庄包家祠"，最初命名"海清宫森罗殿"，都是中华传统文化的产物。当地村民于每年农历七月十日作为阎罗天子千秋庆典，用以祈福避灾，成为习俗。后来台湾岛内其他地方所建包公庙大都受此影响。如1972年在台北双园街所建"善德堂"，主祭包公，其堂主庄陈善介绍，此堂是由云林迁移台北的乡人修建的，即为乡人提供一个祭祀的场所。20世纪80年代高雄修建的包公庙，既仿照云林包公庙，又受大陆河南开封包公祠影响，命名开封宫。该庙香火很盛，据说当地有的男女结婚，到包公庙烧香发誓，白发到老，请包公做证，谁违背誓言就将受到包公的惩罚。

台湾彰化县埔心乡明阳堂主祭包公，该庙曾组团到大陆合肥包公祠"朝圣"，还于1998年参加新加坡天圣坛（包公庙）新厦落成典礼，与大陆及东南亚华人聚集地建有包公祠庙的负责人聚集一堂。该庙主委潘俊光在新厦落成典礼所致《贺词》中说："本人仅代表台湾地区信仰包府大人之庙祠，表示由于包大人之事迹其人为官清正，阴阳两管，使善信信仰为青天老大爷，其最痛恨贪官苛吏，能明察秋毫，使人时时刻刻检查自己行为，不敢为非作歹永留人间，本地区以其神像庄严令人肃然起敬之感，供奉之祠堂不在少数，且前往中国大陆包公祠拜祭日众，诚可喜现象，仅献数语谨祝成功，万事如意。"

台湾岛内信仰的包公，从宗教系统看，与中国大陆土生土长的道教关系最为密切。金、元之际民间传说包公"以正直主东岳速报司"，东岳泰山的速报司是道教神权机构,最早将包公比作"正直"之神的是道教;将包公比作地府十殿阎罗王中第五殿的森罗王,本身就属道教的理论;将包公庙称为"海清宫"、"开封宫"等,也属道教的称谓。中国大陆的道教约在明末随闽南移民传入台湾,当时主要供奉玄天上帝、玉皇大帝、关帝等神明,此后不断发展,至1738年又立庙奉祀阎罗天子。道宫神殿中以正直的包公为尊神,必然在民间产生广泛影响。一些传统的庙宇的祭祀长期停留在求神保自己的层次,功利性很强,而包公庙已提升到弘扬民族精神、发扬正气的高度,具有一定的教育意义。

从台湾包公庙的创建和发展可见海峡两岸文化之传承,台湾文化是大陆文化的一部分,两岸文化有着共同的根基。其中闽台之间一水之隔,习俗相近,人缘相亲,语言相通,关系尤为密切。台湾近年推出的"大部头"电视连续剧《包青天》,在海峡两岸和港澳地区播放时引起轰动效应,新加坡、泰国、菲律宾、马来西亚、韩国等周边国家也纷纷转播。一时间,包青天成为全球中国人注目的焦点,对包公的研究、宣传及敬仰者大为增多。包公实际已升华为公理与正义的象征,文化交流的纽带,反腐倡廉的教材。

(原载于《中国评论》2002年第4期)

附1:《包拯研究》题记

吴小如

十二年前,孔繁敏同志完成了他研究北宋历史人物包拯的第一部著作——《包拯年谱》;今天,他又在昔年的研究基础上写定了他的新著——《包拯研究》。我再一次有幸先睹为快,在写本文前通读了《包拯研究》全稿。这里我想简略地谈谈个人体会,供披阅繁敏此书的读者做个参考。

首先值得提出的,是繁敏同志勤奋刻苦、锲而不舍的治学精神。研究包拯,当然要熟悉有关宋代历史的第一手材料。繁敏不仅掌握了大量原始资料,而且进行了深入的探索和细致的分析。他终于发现,传世的十几种刻本《包孝肃奏议》所附载的《包拯传》,并非源于宋仁宋、英宗《两朝国史》,而是出自《仁宗实录》的《包拯附传》。倘非锲而不舍、细心钻研,是未必能得出这一突破性结论的。再有,繁敏还旁搜远访,先后从皖、浙、苏、赣四省找到几种不同的包氏族谱,并钩稽其他资料,对包拯的父祖以迄今日的包氏族裔,进行了详细考订,理出了传承脉络。这又是繁敏以锲而不舍的功夫才获得的一项成果。此外,为了研究文学艺术作品中的包公形象,繁敏不辞辛苦,不避琐屑,遍检历代小说、戏曲以及唱本评话中有包公题材的各类故事,加以排比分析,从而总结出以包公为代表的清官文化对广大人民群众的深远影响。这样一件筚路蓝缕的学术工程,没有锲而不舍的精神是不易构筑成功的。最后,在定稿过程中,繁敏仍用锲而不舍的顽强的写作态度不惜把自己的文章一改再改。如《包公故事与清官文化》一章,我就先后拜读过三次(即初稿、改订稿和最后定稿);而关于"庆历新政"的章节,繁敏也数易其稿。凡此种种,皆足以说明这本《包拯研究》确是作者辛勤劳动的结晶。而从搜集资料到完成全书,上述这些情况却是一般读者所无从详知的,因此我理应表而出之,让更多的人知道。

其次,繁敏撰写此书,做到了三方面的结合,这对我们的学术研究工作也是值得推广和借鉴的。

一是把历史上的真人真事与文学艺术作品中的典型形象和传奇性情节结合起来进行研究，即史与文的结合。由于科学分工日益细密，当前治史学的往往根本不接触文学，而治文学的对于历史上的人和事也注意得不够。尽管人们常说治人文科学的对文、史、哲的研究应该不分家，而在实际工作中却依旧"单打一"的居多，经常顾此失彼。繁敏是治史学的，他多年来所致力钻研的是历史上的包拯，平时对文学艺术并未涉及。近年以来，他逐渐拓宽视野，把注意力转移到文学艺术领域，对小说、戏曲以及明、清、近代的说唱文艺作品给予足够的关注，并从中把清官包公这一艺术形象以及与包公有关的若干有代表性的传奇故事挑选出来，加以梳理。这样一来，既看出历史上的真人真事与文艺作品中的艺术形象两者之间的联系，同时也辨识出历史人物和艺术形象两者的差别。这种史与文相结合的研究方向是大有好处的，它有助于我们认清历史上的真人真事毕竟不同于文学作品中的具有典型意义的艺术形象。如果我们早些时候（比如在60年代）就把这两者的关系辨析清楚，很可能不会出现"为曹操翻案"之类的令人啼笑皆非的"学术成果"了。

二是史论结合的研究方法。自60年代以来，在学术领域里经常有所谓"以论带史"的提法。我在80年代曾撰文指出这一提法的片面性。当时我是这样说的："从60年代起，学术界曾流行过一句话，叫作'以论带史'。意思是指无论撰写通史、文学史或其他专史，都要以马克思列宁主义的科学理论作为指导思想，用理论来带动我们的修史工作。这个出发点本无可厚非。但我以为，这句话在提法上却有以辞害义之嫌，而且事实证明，它也确乎引导一些人走了弯路。在历史方面，从《尚书》、《国语》、《左传》开始，我国的记言、记事的专著已很成熟；可是到了司马迁的《史记·自序》，史学理论始具端倪，而唐代刘知几的《史通》，才是真正有系统的历史理论专著。由此看来，经历了千百年的王朝盛衰兴替而产生了记录人和事的'史'，又在'史'的长足发展之后，人们才有可能从大量积累的史料中抽出了'论'。到底是先有'史'还是先有'论'，这是稍具起码常识的人都能回答的。当然，辩证唯物主义者并不否认，这从实际的'史'中所抽出的'论'，对后来人写新的'史'是会起指导作用的。但如果把这一辩证过程只说成'以论带史'，那就只说到事态发展的后一半，而恰恰丢掉了在事物发展过程中属于

附1:《包拯研究》题记

主要环节的前一半,因此就不免有以偏概全之弊,从而产生了用某一固定模式硬往各个不同阶段、不同现实内容上面去套的毛病。……"我认为,比较合乎科学的提法应该说"论从史出",然后进一步做到史论结合。繁敏在《包拯研究》一书中所用的史论结合之研究方法正是以客观存在的史料、史实为依据,从而抽出他对北宋当时的人和事的看法。这种"史论结合"的研究方法所得出的结论是比较可靠,而且可以令人信服的。如他对包拯一生仕履的考订,推而及于对宋仁宗时"庆历新政"乃至仁宗一朝政治得失的评价,都是从史实出发,然后用历史唯物主义观点去分析判断,从而得出新的结论,可以说都是有创见的。

三是历史研究与社会现实相结合。"古为今用"的口号,我们已沿用了多年,但在具体实践中这"古"与"今"的摆法始终没有摆好,或者说没有摆对。所谓"古为今用",既非削足适履,亦非断章取义,更不是搞"影射史学"。照我的理解,"古"与"今"不仅是相对的,而且是有传承关系的。往古可以鉴今,用正确的科学的观点方法去探讨、分析历史上的人和事,从而得出合理的解释与符合实际的结论,其本身即已做到"古为今用",为我们提供处理社会现实中人和事的借鉴。所谓"殷鉴不远,在夏后氏之世","前事不忘,后事之师",都是这个意思。繁敏在他的书中提到了"清官文化"。封建时代的"清官"当然不等于社会主义国家的"人民公仆",但"清官文化"却与廉政建设、与社会主义精神文明建设有着千丝万缕的传承关系,正宜统一起来看问题,而不应孤立对待。我以为,繁敏在这方面的研究成果,对当前的社会现实不仅有借鉴、参考作用,说得重一点,也未尝没有指导作用。我们今后治学问和著书立说,如果能一面着眼于历史而一面立足于现实,则研究成果将更有意义和价值。

以上所谈,算是我对《包拯研究》一书的"读后感"。无论对繁敏还是对读者,勉强可以交卷。是为《题记》。

1998年1月在北京急就
(作者为北京大学中国中古史研究中心教授)

附2：研究包拯的大全之作

王曾瑜

宋代历史人物中对后世影响最大的应是北宋的杨业、包拯和南宋的岳飞。就三人的传世史料而论，当然是杨业的记载最为单薄，岳飞的记载虽然相当丰富，也存在不少空白。包拯的记载多于杨业，少于岳飞，而最可贵的是留有一部奏议集。顾颉刚先生在《〈古史辨〉第一册自序》中曾提出一个著名的论断："古史是层累的造成的，发生的次序和排列的系统恰是一个反背。"这不仅适用中国上古史的研究，而对于以上三个历史名人也同样适用。由于他们对后世的影响巨大，后世为他们增饰的传奇故事等愈来愈丰富，而偏离史实也愈来愈远。

由于当前反腐败斗争的时代需求，以包拯为代表的清官形象，尤其为人们所喜闻乐道。历史研究的任务，不但应当用冷静的思考，将传奇与史实剥离，而且应当对包拯这个历史名人做全面而深入的科学研究。

孔繁敏先生在十多年前已经发表了《包拯年谱》的专著，现在又在此基础上，更上一层楼，发表了《包拯研究》的专著。

此书共分八章，前四章分别论述了包拯生活的时代，家世与后裔，事迹、亲友关系与包拯在宋代的影响，治国思想。最后两章又分别对从宋朝的官史到《宋史·包拯传》、包拯奏议的版本和系年做了考订。从科学研究包拯的要求看来，这六章的论述本可谓是巨细无遗了。但作者并不以此为满足，又在本书的第五、第六两章中特别介绍和论述了包公故事与清官文化，包公故事在海外的流传与影响，这就真正从科学研究的高度，完成了传奇与史实的剥离，而又实现了古代与现代的融合。

由于印刷术的发达，宋代的传世史料浩繁，难于遍阅。有关包拯的史料固然集中在他的传记、墓志铭、奏议集中，但散见于各书的零星史料，欲穷搜冥索，集腋成裘，却非下长期的苦功不可。从《包拯研究》的引证看来，作者不仅对宋代的史料下此功夫，而且通过读书和实地调查，又对后世的历史记录、文学作品、考古资料等都下了一网打尽的功夫。史料的丰富和详赡当然是衡量历史作品质量的重要标准。《包拯研究》的史料丰富程度不但是空前的，如果没有新的考古发现，也可能是绝后的。

《包拯研究》的另一特点是考订精详。此书的第七章和第八章就是对《包拯集》附录的《国史本传》，考订为《实录附传》，对《宋史·包拯传》的辨正，以及对《包拯集》的版本、奏议的系年和校补诸问题，做了精辟的考证。依笔者的体会，这些结论应当成为定论，而很难有被人反证和推翻的余地。中国有丰富的传世宗谱，是很可宝贵的文化遗产，为不少学科提供了重要的资料。但是，宗谱也不免掺杂相当多的伪造或错讹成分，而绝不可随便撷取其中的记录，就当作信史。孔繁敏先生对传世的包氏宗谱就是采取十分严格的科学态度，予以精确的考订，对其错讹之处，逐一指摘，绝不放过。至于其他的考订，在此就不须逐一列举。唯有下了去伪存真的功夫，《包拯研究》的论述才真正建立在可信可靠的基础上，从根本上保证了这部著作的高度科学性。

《包拯研究》的又一特点是评论准确，不虚美，作者是站在今天的时代高度，去回顾和评论包拯。包拯无疑是一位值得歌颂的历史正面人物，历史上清官不少，但包拯在民间的影响，显然居于首屈一指的地位，这当然不是偶然的，但孔繁敏还是深入分析了包拯的治国思想，在肯定其治国思想的进步性和合理性的同时，也首次剖析了他与庆历新政人物之间的关系和异同，指出他的思想"缺乏创新性"，未能"提出宏观性的改革措施"。作者客观地分析了包拯在宋代的地位和影响，归纳为直言敢谏、公正威严、关心民瘼和清廉自律四个方面，同时也指出，包拯在宋时民间的影响，主要还限于他做地方官的地域，特别是开封府。直到元代，"文化领域掀起了杂剧热，包拯迅速成了最著名的清官"。

《包拯研究》对包公故事与清官文化、包公故事在海外的流传与影响，做了系统的梳理、介绍和论述，也许就更有现实意义。其中既显示了作者考订来龙去脉的史家功夫，也还有不少立足于现代意识的精辟评论。孔繁敏先生指出，"清官文化强调了官吏从政的忠君观念、民本思想、道德修养及法治原则，这其中存在糟粕，也有许多精华，需要批判继承"，其"糟粕部分，主要是弱化了人民的民主意识和自主精神"。在古代，"少数清官也扭转不了腐败的颓势"。如此之类，都是精当的见解。

综上所述，不论从哪个角度看，将《包拯研究》称之为研究包拯的大全之作，一部有高度科学性和思想性作品，是并不过誉的。

最后，笔者也想提一个商榷性的意见，供同行们讨论。《包拯研究》的第一章第四节，论述了宋仁宗和包拯的知遇问题，就史实而论，这并没有错，但对宋仁宗的评价似乎过高。唐太宗作为古代最杰出的英主，处置军国大事，有自己的主见和办法，当然，他也虚心纳谏，尽量采纳臣僚的集体智慧。宋仁宗是个庸主，他正因为没有自己的主见和办法，而只能听纳臣僚的意见。就宋仁宗亲政时而论，前期与后期也有不同，前期因废皇后而贬逐范仲淹，庆历新政时不听欧阳修的谏劝，而罢杜衍、范仲淹等人，都表明他不能容受忠言。这与后期重新起用韩琦、富弼等人，信用包拯，形成了鲜明的对照。

就宋仁宗时的政绩而论，某些宋人，特别是国势陵夷后的某些南宋人，确是将仁宗朝视为宋朝统治最好的时期。但就宋仁宗时或稍晚的北宋人而论，对当时政绩的评价是不高的。例如王安石就将宋仁宗时的政治归结为"因循苟且，逸豫而无为，可以侥幸一时，而不可以旷日持久"①。后来与王安石发生重大政见分歧的司马光，也认为宋仁宗"历载甚久，而太平未效"②，"晚年婴疾，厌倦万几，遂以天下之事悉委之两府"③。两人的结论是相近的。

（作者为中国社会科学院历史所研究员）

（《炎黄春秋》增刊《炎黄文化研究》1999年第6期）

---

① 《临川先生文集》卷39《上时政疏》。
② 《司马文正公传家集》卷20《言御臣上殿札子》。
③ 《司马文正公传家集》卷36《上皇帝疏》。

文化随笔

文化的多元交融与竞争

文化是一个涉及广泛而又极为复杂的领域，与一个民族、国家的发展关系至为密切。在当今经济全球化趋势下，文化同样出现跨地域、跨民族、跨国度的频繁流动，有些学者从文化的内容、载体、观念等方面提出文化全球化的问题，并提出一些回应的对策。本文仅就文化的多元交融与竞争问题发表拙见，以期引起人们的关注。

一、文化的多元交融

在人类文明发展进程中，曾形成几个比较发达而又交往甚少的文化中心，如大家熟知的希腊、埃及、印度、中国等，历经近代资本主义的扩张，世界联系日益紧密，到当代伴随着国际经济贸易发展，互联网信息技术运用，国际合作组织的扩大及对外开放政策的实施等，促使经济全球化加快，世界各国的文化也突破地域、民族的藩篱，卷入交流和融合的潮流之中，如经贸文化、宗教文化、网络文化、体育文化、影视文化、饮食文化等。世界各国文化相互影响、借鉴，逐步演变为多元交融的文化格局。

文化多元交融主要包括两方面内涵：一是文化的多元性。由于世界各国历史文化、社会制度的不同，及经济、政治发展的不平衡，文化必然表现不同的特质。二是文化的交融性。由于世界各国的密切联系，科学传媒手段的进步，势必促进文化的交流和融合。文化的多元交融带来了文化的发展繁荣和世界的丰富多彩，所以，我们既要尊重不同民族国家文化的差异，同时要推动不同文化间的交融。

从人类文化发展的规律看，自古以来文化就处于多元交融之中。如中国的以汉族为主体的华夏文化，就是汉族不断融合其他少数民族文化而成，后来又不断融合西方文化。西方文化的发源地希腊，不仅融合本地区各城邦的文化，也不断融合东方文化。哲学家黑格尔曾说："东方世界是希腊世界的基础。"当然，在资本主义世界形成以前，文化的多元交融有很大的区域性或地方性。许多区域或地方之间的文化联系甚少，甚至隔绝。随着人类社会的进步，文化的多元交融愈益扩展紧密。

由于不同特质的文化形成文化多元，而文化多元的交融一般要经过碰撞接触的环节，所以，人类文化发展的每一历史阶段都经历了多元、碰撞和交融的过程。这一过程不是简单的重复，而是联系日益紧密，又相互吸纳或排斥，辩证发展的过程。如罗素在《中西文化之比较》中所说："不同文化的接触曾是人类进步的路标。希腊曾经向埃及学习，罗马曾经向希腊学习，阿拉伯人曾经向罗马帝国学习，中世纪的欧洲曾经向阿拉伯人学习，文艺复兴时期的欧洲曾经向拜占庭学习，在那些情形之下，常常是青出于蓝而胜于蓝的。"

以下我们以图简单示意人类文化辩证发展的历程，圆形特指世界某一文化中心或文化圈：

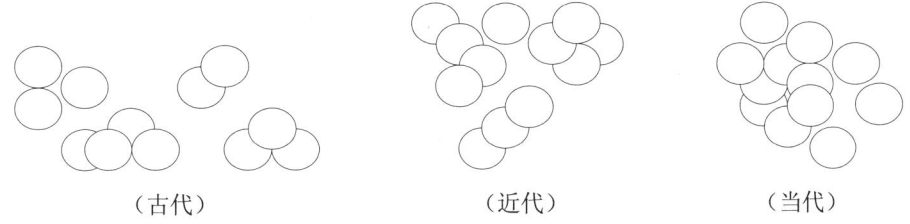

（古代）　　　　（近代）　　　　（当代）

中国曾是东方文化的中心地之一，对人类文明做出重大贡献，到近代"西学东渐"，与西方文化全面碰撞。近代中国东西方文化的全面碰撞和侵略与反侵略、落后与先进的斗争联系在一起，这就决定了近代中国文化发展的复杂性、曲折性与多样性。经过多次的探讨和实践，人们大都摒弃了所谓"中体西用"、"全盘西化"等极端主张，而倡导借鉴吸纳、洋为中用的多元交融的文化格局。从文化的多元交融格局考察，中国文化的发展实际经历了作为东方文化的一元（一元中含多元）扩展与西方文化的另一元碰撞与世界文化的多元交融的过程。历史经验证明：每一次文化的碰撞和交融虽会引起一些社会震动，但总体上带来了社会发展。文化的封闭或单一是有害无益的。文化的多元交融是历史发展的必然，也是人类文明进步的表现。可以说，中国文化的发展正面临适应世界形势、多元交融的新阶段。在这新阶段，中国文化将在全球化的大格局下，与世界其他各国文化相互交融，共同发展。文化的全球化并不否认文化的民族化，它们之间是相辅相成的，是一个问题的两个互动的方面，而不是矛盾对立的两极。

二、文化竞争的特征与意义

19世纪中叶英国博物学家达尔文研究生物进化的规律，提出"物竞天择，适者生存"的著名论断。竞争不仅适用生物领域，也适用社会领域。竞争是优胜劣汰的过程，是推动人类社会进步的一种机制。竞争比较才有动力，才能促使事物向好的方向转化。如果说，世界各国文化在相对隔绝的状态下，其竞争尚不明显，那么在多元交融的状态下，其竞争是显而易见的。不仅如此，在多元交融的状态下，竞争的激烈程度会更强，激励作用会更大。

多元文化的交流融合主要是在相互竞争中实现的。无论是有意或无意，竞争都是客观存在的。交流融合中的优胜劣汰取决于文化竞争力的高低强弱。文化作用于人而产生的一种力量，我们称为文化竞争力或文化力。文化竞争力虽与经济、政治竞争力同是综合国力的重要因素，但又有自己的特征。这种特征的形成主要是因为文化的力量一般是潜在的、无形的，既很难量化，又看不到直接过程，而是通过人的精神世界、行为主张间接反映出来。也正因如此，文化的力量是复杂多变的，广泛深刻。它关系到一个人、一个民族、一个社会、一个国家的精神面貌、道德情操、认识水准和创新能力。尤其在今天信息发达、知识经济兴起的时代，文化的力量愈益显现，是任何经济和政治力量所无法取代的。

竞争包含着比较、对抗和胜负。竞争的规律虽因环境、类型、规则不同而有所区别，但一般情况下是优胜劣汰。从文化竞争的角度看，有两种情况值得注意：一是先进取代落后，二是强势压服弱势。前者是我们主张的，后者是我们反对的。因为先进文化是符合时代发展方向和人民愿望的文化，是人类社会发展中所产生的具有积极指导意义的文化，是对人类文明进步发展起着重要导向作用的文化。先进文化将逐步取代不适应时代和人民要求的、陈腐的、消极落后的文化。后者强势文化中含有人类文明进步的成果，这是应该肯定的，我们所要反对的，主要是以自身强大的经济、政治力量为基础，对比较弱势的群体、民族推行文化霸权政策，压服弱势服从强势文化。近代以来由于东西方经济、政治发展不平衡，形成文化西强东弱的状况。由此也滋长起西方文化中心论，妨碍了文化的正常交融。

文化有先进与落后、强势与弱势之分，不可避免地会发生矛盾斗争、竞争选择，但在处理世界各民族文化间的差异以及竞争问题上，必须坚持平等原则。现代的国际关系和各项事业的发展，最强调的是平等。平等是国际关系和各项事业发展的基础。国家间处理经济、政治是这样，文化问题也如此。平等最基本的含义是指彼此间承认其权力和地位的相同，平等的基本要求是相互尊重。各民族的文化是在各自历史地理环境条件下形成的，有其存在的合理性，其相互间应是平等的，不应具有高于其他民族文化的优越感；各民族的文化相互交融也要从实际出发，看实际需要，允许多种文化选择，而不能唯我独尊，甚至以强凌弱。所以，在当今世界文化发生多元交融情势下，我们必须在平等基础上，一方面强调文化的多元性，理解和尊重各民族文化；另一方面倡导多元文化相互竞争，促进彼此交流融合。

我们看奥林匹克运动，最初的参加者来自欧洲、北美，数量不多，如今已遍及世界。国际奥委会执行委员何振梁先生认为："普遍性必然要求文化上的多样性。当多种文化受到同样尊重的时候，普遍性才得以真正体现。""从一百年奥林匹克运动的历史看，它之所以成功，原因之一是它对多种文化的兼容和尊重。这个明智的政策不仅确定了奥林匹克运动的多文化性，也使它更具吸引力和凝聚力。可以毫不夸张地说，多文化性正是奥林匹克运动的财富和力量所在。"[①] 旨在推动改革的"国际奥委会2000委员会"指出："对奥林匹克运动来说，强调普遍性并不意味划一标准的现代化或是文化上的单一化，更不是欧洲化或西方化。奥林匹克教育应该是更加多文化的和文化之间的。"这说明国际奥委会已对尊重多文化予以高度关注。从一定意义上说，奥林匹克运动是平等竞争的多文化交融的运动。

文化的多元交融与平等竞争应借鉴奥林匹克运动，这也是促使文化的全球化与民族化向辩证统一的正确方向发展。

三、提高我国的文化竞争力

中国传统文化中是重视文化建设的，积淀许多宝贵财富，但也有一些不

---

① 何振梁《奥林匹克运动的普遍价值与多文化世界》，载《体育文化导刊》2002年第2期。

足,比如缺乏竞争观念。以儒家为代表的伦理价值强调个人服从社会,中庸和谐,自身修养。西方的价值观则强调个人高于集体,法律规范,奋勇竞争。东西方在这方面的价值观,分别和农业与工业文明有密切关系,其中有一定的互补性。中国传统文化中还存在唯我独尊的高傲思想,影响对外来文化的吸纳。近代以来对外来文化的争议,以及极左思潮一度泛滥,也影响了中外文化的正常交融。当今世界各方面联系日益紧密,竞争也日趋激烈。我们已对经济、政治领域中的竞争比较重视,而对文化领域中的竞争重视不够。因此,我们要提高文化竞争力,就需要坚持以马克思主义为指导,借鉴西方文化,强化文化竞争意识。

由于文化的概念极为复杂,有物质与精神、雅与俗、有形与无形等等不同领域及特点,提高我国的文化竞争力要考虑这些不同领域及特点。从一般意义上说,较重要的有以下几点:

①文化开放 适应当前文化的多元交融,应大力实行文化开放,既让世界文化走进中国,又使中国文化走向世界。现代人类文化的发展不能离开人类文明的共同成果。在西强东弱的情况下,文化开放是否会造成西化?这是一些人所关注的。对此,我们要相信中国文化具有强大的生命力和兼容性,是文化的多元交融中不可小视的一元,同时要坚持"以我为主,为我所用"的原则,借鉴而不是照搬西方文化,博采各国文化之长,在开放竞争中发展我国的优秀文化。

②文化创新 文化创新是有无竞争力的重要标志。中国文化连绵不断、博大精深,重要的原因是不断进行文化创新。文化创新离不开民族传统文化,也要广泛吸收外来文化,并有鲜明的时代感和民族特色。这需要做大量的、扎扎实实的实践和研究工作。在全球化加快、文化多元交融的格局下,我们特别需要进一步强化文化创新意识,提高文化创新的能力。文化创新的目标就是建设一个具有中国特色的社会主义新文化。

③文化品牌 从哲学看,任何事物都是量和质的统一。量是事物在时间和空间上的程度、范围的规定性,质是某一事物作为确定的存在而与其他事物区别的规定性。没有数量就没有质量,而质量高并不一定反映数量多。我们的文化成果要坚持数量与质量的辩证统一。我国的人口众多,人才济济,文化成果的数量多,应是我们的一大优势。同时应克服单纯追求数量的倾向,特别注意提高文化的品位,打造自己的文化品牌,提高在国际市场上的竞

争力。

④文化人才　文化建设要以人为中心，大力开发人力资源。人既是物质与精神的统一体，又是需求者。文化建设终归是为了满足人的需要，人的需要推动文化的发展。所以，文化建设关键在人，文化的竞争，归根到底是人才的竞争，人才的培养靠教育。适应全球化要求，需培养出在思想、知识、技能诸方面相协调，对本国和对世界有基本了解，在国际上具有一定竞争能力的人才。高等教育是人才培养的重要阵地，因此要把高等教育的发展放到重要的战略位置。当前，高等教育的国际化在成为世界范围内高等教育的一种发展趋势的同时，也已成为中国高等教育在21世纪必须做出的战略选择。许多发达国家重视"抢滩"中国教育市场，争夺文化人才。为培养更多在国际上具有竞争能力的人才，我们需要大力推进高等教育的国际化。

(原载于《北京联合大学学报》2002年增刊)

宋元时期"清官"含义的变化及其原因

中国的老百姓素怀一种深厚的清官情结，刚正不阿、清正廉洁的清官形象深入人心。然而现在所提及的清官并不是它的初始含义，而是经过不断地发展演变才最终形成的。

目前，学术界关于清官词意的演变、清官的评价及清官意识的流行等已有不少研究成果，也有不少值得斟酌和考证之处。本文主要从职官制度和政治文化的角度，探讨宋元时期清官含义的变化及其原因。

一、宋元以前"清官"含义的变化

中国古代对好官的肯定，一般采用"良吏"、"循吏"、"廉吏"等称呼，在二十四史中的《循吏传》、《良吏传》、《良能传》记载的多是廉能的官吏。中国古代也用"清"字来表达对好官的肯定，一般采用"清士"、"清介"、"清吏"、"清正"等称呼。[1] 例如《三国志》卷九《魏书·夏侯玄传》注引《魏氏春秋》："（魏明）帝前取事视之，乃释遣出。望其衣败，曰：'清吏也。'赐之。"[2]《三国志》卷十二《魏书·毛玠传》载："太祖为司空丞相，（毛）玠尝为东曹掾，与崔琰并典选举。其所举用，皆清正之士，虽于时有盛名而行不由本者，终莫得进。"[3] 等等。

使用清官称呼时间稍晚，其含义也较复杂。目前学术界认为魏晋时期才开始使用"清官"一词。《三国志》卷五十七《吴书·虞翻传》注引《会稽典录》说，虞翻第六子虞耸"清虚无欲，进退以礼，在吴历清官，入晋，除河间相，王素闻耸名，厚敬礼之"[4]。西晋武帝太康（281—289）年间担任淮

---

[1] 王曾瑜：《"清官"考辨》，《河北学刊》2008 年第 28 卷第 2 期，第 63 页。
[2] 陈寿：《三国志》，裴松之注，北京：中华书局，1982 年，第 303 页。
[3] 陈寿：《三国志》，第 375 页。
[4] 陈寿：《三国志》，第 1327 页。

南相的刘颂曾上书说:"使夫昧适情之乐者,捐其显荣之贵,俄在不鲜之地;约己洁素者,蒙俭德之报,列于清官之上。"① 魏晋时期士族门阀势力逐渐成为当时社会的统治力量,"职闲廪重"的清官主要由他们所占有。

东晋时期,司马氏定鼎金陵,在江南立国有赖于士族门阀的支持,清官类型也趋向多元。相当于君主近侍的黄门郎、散骑郎等即成"清选",以表明其身份崇高、岗位切要;还有适应纨绔贵游们尸位素餐、安享荣乐的"清闲"官,如东宫太子庶子、太子洗马、太子舍人等;再有许多文翰性官职,例如秘书郎、著作郎之类,属文化士族类清官,社会威望很高。

南朝各级官僚的出身门第分士庶,职务分清浊,"一些士族所习惯迁转官职,逐渐被视为'清官'而为其独占"②。依靠九品中正选官制度得以实施。在当时的士族中,玄学、"清谈"盛行,"清"成为最时髦的观念。在人物评价中,"清"也是使用率最高的词汇。如《南史》卷十三《营浦侯刘遵考》载:"子季连,字惠续,早历清官。"③《晋书》卷三三《何曾传附遵子嵩传》中有"嵩字泰基,宽弘爱士,博观坟籍,尤善《史》《汉》。少历清官,领著作郎"等。④

北朝情况有些不同。北魏统治集团由鲜卑族拓跋部的上层分子组成,他们既统治着鲜卑族人民,也统治其占领地区之汉族及其他各族人民,故官分南北两部,政权形式体现为"胡汉杂糅",并且以军功贵族为统治的主要力量,对于"文武"、"清浊"之辨并不敏感。孝文帝改革后,清官、清显、清华之类观念增强,而且将"清官"分成三个层次:第一层次是所谓"九流",即将流内九品列为"二品清宦"。第二层次是所谓"三清",即同在九品之内,诸官仍有"第一清"、"第二清"、"第三清"之异,如《魏书·辛雄传》载:"盖助陛下治天下者,惟在守令,最须简置,以康国道。但郡县选举,由来共轻;贵游俊才,莫肯居此。宜改其弊,以定官方。请上等郡县为第一清,中等为第二清,下等为第三清。"⑤ 第三层次,即是某些官职因其特殊位望而

---

① 房玄龄等:《晋书》卷46《刘颂传》,北京:中华书局,1974年,第1302页。
② 阎步克:《南北朝的散官发展与清浊异同》,《北京大学学报》2000年第2期,第72页。
③ 李延寿:《南史》,北京:中华书局,1975年,第361页。
④ 房玄龄等:《晋书》,第1000页。
⑤ 魏收:《魏书》,北京:中华书局,第1696页。

为君臣瞩目,由此形成观念性、习惯性"清官"了。

据《通典》卷十四《选举》载:"自(北朝)后周以降,选无清浊。"① 《北史》卷三十《卢柔传》载:"自周氏以降,选无清浊。及恺摄吏部,与薛道衡、陆彦师等甄别士流,故涉党锢之谮,遂及于此。"② 《隋书》卷七二《孝义陆彦师传》载:"隋承周制,官无清浊。"③ 这说明后周、隋朝选任官吏并不讲究清浊。唐朝清官制度主要是在北魏基础上发展起来的。

据《旧唐书》卷四十二《职官志一》载:"职事官资,则清浊区分,以次补授。又以三品已上官,及门下中书侍郎、尚书左右丞、诸司侍郎、太常少卿、太子少詹事、左右庶子、秘书少监、国子司业为清望官。太子左右谕德、左右卫左右千牛卫中郎将、太子左右率府左右内率府率及副、太子左右卫率府中郎将(已上四品)。谏议大夫、御史中丞、给事中、中书舍人、太子中允、中舍人、左右赞善大夫、洗马、国子博士、尚书诸司郎中、秘书丞、著作郎、太常丞、左右卫郎将、左右卫率府郎将(已上五品)。起居郎、起居舍人、太子司议郎、尚书诸司员外郎、太子舍人、侍御史、秘书郎、著作佐郎、太学博士、詹事丞、太子文学、国子助教(已上六品)。左右补阙、殿中侍御史、太常博士、四门博士、詹事司直、太学助教(已上七品)。左右拾遗、监察御史、四门助教(已上八品)。为清官。自外各以资次迁授。开元中,裴光庭为吏部尚书,始用循资格以注拟六品已下选人。其后每年虽小有移改,然相承至今用之。"④ 当时的清官主要由科举出身的流内官担任,"神功元年制'勋官、品子、流外国官出身,不得任清资要官。应入三品,不得进阶'"⑤。《唐六典》卷二载:"凡出身非清流者,不注清资之官。"⑥

比较而言,魏晋南北朝时期清官是为士族所独占的观念性官职,而不是由政府通过律令的规定性官职。这种"清官"官职以人分,君主往往"革选"无力。唐朝的清官则是"以官分",政府通过律令形式使其成为定制,有清资官、清官的正式认定。唐朝的清官已经不是以往那种通过门第获得清

---

① 杜佑:《通典》,北京:中华书局,1988 年,第 342 页。
② 李延寿:《北史》,第 1090 页。
③ 魏征等:《隋书》,北京:中华书局,第 1663 页。
④ 刘昫等:《旧唐书》,北京,中华书局,2002 年,第 1804—1805 页。
⑤ 刘昫等:《旧唐书》,第 1807 页。
⑥ 李林甫等:《唐六典》,陈仲夫点校,北京:中华书局,1992 年,第 1232 页。

官的名义，而是士人通过自身的努力得到某种地位的认定，从而获得荣耀。在律令上为北朝清官制度的延续、再发展。

二、宋元时期"清官"含义的变化

宋元时期虽然没有明确的律令来划分清浊官，但唐朝沿袭下来的清浊官制度仍有较大影响，同时随着形势变化，清官含义又发生重大变化。宋元时期"清官"含义的变化分三种情况。

（一）没有明确的律令来划分清浊官，但沿袭前代清官称谓

北宋前期的官员有官、职、差遣之分。所谓官，并不表示该官的实际权力，而是一种虚衔，只作为叙级和定薪俸多少之用，职指加给殿阁大学士之类高级官员的一种名义，只有临时差遣的官才握有实际的权力。因此，北宋前期的官员比较注重差遣。神宗元丰改制恢复唐朝职事官系列，但没有形成法定的清浊官制度。宋习惯上仍沿袭唐朝清官制度，如《宋史》卷二七七《韩国华传》载："（淳化）三年春，（韩）国华与潘太初因对，自言任两省清官兼计司职，不得侍曲宴，愿兼馆职，即日命并直昭文馆。"[1] 唐宋时期，中书和门下省并称两省。因此这里的两省清官就是指中书和门下省的清官。

再以具体的秘书丞官职为例。三国曹魏以来设秘书监，其属官秘书丞常被视为重要清官，或称"天下清官"。宋朝沿用此说，如胡宿《文恭集》卷十三《李恂可秘书丞制》载："诲接有方，褒迁宜及，丞于本省，号曰清官，勉服朝闱之荣，益虔宗屏之训。"[2] 又如同书《江中行可秘书丞制》载："敕某，惟士之髦奋入英，縠用吏之敏。擢佐史筵受委别京之曹，领行列橡之职局，无遘事岁有成劳。攸司以言著格，应赏通外朝之初，籍丞本省之清官。"[3] 再如郑獬《郧溪集》卷一《秘书丞制》载："魏置秘书令及丞，以待文学博通之士，故前世谓之天下清官。今者亦自兰台著作之局，乃得领职，犹足以异乎常选者矣。惟尔材业明茂，尝以治邑有声，使者言状，遂掌史氏，

---

[1] 脱脱等撰：《宋史》卷277，北京：中华书局，1985年，第9443页。
[2] 胡宿：《文恭集》卷13，《文津阁四库全书》第363册，集部·别集类，北京：商务印书馆，2005年影印本，第728页。
[3] 胡宿：《文恭集》卷13，《文津阁四库全书》第363册，集部·别集类，第728页。

三载奏课，复授以清官，其不为荣宠乎！"① 李焘《续资治通鉴长编》卷四三一，哲宗元祐四年八月癸丑记载："秘书郎为今日清官。"②

宋朝沿袭唐、五代之制，设置昭文、集贤、史馆与秘阁之职，简称馆阁之职。赵抃《赵清献公文集》卷六载："臣尝谓执中引用邪佞者，中外委寄，当择贤才。馆阁清官，岂容憸巧！而执中树恩，傥不顾公议，至如崔择，非次除给事中，移知郑州。"③ 朱熹《晦庵集》卷九六《陈公（俊卿）行状》载："秩满，改宣义郎。故事，第二人再调即为馆学清官，是时秦丞相桧用事，察公意不附己，乃以为南外睦宗院教授。"④

元代也无明确的律令来划分清浊官，但偶尔沿用前代清官称谓。如，刘孟琛《南台备要》载："监斋例：凡京都忌斋日，则与殿中侍御史分察寺观，七品已上清官，皆顾行香。"⑤

（二）传统意义上的清官得到广泛称颂，而且赋予新的清正廉洁含义

传统意义上的清官社会地位比较高。宋元时期，官僚队伍更强调清正廉洁，因此，担任传统意义上的清官尤其是有政绩的亲民的地方官，为朝野人士所传颂。宋祝穆《古今事文类聚》新集卷二一《诸院部》"号为三紧"条载："吏部铨注拾遗、评事、赤尉皆以才望清官标格，孤秀者署之，俗号为三紧官。又拾遗立紧以其行立在北省之次，献可替否也；评事出紧云云；赤尉坐紧云云。入仕之路，历是三官者，时辈共以为荣也。"⑥ 这说明清官可以是下层官，类似北魏郡县的"三清"官，以下列举为朝野人士所传颂的、与百姓关系比较密切的下层清官事迹：

宋英宗治平三年（1066）欧阳修所撰《内殿崇班薛君（塾）墓志铭》记载：薛塾，绛州正平人，为人果毅，品质正直，喜欢以气节自高。"初监曲沃县酒税，民素苦伐薪给官炊，公始更用石炭，民得不苦，至今赖之。"薛塾的兄长是北宋名臣薛奎（字简肃），《宋史》卷二八六本传称："奎性刚不苟合，遇事敢言。"墓志铭最后概括说："薛绛大族，兴自简肃。简肃之哲，其刚烈

---

① 郑獬：《陨溪集》卷1，《文津阁四库全书》第366册，集部·别集类，第621页。
② 李焘：《续资治通鉴长编》，北京：中华书局，1995年，第10420页。
③ 赵抃：《文津阁四库全书》第365册，集部·别集类，第763页。
④ 朱熹：《晦庵集》卷96，《文津阁四库全书》第383册，集部·别集类，第61页。
⑤ 刘孟琛：《南台备要》，明永乐大典本。
⑥ 祝穆：《古今事文类聚》，上海：上海古籍出版社，1992年，第928—415页。

烈。公躬直清官，以材称。惟贤是似，不愧其兄。薛有世次，简肃之碑。公墓南原，铭以识之。"① 刘克庄的《后村先生大全集·送赵阜主簿》云："罢税无兼局，萧然古廨寒。士称为善类，民说是清官。刀薄难推毂，身轻易起单。竹林逢大阮，试为问平安。"主簿是各级主官属下掌管文书的佐吏。《文献通考》卷六三："盖古者官府皆有主簿一官，上自三公及御史府，下至九寺五监以至郡县皆有之。"②

黄震《黄氏日钞·六月二十日委乐安施知县（亨祖）发粜周宅康宅米》载："就两宅中，又独周宅为尤不可劝，劝粜提督黄省元代之哀痛，至誓天素食两月，而周宅不恤也，至反申县诬其摇扰，本州遂差本县清官梁县丞前去监粜。今又访闻县丞极廉，而两耳目之聪明一旦无以胜吏卒之奸。县丞初欲先到周宅，其见已定，厅司乃硬押轿番，先至康家，遂致周官人先期搬藏米谷，欲以空仓虚历欺瞒县丞，称为已粜。"由此可见，梁县丞非常廉明，不让奸人为非作歹。

以上提到的清官都是宋朝职位比较低且有一定政绩的官员，在习惯上仍被视为唐官职的清浊官系列。与此时间相近的金朝与元朝，也有称颂这类清官的记载，以下列举当时诗歌中有关直接歌颂清官的句子：

金元好问《遗山先生文集》卷一一《薛明府去思口号诗》中说："能吏寻常见，公廉第一难。只从明府到，人信有清官。"③ 另元好问《遗山先生文集》卷第三四中还有"今年堂邑（平阴簿提领）有清官，三尺儿童也喜欢"等歌颂清官的词句。④

元刘敏中《中庵集》卷二五乐府《菩萨蛮》（贾君彦明为阳丘丞三年职扬政举而廉苦过甚其归也作长短句赠之）中说："谁不爱清官，清官似子难。"⑤

元邓文原《郭公敏行录》（分司嘉兴）中载："二月钱塘履政庭，分符三

---

① 欧阳修：《文忠集》卷61，《文津阁四库全书》第368册，集部·别集类，北京：商务印书馆，2005年影印本，第486页。另欧阳修《文忠集》卷24，《内殿崇拜薛君墓表》也有相同内容。
② 马端临：《文献通考》卷63，北京：中华书局，1986年，第574页。
③ 元好问：《元遗山诗集笺注》卷11，清道光二年南浔瑞松堂蒋氏刻本。
④ 元好问：《遗山集》遗山先生文集卷34，四部丛刊景明弘治本。
⑤ 刘敏中：《中庵集》卷25，清钞本。

月下禾城。寻常一样鸳湖水，自得清官越样清。"

元邓文原《郭公敏行录》（新建县学教谕钱原道）中载："清官出守惬民情，南浦扁舟向浙行。隽暴威名加礼貌，龚黄德政蔼仁声。"①

宋元时期，为朝野人士所传颂的、与百姓关系比较密切的下层官吏，是百姓心目中的"好官"，其事迹主要体现清正廉洁。

（三）百姓或艺人塑造以包公为代表的清官形象，表达对社会公正的愿望

现代含义的清官大量出现始自元朝，尤其在民间使用较多。钟嗣成（约1279—1360）于元至顺元年（1330）所编《录鬼簿》（后有修改和增补）中，几次使用"清官"一词。如卷上"五丈原"中提到"清官大断案"；续编"小孙屠"中提到"清官""智勘荒淫妇"等。元杂剧中很多公案戏提到清官，如关汉卿《哭存孝》中的小末尼云："父亲当日你无儿，我与你做儿来。你如今有了田产物业、庄宅农具。你就不要我了，明有清官，我和你去告来，可早来到衙门首也，冤屈也。"

元代有关包拯公案戏中多次提到清官，列举几例：

《包待制智赚灰栏记》中的赵令史说："我这衙门里问事，真个官清法正，件件依条律的，还有哪个清官清如我老爷的？"

《包待制陈州粜米》中范仲淹说："衙内，你保举的两个好清官也。"刘衙内说："学士，我那两个孩儿果然是好清官，实不敢欺。"

《包龙图智勘后庭花》："（滚绣球）我则道连累着我，便教放了你，你可在这壁厢不伶不俐。常言道天网恢恢，你则待厮摘离暗欢喜。对清官磕牙料嘴。自道无忧愁无是无非，怎想这金风未动蝉先觉，暗送无常死不知，准备着拷打凌迟。"

《王月英元夜留鞋记》："（做摸身上科，云）俺主人怀中现有一只绣鞋。我想来，俺主人在你寺里做的事，你必然知情。你如今将俺主人摆布死了，故意将这绣鞋揣在怀里。正是你图财致命，便待干罢！我将这尸首停在观音殿内，明有清官，我和你见官去来！"等等。

元代文学歌颂清官，塑造了以包公为代表的清官形象。清官寄托了百姓对于"好官"的愿望和要求，也是百姓对一个官员品行的道德评定。

---

① 以上见邓文原：《郭公敏行录》，元至顺刻本。

三、宋元时期"清官"含义变化的原因

"清官"一词,魏晋南北朝时期代表门第显要,唐朝用以表示官职品级,宋元时名义或习惯上还存在着清浊官的意义,但已开始指代清正廉洁,用以突出清官的高尚道德。

(一)官僚队伍改善的要求

魏晋以来清官主要由士族门阀担任,隋唐以来清官主要由进士出身之人担任,声誉较好,地位较高,升级较快,被视为"朝中盛选"①。宋元以来官制变化,虽然没有法定意义的清官,但清官习惯上仍为世人所重,这首先与当时的冗官问题有关。

隋唐以后,由于科举取士等政治、经济及社会因素,历代王朝官府数量和官吏人数都有较大幅度上升。宋朝之后官员冗滥现象愈演愈烈,官场越来越臃肿,几乎成了灾难。《宋史·食货志》说:"承平既久,户口岁增。兵籍益广,吏员益众。佛老外国,耗蠹中土。县官之费,数倍于昔。百姓亦稍纵侈,而上下始困于财矣!"宋朝的冗官、冗兵、冗费极其突出。宋人刘敞说:"唐时举进士,至烦矣,然所取不过三四十人。今国家间四岁乃举进士,至简矣,乃取之多或至五六百人。"②

元朝冗官不仅普遍存在,而且还以官府名目繁多重叠、多员制泛滥、高官剧增以及与蒙汉政治文化二元体制密切关联等特色肆虐于政坛,从而使元朝成为继两宋以后又一个官府和官吏冗滥十分突出的时期。③

由于宋元以来冗官现象严重,朝野呼唤仕路要清,以清职为重,因而清官习惯上仍为世人所重。以下引几条宋人有代表性的议论。

宋欧阳修《文忠集》卷一〇一《论举馆阁之职札子(仁宗庆历三年)》载:"臣窃见近年外任发运、转运使、大藩知州等,多以馆阁授之,不择人才、不由文学,但依例以为恩典。朝廷本意,以其当要剧之任,欲假此清职以为重,然而授者既多,不免冒滥。本欲取重,人反轻之,加之比来馆阁之

---

① 马廷鸾:《碧梧玩芳集》卷1,《元日除起居舍人辞免奏状》。
② 刘敞:《公是集》卷49,《文津阁四库全书》第366册,集部·别集类,第281页。
③ 李治安:《元代冗官述论》,《学术月刊》2006年第5期,第103页。

中，大半膏粱之子，材臣干吏羞与比肩，亦有得之以为耻者。"①

宋李焘《续资治通鉴长编》卷二〇八，英宗治平三年九月丙辰载："翰林学士承旨张方平等奏：'检详祖宗朝中外官不立迁转条限，大中祥符八年，始降诏京朝官并以三周年，令审官院磨勘引对与转官。是时仕路犹清，官员数少，厥后及今五十余年，约祥符初略计十倍。以故员多阙少，坐縻禄俸，才否无辨，差遣不行。考课之法，难复施用，官制之弊，无甚于此。'"②

宋叶适《习学记言》卷三三载："后世人主不审，先以涂辙分清浊。夫常取洁士居清官尚不能治，何者？其污墨者尚众也，至其甚也，以秽杂蠹清华犹不知惜焉，则是举其国而无人者，岂其人之罪也。"

(二) 反腐倡廉建设的需要

宋朝官员的腐败程度较之汉唐更加严重。商品经济的发展刺激了官吏的奢侈欲望，统治阶级的放纵政策助长了不正之风，其奢欲膨胀到"惟意所欲，无复分限"③的地步。为了维持穷奢极欲的生活，官员们便用权力牟取私利，或贪污受贿，或假公济私。吏治腐败，自然造成官逼民反。

北宋初建，太祖、太宗为除五代贪官恣横的积弊，严密立法，健全了监察制度，凡官吏贪赃枉法，皆行重典。赵翼《廿二史札记·宋初严惩赃吏》说："宋以忠厚开国，凡罪罚悉从轻减，独于治赃吏最严。盖宋祖亲见五代时贪吏恣横，民不聊生，故御极以后，用重法治之，所以塞浊乱之源也。"真宗、仁宗也相继颁布《诫告贪污诏》。宋王朝对犯赃官吏施以重典，同时，一些廉洁之士得到奖赏，加上儒学思想中重义轻利等伦理思想的长期熏陶，部分官吏的廉洁素质有所提高。

元朝初年，官吏无俸、无禄、无公田，造成贪贿盛行。元统治者将治下人民分成四类，制定了有利于蒙古、色目人的法律条令，南人、汉人承受着严重的民族压迫，导致了严重的民族情绪。在这样的情绪下，法制法令不健全，正义无法得到伸张。尤其在元成宗以后，腐败势力蔓延很快，以致"仕进者多贿赂权要，邀买名爵。下至州县簿书小吏，非财赂亦莫得而进。及至临事辄蠹政鬻狱，大为民害。"④

---

① 欧阳修：《文忠集》卷101，《文津阁四库全书》第368册，第611页。
② 李焘：《续资治通鉴长编》，北京：中华书局，1995年，第5060页。
③ 司马光：《温国文正公文集》卷23《论财利疏》。
④ 胡广等：《明太祖实录》卷69。

元朝的反腐倡廉制度也在不断完善，有关赃罪法的规定也渐成体系。自元世祖忽必烈制定的律法《至元新格》，经几次修订，形成《至正条格》，为元朝法制建设发挥了重要作用。元朝人徐元瑞曾在元成宗大德五年（1301）撰成《吏学指南》一书，其中对"赃罪"及有关的术语做了详实的解释，成为治理经济犯罪重要的参考书。

宋元以来反腐倡廉成为政权建设的重要任务，是时代呼唤。当时一些正直官吏，不但有较高的道德修养，而且对于贪污现象深恶痛绝。惩治贪赃、褒扬清官则顺应了这样一个历史趋势。

（三）民间百姓艺人的呼唤

两宋以来伴随社会经济发展与民族融合，各种普及型的以公案为题材的话本、杂剧、传奇及小说等文学艺术空前发展，以清官为主要题材、描写并传颂清官的作品开始流行。南宋末年，有关包公的清官故事也已进入文学领域。

元朝入主中原以后，长时期中断了隋唐以来实行的科举取士政策。许多学子特别是受到歧视的广大汉人学子无法通过科举做官实现政治抱负，因此只能通过文学形式发泄被压抑的情绪。元朝出现大量反映清官断狱题材的杂剧，将那些清廉的官吏、权势熏天的奸人、落魄书生、多情少女往往并存在一部作品中，紧紧贴近市民生活，通过呼唤清官来为自身伸冤、鸣不平。

元杂剧中清官断狱戏大约流传下21种，即关汉卿《鲁斋郎》、《窦娥冤》、《绯衣梦》和《蝴蝶梦》，王仲文《救孝子》，武汉臣《生金阁》，萧德祥《杀狗劝夫》，陆登善《勘头巾》，李行道《灰阑记》，孟汉卿《魔合罗》，郑廷玉《后庭花》，曾瑞卿《留鞋记》，无名氏《陈州粜米》、《合同文字》、《盆儿鬼》、《神奴儿》、《认金梳》、《替杀妻》、《勘金环》、《冯玉兰》和《朱砂担》。[①] 元杂剧中最著名的清官是包拯，胡适先生说他是个"箭垛式"人物，成为元朝以至明清时期清官的典型代表人物。

以包公为代表的清官形象反映了百姓诉求、时代呼声。清官文化成为百姓呼唤清官、期盼公正的生动体现。这种文化影响至今，成为中国传统文化的重要组成部分。

总而言之，"清官"一词历经千年，含义从表现士族门阀的门第、到中

---

① 杨清新：《元代清官断狱剧的现实精神》，《四川戏剧》2005年第4期，第22页。

央控制的官职、再到社会认可的官德,即从表示门第、官职到官德,从以人分、以官分到以德分。这种演变与九品中正制向科举制转变、士族政治向官僚政治转变紧密相关,反映了时代进步。宋元以来清官所体现的清廉公正的品德,流传至今。

(此文与专门史研究生杨骁琦合作,原载于《北京联合大学学报》2011年第2期)

元朝的两都巡幸及长城边塞诗

元朝是中国历史上第一个由蒙古族建立起来的统一王朝，它初步奠定了中国疆域的规模，发展了统一多民族的国家，促进了中外经济文化的交流，为中国社会的进一步发展开拓了良好前景。元朝辽阔的疆土与蒙古族骑马游牧的特性带来了都城建设、政治制度及文化创作的新变化，其中两都巡幸及长城边塞诗是其重要标志。

一、元朝的两都巡幸

（一）上都与大都的营建

元朝的前身是蒙古汗国，统治时间自1206年至1260年，这期间有蒙古前四汗（成吉思汗、窝阔台汗、贵由汗、蒙哥汗）相继在位。1260年忽必烈即大汗位，1271年建立元朝，至1368年元朝灭亡。蒙古汗国与元朝统治一个半多世纪，元朝统治约百年。元朝早在其前身——蒙古汗国时期，就曾于1235年在漠北建立过第一座都城——哈剌和林（在今蒙古国内）。元朝建立后，蒙古统治者又先后在漠南与汉地的接合地带建立了上都与大都。

上都是元朝建立后的第一个都城，位于今内蒙古自治区锡林郭勒盟正蓝旗东20公里闪电河北岸。早在忽必烈即位前的1256年春，他即命近臣刘秉忠"于岭北滦水之阳，筑城堡，营宫室"。历时三年，即1258年新城建成后，被命名为开平。蒙古大汗蒙哥去世后，忽必烈在1260年春于此正式即位，建元中统。此后，开平府不断得到增修扩建。1263年正式升为都城，定名上都，又名上京、滦京、滦都。

上都基本是按照离宫设计的，由宫城、皇城、外城和关厢等部分组成。中世纪意大利著名旅行家马可·波罗，曾随忽必烈在元上都居住长达17年。《马可·波罗游记》描述元上都"大而且富"，有宽阔的驿道与大都连接，驿道沿线商业发达。元朝初年上都是正式首都，大都建成后，上都的地位虽然依旧非常重要，但同前者相比，已具有陪都的性质。直至 1358 年，农民起义军攻陷元上都，焚毁了宫殿，随后"因上都宫阙尽废，大驾不复时巡"。

大都又称汗八里城，位于今天的北京，是元朝建立的第二座都城，也是有元一代最为重要的一座都城。元朝建立后，因统治重心南移，忽必烈在继续扩建上都的同时，于 1264 年将原金朝首都燕京改名为中都。1267 年初，因中都旧城残破不堪，忽必烈决定在中都的东北建筑新城，1272 年将新城命名为大都，原中都城则成了大都的组成部分。至 1287 年，历时 20 年的大都工程全部告成。

元大都的设计和规划显示着象天法地、敬天法祖的中华传统文化的内涵，皇宫坐落在大都城的中心，平面呈长方形，周长 28.6 公里，占地面积约 50 平方公里，相当于唐长安城面积的五分之三，接近宋东京的面积。大都城结构采用的是中轴布局、左右对称的形式，中间有一条贯穿南北的中轴线，各类建筑排列讲究有序。元朝统治期间，大都不仅是全国的政治、经济与文化中心，也是当时在世界上享有盛誉的国际大都会。

元朝两都的设计师都是刘秉忠。《元史》卷一五七《刘秉忠传》称他"博学多材艺"、"论天下事如指诸掌"。在忽必烈平定天下的过程中，他发挥了巨大作用。最初，忽必烈命他选址建城上都，四年以后，又受命修建中都（后改名大都）。大都城的整个建设，都是在他的"经画指授"下进行的，布局规范主要参照儒家的《周礼·考工记》，而明清北京又基本上是在元大都的基础上完善的。

（二）两都的巡幸

元朝实行两都制，大都为首都，上都为夏都。每年夏历二、三月至八、九月，皇帝及随行大臣、官员等有半年时间在上都避暑理政，只留中书平章政事、右丞（或左丞）数人居守大都处理庶务。从忽必烈开始直到元顺帝，元朝的 11 位皇帝中有 6 位是在上都登基。

当时，元大都前往上都的道路，据元人周伯琦说有四条："大抵两都相望，不满千里，往来者有四道焉，曰驿路，曰东路二，曰西路。东路二者，一由黑谷，一由古北口。"其中，驿路是一般官员和商人等来往两都间的主要通道，全长 800 余里，设有 11 处驿站。东路有两条道：一条经古北口赴上都，全长 870 余里，专供监察御史和军队使用，是一条"禁路"。由黑谷上行者为皇帝赴上都所走的专线，是一条"辇路"，全长 750 余里，设有皇帝出行时居住的帐幕 18 处,即"纳钵"。西路全长 1095 里,经南坡店、宣德府、鸡鸣山等到大口,沿途也设多处驿站。元朝皇帝每年巡幸上都单向行程约 20 多天,大多"东出西还",即从东道辇路赴元上都,经西道返回元大都。

元朝的两都巡幸制在中国历史上并非特有,之前也有一些皇朝实行过两都制或多都制,其间皇帝也往来巡幸。但元朝的两都巡幸制实施得比较稳定规范,而且实施的时间最长、规模最大,所涉及的人数也是最多的。元朝主要出于兼控中原汉地与蒙古宗亲的政治需要,同时也为保持自身的游牧习俗,加强两地的政治经济联系与文化交流。

二、元朝的长城边塞诗

(一) 元朝上京纪行诗

元朝两都巡幸制确立之后,有众多文人学士扈从圣驾巡幸北方,为边塞诗创作带来了新的发展契机,直接促成了元朝边塞诗的主体形式——扈从诗的出现。扈从诗当时主要称上京纪行诗。

写作上京纪行诗常以组诗形式出现,而且成为元朝文人的"时髦",是政治和文化生活的重要内容。据统计,《元诗选》、《元诗选癸集》、《元诗选补遗》中共收上京纪行诗 497 首,涉及 50 位诗人。但无论是诗人还是诗作,都有很大的增补余地。如《元诗选》只选了袁桷的 73 首上京纪行诗,但《清容居士集》中"开平四集"收上京纪行诗共 200 余首。还有些诗人如黄溍、欧阳玄等也有一些上京纪行诗,但《元诗选》未收录。检索各类现存文献资料,有关上京纪行诗近千首,涉及诗人近 60 位。

写作上京纪行诗的群体十分广泛,有袁桷、黄溍、柳贯、胡助、周伯琦、杨允孚、柯九思、虞集、张养浩、张昱、杨瑀、陈刚中等著名的文人学士,还有萨都剌、马祖常、廼贤、耶律铸、耶律希逸等知名少数民族作家。诸诗描写塞外风土景物,或自然真切,或气势雄伟,不但在诗坛上特立一格,更兼有文献史料上的价值。

(二) 元朝长城边塞诗

流传至今的近千首上京纪行诗,按题材内容可分为途中纪行诗和上京风情诗两大类。上京风情诗或名杂诗,或题杂咏,或称即事,其内容主要包括描绘上京独特的自然景观、周围的风物特产、风俗民情以及皇帝的巡幸内容。

对诸王朝会、陵寝祭祀、宫中习尚等也有比较细致的反映。

约有一半的途中纪行诗，以描写驿路风光景物为主，对大都至上京之间的昌平、榆林、龙门、赤城、独石、牛群头、明安驿、李陵台、桓州等驿站及自然景观都做了具体细腻的刻画描绘，其中，长城边塞纪行之作尤多。与唐代边塞诗相比，元朝边塞诗抒情重心由前代的征战戍守带来的各种矛盾及情感抒发转向了自然山川、植被物产、民俗风尚等风土民情的表现。扈从圣驾巡边避暑毕竟不同于博取功名拓奇异趣，写景记俗自然成了新的抒情重心了。

以长城居庸关边塞诗为例。居庸关距北京一百余里，建于长达三十多里的关沟之中。这条关沟是从大同、宣化通往北京的孔道。太行山从山西经河北至此数百里，连绵不断，从山麓至山脊皆陡不可攀，其间有八条通道，谓之太行八陉，居庸即是其中的第八陉。《金史》卷一○一《李英传》中说："中都（金首都）之有居庸，犹秦之崤、函，蜀之剑门也。"居庸关同样被看作首都西北的重要门户和屏障。北魏开始在居庸关修筑长城，成了长城的一处重要关口。元时居庸关作为由大都通往上都的关口大道，皇帝经常从此往还，因此在关沟的南北建了两道大红门，在关内修建了寺院、花园、过街塔及皇帝住宿的地方。

传世的专写居庸关的诗作唐宋时期不多，而元朝约有四五十篇。吴师道《礼部集》卷七记载："居庸北上一千里，供奉南归十二诗。纪实全依太史法，怀亲仍写使臣悲。"可知居庸常作北上纪行的起点。元初学者郝经既作《居庸行》，又写《居庸关铭》；袁桷《清容居士集》卷十五和十六"开平四集"收上京纪行诗，其中有两首专题《居庸关》，还有《弹琴峡》注明"在居庸"的作品。说明除专写居庸关的诗篇以外，还有不少与之相关的作品。《永乐大典》所收《顺天府志》中记载："百招长老有《过居庸十咏》，耶律柳（原误作'抑'）溪喜而和此。"迄今《过居庸十咏》已无从得见。以下列举现存元朝比较有代表意义的精彩诗句：

陈孚《居庸叠翠》，其中描写："断崖万仞如削铁，鸟飞不度苔石裂。"最后写道："征鸿一声起长空，风吹草低山月小。"揭傒斯《居庸行（赴上都道中作）》，其中描写："关门两向当天开，马如流水车如雷。荒鸡一鸣关吏起，列宿惨淡云徘徊。"黄溍《居庸关》，其中描写："连山东北趋，中断忽如凿。万古争一门，天险不可薄。"周伯琦《过居庸关》，其中描写："崇关天险控幽燕，万叠青山百道泉。绝壁云霞龛佛像，连廛鸡黍聚人烟。"萨都剌《过居庸关》，其中描写："居庸关，山苍苍，关南暑多关北凉。天门晓开虎豹卧，石鼓昼击云雷张。"最后说："居庸关，何峥嵘！上天胡不呼六丁，驱之海外消甲兵？男耕女织天下平，千古万古无战争。"

明清时期的一些学者不大看好元朝的上京纪行诗，认为其艺术价值不高，仅有一些史料价值。但从长城边塞诗歌看，元朝实际在我国文学艺术史中留下了光辉的一页。如写长城居庸关诗不仅数量多，而且质量高。元朝诗人能抓住雄关的特点和时空的变化，从山势之险、峡谷之长、水流之急，到发生在居庸的历代征战、兴亡之慨、和平之望等多角度、多侧面进行描绘与咏叹。其艺术形式清新，思想开掘深刻，值得我们重视和发扬。

主要参考文献

1. 陈高华著．元大都［M］．北京出版社，1982．

2. 析津志辑佚［M］．北京古籍出版社，1983．

3. 孔繁敏主编．历代名人咏长城［M］．北京大学出版社，1990．

4. 叶新民．两都巡幸制与上都的宫廷生活［M］．元史论丛．第4辑．中华书局，1992．

5. 王福利．元朝的两都巡幸、游皇城及其用乐［J］．上海音乐学院学报，2004（2）．

6. 李军．论元代的上京纪行诗［J］．民族文学研究，2005（2）．

7. 刘宏英，吴小婷．元代上京纪行诗的研究状况及意义［J］．河北北方学院学报，2008，24（4）．

（原载于《北京联合大学学报》2009年第2期）

历史丰碑，文学瑰宝——长城沿革与长城诗歌

一、长城沿革

在我国北方辽阔的土地上，横亘着一条气势雄伟的万里长城。它宛如飞舞的巨龙，由西向东，穿过戈壁草原，翻越崇山峻岭，奔向苍茫的大海。长城是我国古代劳动人民智慧与血汗的结晶，也是人类历史上最伟大的军事防御工程之一。

长城的起源，至迟可追溯到距今 2400 多年的战国时期，而筑城用以防御，则早在战国以前就出现了。我国的原始人类过渡到以农业为主的定居生活之后，便懂得在居住区周围挖壕沟或夯土墙、砌石墙，作为保护自己的防御性措施。随着生产力发展、私有制产生与阶级分化，这种防御设施不断改进。《礼记·礼运篇》说，原始社会解体，"天下为家"，"城郭沟池以为固"。相传夏朝就"筑城以卫君，造郭以守民"。商代的几处城址已被考古工作者发掘出来。这类具有防御功能的城，一般为周圈封闭式的人类生活和生产的聚集地，后来发展为城市，而我们所说的长城，则专指城障相连、蜿蜒起伏的军事防御工程。

（一）战国秦汉长城

自公元前 770 年周平王东迁洛阳，至公元前 221 年秦始皇统一全国，是中国历史上的春秋战国时期。这一时期由于铁器的使用和推广，促使乡村及城市经济迅速发展，诸侯国内部的实力有不同程度的增强，同时也引起诸侯国之间不断展开争地称霸的兼并统一战争。春秋时期，有一百多个诸侯国为了争夺中原地区的霸权而相互征伐。进入战国以后，所剩二十几个诸侯国之间的兼并战争更加激烈，战争规模空前扩大，运动性进攻战术显著提高。为了相互防御，一些诸侯国便在具有军事意义的边界地区修筑长城。从现有的文献与考古资料看，战国七雄——秦、齐、楚、燕、韩、赵、魏，以及较小的中山等国都曾修筑长城。

此时，在我国境内北方的匈奴等游牧民族正处于奴隶制社会阶段。奴隶主贵族为满足物质财富占有的欲望，经常发兵南下，侵扰相毗邻的秦、赵、燕诸国。这三国为抵御匈奴等族的侵扰，保卫本国的安全与人民正常的生活和生产，相继在北部边境地区修筑长城。秦始皇的万里长城，就是在这三国旧有长城的基础上修筑起来的。

秦国原活动于陕西西部，与戎狄等部族杂居，社会经济较中原诸侯国落后。战国中期秦孝公用商鞅变法，国力迅速强盛。秦在扩张领土过程中，西北地区主要遭到义渠戎族的反抗。到秦昭王（前306—前251）统治时，其母宣太后把义渠戎王骗到咸阳杀死，随后乘机起兵攻败了戎族，取得了陇西、北地、上郡广大地区，并"筑长城以拒胡"①。据考察，这条长城起自今甘肃岷县城西10公里处（一说起自今甘肃临洮县城北三十里墩的洮河东岸），历经渭源、通渭、静宁，绕到宁夏固原，又沿甘肃环县、陕西靖边，到达内蒙古准格尔旗东北的十二连城。十二连城隔着黄河，与托克托县遥遥相对。

赵国占据今山西、河北一带，肃侯时为抵御相邻的魏国，在南部边界筑长城。由于赵的北部常受到林胡、楼烦等游牧民族的侵扰，到肃侯之子武灵王时，便进行军事改革，加强边防。《史记·匈奴传》说："赵武灵王亦变俗胡服，习骑射，北破林胡、楼烦，筑长城，自代并阴山下，至高阙为塞。"这段长城的走向，大体东起于赵国代郡所辖的今河北省张家口北，向西经内蒙古兴和、呼和浩特、包头、乌拉特前旗，再沿乌加河北继续西行，直达高阙，即今内蒙古临河县东北的石兰计山口（一说在今内蒙古乌拉山西段某山口）。

燕的统治区域在今北京、河北、辽宁一带，其地西南与赵、齐诸国相接，东北居住着东胡等游牧民族。燕昭王在位时，曾于南部边界的易水流域修筑长城，用以防御赵、齐。约战国后期，燕又在北部边界修筑长城。《史记·匈奴传》说："燕有贤将秦开，为质于胡，胡甚信之。归而袭破走东胡，东胡却千余里。与荆轲刺秦王秦舞阳者，开之孙也。燕亦筑长城，自造阳至襄平，置上谷、渔阳、右北平、辽西、辽东郡以拒胡。"这段长城，大致东起于河北张家口北，东北行经沽源、内蒙古多伦、河北围场，折向内蒙古赤峰、敖汉旗，进入辽宁辽阳。

另据《史记·朝鲜传》载："自始全燕时，尝略属真番、朝鲜，为置吏，

---

① 《史记》卷110《匈奴传》。

筑障塞。秦灭燕,属辽东外徼。汉兴,为其远难守,复修辽东故塞,至浿水为界,属燕。"浿水即今朝鲜清川江,位平壤北。联系《水经注·河水三》及《通典·边防二》所载长城"至于碣石"推断,秦汉相因的燕北长城的东端已及朝鲜。目前考古发现燕北长城的东端到达辽宁阜新,此段以东的情况尚待进一步调查。

战国时期中原诸侯国之间的战争不断升级,秦、赵、燕在北部边界所筑长城,没能有效地抵御匈奴等游牧民族的侵扰。到公元前221年秦平定关东六国,建立了统一的国家,便有条件将军事力量集中起来对付匈奴。公元前215年,秦始皇派大将蒙恬率军30万进攻匈奴,占领黄河河套南北广大地区,同时设郡县管理。为进一步巩固北部边防,秦始皇又下令大规模地修筑长城。《史记·蒙恬传》云:"秦已并天下,乃使蒙恬将三十万众,北逐戎狄,收河南。筑长城,因地形,用险制塞,起临洮,至辽东,延袤万余里。"这条闻名于世的万里长城,利用了战国秦、赵、燕三国设在北部边界的长城,其中若干地段则随着秦国新开拓的疆域向北扩展。考古工作者已在今陕西、甘肃、宁夏、内蒙古、河北、吉林、辽宁等地发现了秦长城遗迹。有些残存的土垣高至五六米,断层清晰可辨。其东部长城的若干地段,比现存明代长城向北推出数百公里。

对于秦始皇修筑万里长城的评说,两千年来有褒有贬。今天我们用历史唯物主义的观点分析,既肯定他对防御匈奴奴隶主贵族的军事侵扰、巩固统一国家的积极作用,同时要批评他滥用民力及对劳动人民的严重摧残。

匈奴在秦时一度受到沉重打击,及秦末战乱,再度强大起来,并时常牧马南下。汉朝前期着力于国内的恢复与建设,无力与匈奴争锋,于是采取"和亲"政策,将汉宗室的姑娘嫁给匈奴单于,双方约为兄弟之国,汉每年还要送给匈奴大量的财物。但匈奴并不满足既得利益,仍时常发兵南侵。汉经过百余年的休养生息,到武帝时国力强盛,不能再容忍匈奴的侵扰,于是部署大规模的反击,派著名军事将领卫青、霍去病率军收复河南、河西,北渡阴山,重创匈奴的军事力量,致使"匈奴远遁,而幕(漠)南无王庭"。与此同时,汉武帝加强了北部防线。首先是修缮秦始皇时的长城。《史记·匈奴传》元朔二年(前127)载:"汉遂取河南地,筑朔方,复缮故秦时蒙恬所为塞,因河为固。"同书《朝鲜传》载:"复修辽东故塞,至浿水为界。"

其次在河西走廊设置亭障堡塞。《史记·大宛传》载:"汉始筑令居(今甘肃永登县）以西，初置酒泉郡以通西北国。"元鼎六年（前111）汉进兵姑师，虏楼兰王之后，"酒泉列亭障至玉门矣"。太初四年（前101）汉遣使者至"宛西诸外国，求奇物"，"而敦煌置酒泉都尉；西至盐水（今新疆罗布泊），往往有亭"。这条自令居至盐水的防御工程，分段修筑，前后花费十余年时间。又，《汉书·武帝纪》太初三年（前102）载，派遣"强弩都尉路博德筑居延"。居延堡塞沿西南弱水达酒泉，沿线屯兵并设军事机构。

再次是修筑阴山以北的亭障。《史记·匈奴传》太初三年（前102）载："汉使光禄徐自为出五原塞数百里，远者千余里，筑城障列亭至庐朐，而使游击将军韩说、长平侯卫伉屯其旁。"西汉五原约今包头市西北部及乌拉特前旗境内，亭障逾此沿阴山西北而行，穿越今中蒙边界，在蒙古人民共和国境内又转而西行，向我国甘肃省的额齐纳旗一带延伸，大体与河西居延防线相接。

考古工作者已发现多处汉长城遗迹，特别是在敦煌、居延地区，还出土了大量汉木简文书，反映了汉武帝及以后一个时期修筑工事、军队屯戍等重要历史情况。

汉武帝继秦始皇之后大力修筑长城亭障堡塞，有效地制止了匈奴贵族的进犯，保障了内地人民的正常生活及中西"丝绸之路"的畅通，并促进了西域地区的开发。武帝以后，汉匈之间长期维持着和平友好关系。元帝时，汉朝廷将宫女王嫱（字昭君）出嫁与匈奴呼韩邪单于，使双方的经济文化往来更加密切起来。

西汉末年，外戚王莽夺取朝廷最高统治权，建立了新朝，对匈奴等少数民族采取极端歧视的政策，使汉匈友好关系破裂。汉国内的反抗力量也常与匈奴等族联结，相互声援。东汉光武帝即位后，对匈奴采取积极防御措施，以求稳定局势。《后汉书·王霸传》建武十三年（37）载："是时卢芳与匈奴、乌桓连兵，寇盗尤数，缘边愁苦。诏霸将驰刑徒六千余人，与杜茂治飞狐道，堆石布土，筑起亭障，自代至平城，三百余里。"同书《马成传》云："十四年，屯常山、中山以备北边，并领建义大将军朱祐营。又代骠骑大将军杜茂缮治障塞，自西河至渭桥，河上至安邑，太原至井陉，中山至邺，皆筑堡壁，起烽燧，十里一侯。"东汉初年局部修缮长城障塞，并没有对匈奴采取主动的军事进攻。但至建武二十二年（46）匈奴贵族则因争夺王位发生内讧，分成南、北两部分，汉随后联络归服的南匈奴，出兵进攻北匈奴，连战克捷，匈奴势力自此衰弱下去。汉长城沿线局势稳定下来，也没再兴役修筑。

(二) 南北朝至元长城

东汉之后,魏、蜀、吴三国鼎立,角逐中原。西晋短暂统一,北方诸族纷迁内地,不以长城为重。及至东晋,偏安东南,以长江为天堑,更谈不上长城了。南北朝时期,北朝诸国都是鲜卑族建立的,他们入主中原,即以正统自居,更把北方的少数民族视为夷狄,组织力量进行防御。

北魏初都平城(今山西大同),经常受到北方新起的柔然(又称蠕蠕)等民族的侵扰。柔然占据着汉代匈奴族所占据的地方,地域十分辽阔。为保卫平城,北魏在今黄河河套西北至河北张北县一线分列六个军镇——沃野、怀朔、抚冥、武川、柔玄、怀荒,同时增筑长城与塞围。《魏书·太宗纪》泰常八年(423)正月载:"蠕蠕犯塞。二月戊辰,筑长城于长川之南,起自赤城,西至五原,延袤二千余里,备置戍卫。"这条长城大约东起于今河北赤城县,西至内蒙古包头市西北的乌拉特前旗附近。同书《世祖纪》太平真君七年(446)六月载:"发司、幽、定、冀四州十万人筑畿上塞围,起上谷,西至于河,广袤皆千里。"这种围绕平城修筑的"塞围",大抵相当于两汉的"亭障",比长城的建筑低薄简陋,但与长城相表里,构成严密的防御体系。

北魏自永熙三年(534)后,相继分裂成东魏与西魏,后分别为北齐与北周取代。东魏曾在山西修筑长城。《资治通鉴》卷一五八梁武帝大同元年(东魏武定元年,543年)载:"丞相(高)欢筑长城于肆州北山,西自马陵,东至土墱,四十日罢。"这一地段相当今山西静乐县至崞县,百余里。北齐修筑长城的规模相当可观。《北史·齐本纪》天保六年(555)载:"诏发夫一百八十万人筑长城,自幽州北夏口,西至恒州,九百余里。"这里所谓"夏口",即今北京居庸关南口,恒州为山西大同。同书天保七年(556)载:"先是,自西河总秦戍筑长城,东至海,前后所筑,东西凡三千余里,率十里一戍,其要害置州镇,凡二十五所。"这条长城大约西起今山西大同西北,东行入河北,达渤海北岸的山海关。北齐为防御柔然,还在今山西、河北等处长城的重要地段"筑重城"400余里;又在河南修南北走向长城200余里,以御北周。公元577年北周灭北齐,统一北方广大地区,又征发山东诸州人民,"修齐所筑长城"①。

隋朝代周,再次统一全国,北方的劲敌是新起的突厥、契丹、吐谷浑诸

---

① 《资治通鉴》卷173《陈纪七》。

族，于是屡兴修筑之役。据《隋书·突厥传》记载，隋高祖即位后，东突厥沙钵略可汗与隋营州叛将高宝宁联军，攻陷了临渝镇（即今山海关），"上敕缘边修堡障，峻长城，以备之"。同书《高祖纪》开皇元年（581）四月载："发稽胡修筑长城，二旬而罢。"六年（586）二月，"发丁男十一万修筑长城，二旬而罢"。七年（587）二月，"发丁男十万余修筑长城，二旬而罢"。《崔仲方传》载，开皇五六年间，司农少卿崔仲方受命于朔方、灵武等处筑长城，"以遏胡寇"。《炀帝纪》大业三年（607）七月载："发丁男百余万筑长城，西距榆林，东至紫河，一旬而罢。"四年（608）七月，"发丁男二十余万筑长城，自榆谷而东"。隋朝所筑长城东起山海关，西终甘肃。途经地段大抵沿北魏、北齐之旧，而增筑的地段主要在今陕西、宁夏、甘肃及内蒙古的河套一带。隋自建国到亡国，前后不足四十年，却频繁征发民力筑长城。《隋书·五行志》大业十三年（617）载："天下大旱。时郡县乡邑悉遣筑城，发男女，无少长，皆就役。"结果是"百姓失业，道殣相望"。推翻隋王朝的力量不是北方少数民族，而是国内的农民大起义。

唐承隋后，国力强盛，疆域辽阔。北方的突厥等族四分五裂，散居大漠南北。唐设都护府或都督府管辖北部边疆地区，长城内外经常在它的控制范围之内，其边防作用有所降低。《玉海》卷一七四《唐长城》载："地理志，妫州怀戎县北九十里有长城，开元中张说筑。东南五十里有居庸塞，东连卢龙、碣石，西属太行、常山，实天下之险，有铁门关。……太宗贞观二年（628）九月己未，突厥寇边，或请修古长城，上曰：'朕方扫清沙漠，安用劳民！'"终唐之世，长城没有大的修筑。

唐王朝解体后，中原与南方广大地区出现了长达半个多世纪的军阀割据混战的局面。与此同时，北方契丹族建立了强大的辽王朝，向南占据了燕云十六州，并经常发动对中原王朝的侵犯。取代后周的宋王朝，占据中原，逐步统一南方各国，与辽王朝形成南北对峙的局面。

辽统治者把长城看作契丹与中原文化分界的标帜。《辽史·营卫志》说："长城以南，多雨多暑，其人耕稼以食，桑麻以衣，宫室以居，城郭以治；大漠之间，多寒多风，畜牧畋渔以食，皮毛以衣，转徙随时，车马为家。此天时地利所以限南北也。"由此实行"以国制治契丹，以汉制待汉人"的双轨政治制度。另据《辽史·地理志》记载，辽曾在西北边境地区修筑了许多城堡，统称为"边防城"。经考古勘察，在呼伦贝尔草原西部有一条长700公里的边壕，东起根河南岸土库力，往西越过额尔古纳河，经今苏联境内进入蒙古人民共和国，至肯特山东麓终止。这条边壕可能是辽朝为防御乌古、敌烈诸部的侵扰，保护克鲁伦河、哈拉哈河、海拉尔河流域的农牧业经济而修筑的一道军防工程（还有两种不同意见：一为金修筑的"金源边堡"。一为蒙古修筑的"成吉思汗边墙"）。

宋朝边境在长城之南，防御北方辽朝的措施，主要是在河北沿边的平原上，利用河渠塘泊，筑堤储水。沿线设寨、铺及水军，"往来巡警"。宋为防御西北党项族建立的夏朝，在陕西、河东等处营建了成串的堡寨，驻屯了大量军队，但没有形成稳定而严密的防御体系。

公元12世纪初期，生活在我国东北的女真族建立了金朝，此后十余年，金灭辽，并迫使宋退居淮河以南。旧有的长城在金国境之内，但其西北边与日益强大的蒙古族接壤，适应军事防御的需要，乃修筑了一条数千里长的界壕边堡，《金史》有片断的记载。如《世宗纪》大定五年（1165）正月载："诏泰州、临潢接境设边堡七十，驻兵万三千。"《地理志（上）》"泰州"条载："边堡，大定二十一年三月，世宗以东北路招讨司十九堡在泰州之境，及临潢路旧设二十四堡障参差不齐，遣大理司直蒲察张家奴等往视其处置。于是东北自达里带石堡子至鹤五河地分，临潢路自鹤五河堡子至撒里乃，皆取直列置堡戍。"《仆散揆传》载其任招讨使后，"沿徼筑垒穿堑，连亘九百里，营栅相望，烽候相应，人得恣田牧，北边遂宁"。元朝的张德辉，在其游记《塞北纪行》中提道："过渔儿泊（即今内蒙古克什克腾旗西北达里诺尔）……自泊之西北行四驿，有长城颓址，望之绵延不尽，亦前朝所筑之外堡也。"

自清朝末年以来，考古工作者对金朝界壕边堡进行了局部勘察，已初步搞清其东端起点在今内蒙古莫力达瓦旗尼尔基镇北约八公里的嫩江西岸，西端终点在今内蒙古乌兰察布盟武川县上庙沟村西南约半公里的大青山主脉侧。历经内蒙古自治区和黑龙江、吉林两省，蒙古人民共和国境内也有一部分，全线绵延数千里。

蒙古族建立的元朝，控制着漠北至海南广大地区，军力的核心是骑兵，长城似乎多少会妨碍他们的军事行动，所以听其自生自灭。但出于皇帝巡幸和军事防卫需要，长城的某些重要关口也设兵把守。

（三）明至现代长城

现在我们所看到的长城，大都是明朝修筑的。明建国之初，为防御被推翻的蒙古贵族卷土重来，便在武力征讨的同时，进行长城的修筑。明中叶以后，随着北方蒙古势力的再起与东北女真族的扩张，明王朝更加强了长城修筑的步伐，并在边防沿线相继设置了九个军镇，号为"九边"，屯驻重兵防御。

《明史·兵志（三）》"边防"条说："元人北归，屡谋兴复。永乐迁都北平，三面近塞。正统以后，敌患日多。故终明之世，边防甚重。东起鸭绿，西抵嘉峪，绵亘万里，分地守御。初设辽东、宣府、大同、延绥四镇，继设宁夏、甘肃、蓟州三镇，而太原总兵治偏头，三边制府驻固原，亦称二镇，是为九边。"

明代长城又称边墙，九个军镇分段防御：

(1) 辽东镇，镇治辽东司，在今辽宁省辽阳市。管辖边墙，东起鸭绿江西岸凤凰城，西迄山海关，长约1950里。

(2) 蓟镇，镇治蓟州，在今河北省蓟县。管辖边墙，东起山海关，西迄居庸关东的灰岭隘口，长约1200里。

(3) 宣府镇，镇治万全都指挥使司，在今河北省宣化县。管辖边墙，东起居庸关东的四海治，西迄今山西河北交界之西洋河，长约1023里。

(4) 大同镇，镇治大同府，在今山西省大同市。管辖边墙，东起山西天镇东北的镇口台，西迄山西偏关东北的鸦角山，长约647里。

(5) 山西镇，也称太原镇，镇治偏头，在今山西西北的偏关县。管辖边墙，东起山西和顺东的黄榆岭，西迄山西保德黄河岸边，中经平型、雁门、偏头等关城，长约1600里。

(6) 延绥镇，也称榆林镇，镇治榆林堡，在今陕西北部的榆林县。管辖边墙，东起内蒙古自治区清水河县附近的清水营，西迄宁夏回族自治区盐池县内的花马池，长约1770里。

(7) 宁夏镇，镇治宁夏镇城，在今宁夏回族自治区银川市。管辖边墙，东起宁夏回族自治区盐池县内的大盐池，西迄甘肃皋兰、靖远县交界的兰靖，长约2000里。

(8) 固原镇，镇治固原州，在今宁夏回族自治区的固原县。管辖边墙，东起陕西省靖边县与榆林镇相接，西迄甘肃中部皋兰县与甘肃镇相接，长约1000里。

(9) 甘肃镇，镇治陕西行都指挥使司，在今甘肃省张掖县。管辖边墙，东起甘肃兰州市，西迄嘉峪关，长约1600里。

明九镇东起鸭绿江，西迄嘉峪关，总计 12700 多里，经今天的辽宁、河北、天津、北京、山西、陕西、内蒙古、宁夏和甘肃 9 个省市自治区。重要地段的边墙有好几重，多者达二十几重。每个边镇有各自的军事防御组织系统。一般来说，镇设总兵官及副总兵，镇下分若干路，路下分管若干关隘及城堡。如蓟镇下分东、西、中三路，路下分管山海关、石门寨、燕河营、太平寨、喜峰口、古北口、石塘岭等关堡；宣府镇下分东、西、北、中四路，路下分管张家口、独石、葛峪、青边、四海治等关堡。平时每镇将领负责守卫本镇地段，遇有重大敌情，则受兵部或皇帝指派的大臣指挥。每镇兵力随时增减，多时平均在 10 万人左右，总计约 100 万人。

明九镇的最东一段，即山海关至鸭绿江的辽东边墙，依山筑墙，依水建栅，工程比较简单，清时毁坏即已严重，所以清康熙年间又陆续在这条地段上"插柳为边，高者三四尺，低者一二尺，掘濠于其外"，称"柳条边"。[①] 迄今柳条边也已大部分毁坏。从山海关至嘉峪关的边墙，大都是采用条石、砖块砌筑，工程较为坚固，至今仍大部分保存。

明长城所通过的路线，与北魏、北齐、隋代长城的若干地段相同，而与秦、汉长城有较大的差异。主要表现在明长城较秦、汉长城的位置向南缩进的距离甚大。明长城的西段终点较秦伸展，较汉退缩。秦、汉长城的东段终点尚无定论，而与明同在辽东设置长城则是一致的。

距离明京师西北百余里的八达岭一段长城修筑得最为坚固，整个墙身用条石和大型城砖砌成，内填泥土石块，平均高约 7.8 米，墙基平均宽约 6.5 米，墙顶部平均宽约 5.5 米，可容 10 人并肩行进。墙身南侧，每隔 70—100 米就有一个券门，循石梯可通墙顶。墙顶部还有砖砌的 1 米多高的女墙（里侧）和垛口（外侧），用以瞭望和射击。每隔 300—500 米筑有士兵巡逻放哨使用的方形墙台或敌楼，易于瞭望的高岗则筑有烽火台。八达岭岭口建有一座小关城，城南北二门分别题曰"居庸外镇"、"北门锁钥"。门两边与长城相接，盘旋于燕山之上，极为壮观。1984—1985 年，中国地质与环境保护等部门，通过对北京地区长城采用航空遥感技术的调查，证明"八达岭长城是北京地区长城的精华"[②]。

[①] 参见〔清〕杨宾：《柳边纪略》。
[②] 《北京地区长城航空遥感调查》，《文物》1987 年第 2 期。

八达岭岭口又称北口，向南延伸40余里为南口，南北口之间两山夹峙的峡谷称关沟，是大同、宣化通往北京的孔道，形势颇为险要。著名的居庸关就筑在关沟之中。《延庆卫志略·关隘》载："明太祖既定中原，副大将军徐达以修隘之任，即古居庸关旧址，垒石为城。景泰初，王师败于土木，兵部尚书于谦言：宣府京师之藩篱，居庸京师之门户，亟宜守备。乃以佥都御史王鋐镇居庸，修治沿边关隘。因旧关地狭人稠，度关南八里许古长坡店，创建城垣，即今延庆卫城也。周围一十三里三十七步有奇，东跨巽山之上，西跨兑山之颠，南北二面筑于两山之中，高四丈一尺，厚二丈六尺，东西二面依山建筑，高厚不等。"经实际勘察表明，这段记载是符合实际的。据《明英宗实录》载："景泰六年（1455）六月……己丑，修居庸关城毕工。"毕工前一年嵌在关城南北两门的"居庸关"三字石匾，至今犹存。

明代长城东部的重要关口——山海关，素有"两京锁钥无双地，万里长城第一关"之称。《嘉靖山海关志》载："国朝洪武十四年（1381），创建城池关隘，名山海关，内设山海卫，领十千户所，属北平都指挥使司。……卫城周八里一百三十七步四尺，高四丈一尺，土筑，砖包其外。自京师东，城号高坚者，此为最大。"长城在山海关东门之南延伸约4公里，直入大海，此处俗称老龙头。老龙头上建有澄海楼。清陈天植《重修澄海楼记》云："长城之杪，又甃石为垒，截入海中，高可三丈许，长且数倍，曰老龙头。此则故明将军戚继光所筑。"

嘉峪关是明代长城的西端，在今甘肃省西部酒泉城西70里处，南临祁连山。《乾隆肃州新志》载："嘉峪关，在州西七十里，嘉峪山西麓，明初置。洪武五年（1372）冯胜下河西……筑土城，周二百二十丈。"此后，嘉峪关几次改筑，关城周围有罗城、角楼及烽火台。嘉峪关的长城自关城北面伸展，再折而向东，穿越沙漠峻岭，直抵辽东。

明代修筑长城的工程浩大，技术先进，设备齐全。可以说，长城这一伟大工程，从战国开始，历经两千年的修葺、改筑，至明代发展到了最高阶段。

明代耗费了巨大人力物力修筑长城，却未能挽救自身的灭亡，迨清兵入山海关，占据全国之后，一方面在北方军事要冲地区，凭借明长城或设置柳条边加强防守；另一方面鉴于明亡国的教训，决定不再兴筑长城。康熙皇帝在《古北口》一诗中说："断山逾古北，石壁开峻远。形胜固难凭，在德不在险。"乾隆皇帝在《望长城作》一诗中说："千秋形胜因循览，万古兴亡取次觇。自是天心无定向,从来违顺卜鳌黔。"他们都清楚巩固政权不能凭"形胜",而要重视德化及人心向背。这一思想指导他们采取一系列加强思想政治统治的措施,并取得一定成效。

中国古代以农业为主的中原地区政权,为防御北方游牧民族的侵扰,长期采用修筑长城的办法。在当时战争主要使用刀枪、剑戟、弓弩等冷兵器,骑兵拥有巨大威力的情况下,这种办法还是起了一定的防御作用。但到了近代,国际关系及战争形势、军事武器发生了巨大变化,长城的防御作用逐渐消失。

中国古代各民族的统治集团为相互防御而修筑长城的历史已经过去,作为历代劳动人民智慧与血汗结晶的长城则与世长存。新中国成立以来,长城面貌发生了重大变化。1961年国务院宣布山海关、居庸关、八达岭、嘉峪关等处长城的重要地段为全国重点文物保护单位,并拨出专款进行维修。1979年国家文物局在内蒙古自治区召开了全国长城保护与研究工作座谈会,促使这方面工作全面系统地展开。长城考古学成了专门研究领域,学术机构长城学会也已产生。1984年北京一些单位联合倡导举办了"爱我中华,修我长城"的社会赞助活动,得到国内外热心修复长城的各界人士的积极支持。长城的若干地段经过维修,已成为中外观光者理想的旅游胜地。1987年联合国教科文组织将长城列入世界重点文物之一。在新的历史条件下,长城作为中华民族的珍贵遗产和世界人民的共同财富,正在发挥更大的作用。

二、长城诗歌

长城在中华民族悠久的历史发展中,产生了广泛而深刻的影响。从中国文学艺术的角度看,关于长城的有传说故事、诗歌辞赋、散文游记、小说戏曲、影视音乐等。其中分量最重、成就最大的,应属长城诗歌。

长城诗歌的题材有广义与狭义之分。广义的指内容词句凡涉及长城、长城边塞及长城故事的诗作,包括部分边塞诗、战争诗与纪行诗等。狭义的专指以长城、长城边塞及长城故事等为题的诗作,亦即描绘的对象就是长城。探讨长城诗歌的历史发展,无论广义或狭义的皆需涉及。

(一)秦汉及南北朝时期:长城诗产生并与边塞诗结合

这一时期出现的长城诗有民歌、乐府歌、五言诗等形式,它既从总体上与我国诗歌的发展同步，又继承了我国最早诗歌总集《诗经》中边塞诗（狭义的边塞诗出现较晚，此从广义言之）的特点。长城诗与边塞诗结合，逐渐融成长城边塞诗。

长城诗伴随长城的修建而产生。早期的长城诗格调低沉悲凉，主要反映修城和征戍之苦，如流传至今最早的长城诗歌，即秦汉之际关于长城的民歌："生男慎勿举，生女哺用脯。不见长城下，尸骸相支拄。"① 汉对秦拨乱反正，注重清算其罪行，这首民歌是对长城苦役的血泪控诉，反映了人民的心声。汉武帝时期设置乐府，采集民歌，配以乐曲，文人不断仿效，形成一种新诗体。汉乐府诗中有一类为相和歌，"并汉世街陌讴谣"②，即在汉民间广为流传。其中有一首民歌题为《饮马长城窟》，原歌词已佚，后世诗人袭用此题者较多，内蕴主要为征戍之苦。汉乐府民歌中还有一类称《横吹曲》。《乐府诗集》题解说："《横吹曲》，其始亦谓之鼓吹，马上奏之，盖军中之乐也。北狄诸国，皆马上作乐，故自汉以来，北狄乐总归鼓吹署。其后分为二部，有箫笳者为鼓吹，用之朝会、道路，亦以给赐。汉武帝时，南越七郡，皆给鼓吹是也。有鼓吹者为横吹，用之军中，马上所奏者是也。"北方少数民族马上乐曲被用之军中，内容当与军旅征戍有关。蔡邕《礼乐志》说明鼓吹乐的用途是"建威扬德，风敌劝士"。汉《横吹曲》有《陇头》、《出关》、《入关》、《出塞》、《入塞》等名目，其古辞皆已失传，而据其名目推断，必与征戍及长城有关。江淹《横吹赋》称横吹乐的音乐风格是："西骨秦气，悲撼如恝，北质燕声，酸极无已。"又据《晋书》卷六九《刘隗传》载，东晋将领刘隗之子刘畴"字王乔，少有美誉，善谈名理。曾避乱坞壁，贾胡百数欲害之，畴无惧色，援笳而吹之，为《出塞》、《入塞》之声，以动其游客之思。于是群胡皆垂泣而去之"。据此可知，其歌词充满久戍思归，故能引起游客之思；而其格调悲凉凄婉，故能促使群胡泪下。后来拟此作者，也大多沿袭此内蕴格调。

汉以来文人诗作发展至建安年间出现一次高潮，形成以曹氏父子为核心的文人集团。他们汲取民歌营养，用乐府古题反映时代生活。如果说汉乐府民歌是人们心灵的呼声，是社会的客观描写，那么到建安文人那里，则是抒

---

① 郦道元：《水经注》卷3《河水》引杨泉《物理论》。
② 《晋书》卷23《乐志》。

情言志，以诗表达建功立业的人生理想和积极进取的情怀。他们所写征戍或边塞诗，如王粲《从军行》、曹植《白马篇》等，其内蕴由怨恨战争变为讴歌理想，格调由悲凉转为高昂。征戍题材在文人抒情诗中主要抒写积极进取理想，当自建安时期确立的，这对长城诗歌产生了重要影响。建安文人专咏长城的诗歌，现存有陈琳仿乐府所写《饮马长城窟行》。诗中通过筑城役夫与官吏的问答，以及役夫和家中妻子往复书信，深刻揭示了修筑长城给人民带来的灾难，同时渗透了诗人的悲痛心情，很有感染力。

两晋六朝的诗人在乐府民歌及建安文人五言诗的影响下，开拓了边塞诗的意境，如西晋陆机《饮马长城窟行》、《从军行》，南朝宋鲍照《代出自蓟北门行》、齐虞羲《咏霍将军北伐》、江淹《古离别》、刘峻《出塞》、吴均《战城南》、萧绎《骢马驱》、陈江总《骢马驱》、陈叔宝《雨雪曲》等皆属此。随着边塞诗意境的开阔，其风格、形式也趋于多样。

晋代，具有思辨色彩的玄言诗占据诗坛，边塞题材诗未有多大发展。到南北朝时期，残酷的战争和对峙使边塞诗染上新的色彩。北方的民歌，如鲜卑族的《敕勒歌》和汉族的《木兰诗》，描写了北方边塞的壮丽风光和热爱祖国的献身精神。北朝乐府民歌继承了《诗经》和汉乐府民歌的风格，大多数是暴露战争的罪恶，反映了五胡十六国时期，北方长期的混战造成人民大量死亡的社会现实。南方的宋齐梁陈诗歌既受北方影响，又有自己的特色。刘宋时，庶族出身的诗人鲍照，借鉴了建安诗歌和北方民歌的风格，以其大量的创作为边塞诗内容的拓宽、表现方式的创新做出了不可低估的贡献。鲍照的边塞诗展现了诗人的远大抱负，并开始了大量的环境描绘，《代出自蓟北门行》可谓代表作。他还以七言杂言体的形式把游子思妇的内容引进了边塞题材，如《拟行路难》组诗，写得奔腾婉转，声情并茂。

南朝的诗歌发展到梁陈时期，诗风趋于浮艳。建康一带流传的民歌（吴歌）、荆湘一带流传的民歌（西曲），以表述男女艳情为主要内蕴，以婉转缠绵为其特色，并逐渐从民间进入宫廷。梁中叶以后，在皇族诸人创作的带动下，诗坛风气"转拘声韵，弥尚丽靡"[①]。因此，梁陈时代，文人借助边塞题材表现艳情又成为一种新奇的创作路子。如江总的《闺怨篇》便是很有代表性的诗篇，其与鲍照的同类题材相比，重心更向表现艳情偏移。像这样的诗

---

① 《梁书》卷43《庾肩吾传》。

还有他的《杂曲》、徐陵的《关山月》等。这类诗只是把边塞和从军作为艳情的衬托，使思妇的闺怨表现得更为悲艳。有些作家并无征戍生活的实际体验，涉及关山边塞的描写大多是承袭前人乐府的陈语，像陈后主诗中所写的边地风物几乎都有宫苑景物的影子。但由于诗人们的大量创作，把鲍照所开拓的征人思妇的主题普遍化了，这方面的内容便成为后来唐朝边塞歌行的重要内容之一。

伴随南北朝的战争与文化交流，文人的边塞诗逐渐表现出了融南北声情为一体的趋势，比较有代表性的是庾信、王褒和卢思道的创作。庾信和王褒的《燕歌行》将南方艳丽绮靡的情调和北方悲壮高昂的风格糅为一体，改变了征人思妇诗写军人久戍或思妇怨旷往往侧重一端的方法。庾信的《燕歌行》属唱和之作。《北史》卷八三《王褒传》记载："褒曾作《燕歌》，妙尽塞北寒苦之状。元帝及诸文士并和之，而竞为凄切之辞。"如果说庾信、王褒的《燕歌行》是南方学习北方的典型之作，那么卢思道的《从军行》则可谓北人学习南人的佳篇。其诗学习南朝诗人大量运用排偶和化用典故的手法，将有关征戍的典与事，巧妙地组合在一起，既显示出刚健苍劲，又杂入闺闱之情，这也应视作艺术风格的改造。

在艺术形式上，这一时期的边塞诗开始由古体诗向近体诗过渡。文人诗歌比较注重声律和对仗，写征戍题材也开始用新体诗表现了。如江淹的《征怨》、吴均的《渡易水》、刘孝威的《陇头水》、徐陵的《关山月》、陈后主的《雨雪曲》等，都是运用新体诗写征戍的内容。在这个转变的过程中，庾信的成绩比较突出。他由南朝转入北朝后，对北方生活有了亲身的体会，常常用新体诗写作送人从军和有关征战的内容。如《拟咏怀》其十七、《侍从徐国公殿下军行》、《同卢记室从军》等即是。[1]

从秦至南北朝的长城及边塞诗的发展可以看出，最早的长城诗歌源于民间，如同《诗经》及汉乐府民歌，它是人民的心声、社会的写照。汉代的政治家贾捐之曾说："长城之歌，至今不绝。"[2] 可惜流传至今的很少。自《诗经》以来，描写与战争有关的边塞诗成为诗歌的重要题材。它涉及从军、征戍、思妇等方面。长城民歌出现后，与边塞诗要素结合起来，因而成为边塞

---

[1] 参见《论唐以前征戍诗的发展》，《烟台大学学报》1992年第3期。
[2] 《汉书》卷64《贾捐之传》。

诗的重要题材。长城诗从民间转到文人手里，成为抒情言志的重要题材。题材的扩大，长城逐渐虚拟化了。长城诗歌的音乐格调受北方地理人文环境的影响，亦即北方民歌、乐府诗横吹曲影响很大，格调豪放慷慨，气质粗放质朴。后来受南方影响，格调缠绵悱恻，气质委婉细腻，而主调仍是北方。这大概因为长城位于北方，北方战事比较频繁的缘故。

（二）唐宋元明清时期：绚丽多彩的长城边塞诗

这一时期出现的长城边塞诗成为中国古典诗歌的重要组成部分，其风格多样、题材广泛、数量巨大，艺术地展现了长城风貌和诗人的思想感情，具有较强的感染力。

唐朝诗歌在前代基础上有空前发展，诗歌是文人表达思想感情、反映社会现实的重要形式；唐朝北方战争频繁，突厥、吐谷浑、契丹等经常牧马南下，长城沿线成为重兵屯聚之地；唐朝许多文人投笔从戎，立功边塞。所以，唐朝是边塞诗歌最繁荣的时代，出现了所谓边塞诗流派。

唐朝边塞诗的题材内容列举如下：

1. 建功立业

王昌龄《从军行》：

青海长云暗雪山，孤城遥望玉门关。
黄沙百战穿金甲，不破楼兰终不还。

戴叔伦《塞上曲》：

汉家旌帜满阴山，不遣胡儿匹马还。
愿得此身长报国，何须生入玉门关。

2. 战争生活

李贺《雁门太守行》：

黑云压城城欲摧，甲光向日金鳞开。
角声满天秋色里，塞上燕脂凝夜紫。

高适《蓟门》：

> 黯黯长城外，日没更烟尘。
> 胡骑虽凭陵，汉兵不顾身。
> 古树满空塞，黄云愁杀人。

3. 边塞风光
王之涣《凉州词》：

> 黄河远上白云间，一片孤城万仞山。
> 羌笛何须怨杨柳，春风不度玉门关。

岑参《走马川行奉送出师西征》：

> 君不见：走马川行雪海边，平沙莽莽黄入天。
> 轮台九月风夜吼。一川碎石大如斗，随风满地石乱走。

4. 戍卒思妇
王昌龄《从军行》：

> 琵琶起舞换新声，总是关山离别情。
> 撩乱边愁听不尽，高高秋月照长城。

李白《关山月》：

> 由来征战地，不见有人还。
> 戍客望边邑，思归多苦颜。

5. 征人之苦
李益《夜上受降城闻笛》：

> 回乐峰前沙似雪，受降城外月如霜；

不知何处吹芦管？一夜征人尽望乡。

王昌龄《出塞》：

秦时明月汉时关，万里长征人未还；
但使龙城飞将在，不教胡马度阴山。

6. 筑城得失

诸载《长城》：

秦筑长城比铁牢，蕃戎不敢过临洮。
焉知万里连云色，不及尧阶三尺高。

胡曾《长城》：

祖舜宗尧自太平，秦皇何事苦苍生。
不知祸起萧墙内，虚筑防胡万里城。

唐朝长城边塞诗的内容大都涉及长城的重要关口及沿线辐射地带，尤其是西北边塞地区，如玉门关、阳关、楼兰、天山、交河、卢龙、云中、翰海等，涉及其他地区的征戍诗歌习惯上不归属边塞诗。长城边塞诗的作者大都有过边塞生活的经历，如初唐的卢照邻、骆宾王、崔融等，盛唐的王昌龄、王之涣、王维、高适、岑参等，中唐的李益、卢纶等，晚唐的于溃等，都有边塞的经历。他们的长城边塞诗或实、或虚。此外，一些没有边塞生活经历的诗人，也模拟或虚写过长城边塞诗，如杨炯《从军行》、李白《关山月》、贾岛《代边将》等。

唐朝长城边塞诗的鲜明特色是控诉战争的残忍，同情戍守的将士和无辜的百姓，富有浓厚的人道主义色彩。如诗人杜牧、李华、王瀚、李益、王维、王昌龄、高适等有不少这类作品。随着唐朝诗歌形式的成熟，长城边塞诗有乐府歌行、五七言古诗、五七言律诗等形式，而其中拟乐府诗题的占很大比重。诗的风格多彩，或豪放、或委婉、或雄奇、或深沉，各有擅长，具有长久的艺术魅力。唐朝长城边塞诗人众多，形成流派，使长城诗歌丰富多彩，对后世产生深刻的影响。《全唐诗》收录边塞诗有千余首。

宋代承五代之后，疆域在长城以南。宋初力图恢复汉唐旧域，进行过几次北伐战争，结果以失败告终。北宋与辽基本以长城为界，双方有使节往来。宋使者出使辽国途经长城时常写一些纪行诗。如韩琦《过虎北口》、苏辙《奉使契丹绝句》等，作者将丧失长城之险的惆怅心情寓于长城景观的描绘之中。宋常在西北边塞屯驻重兵，一些守边将帅填词言志，如范仲淹《渔家傲》、蔡挺《喜迁莺》等，而思想内容突出了爱国主义内容，对后代诗歌产生了深刻的影响。与宋对峙的金朝，也有一些长城边塞诗传世，如宇文虚中《过居庸关》、刘迎《出八达岭》、赵秉文《古北口》等，大抵为触景生情之作。

元代实行两都制：一为上都，一为大都。两都皆与长城相近。元代诸帝一般每年都要巡行上都，春夏去而秋冬还，有大批臣僚随从，在此处理政务和避暑。臣僚往来长城期间写了不少纪行诗。如柳贯、黄溍、周伯琦等皆写有上京纪行诗，其中黄溍的纪行诗十二首，危素所撰《黄公（溍）神道碑》称其诗"世盛传之"，在社会上影响较大。元代纪行诗的主要内容是歌颂边关景色和太平生活。

明代长城发挥着重要的军事作用，产生许多边塞诗，较好地反映了现实生活，尤其是一些守边将领如于谦、戚继光等所写的边塞诗，透出英雄气概和爱国情怀，可谓诗中精品。

清代长城虽不是重要的边塞，但以长城为题或涉及长城的诗歌较多。从皇帝、大臣、将帅到文人墨客都有以长城为题的诗，用以览胜景、探民俗、记风物、述志怀。值得注意的是康熙帝《入居庸关》、乾隆帝《望长城作》等诗，以长城为主题论古道今，总结历史经验，指出众志、民心所向重于长城，具有较强的思想性。

从唐宋元明清时期的长城边塞诗可以看出，这一题材的内容范围随着社会生活的演进而起伏变化，思想及艺术性具有鲜明的时代特色。这些边塞诗，是这一时期我国古典诗歌中最有思想价值的内容之一，它们所取得的成就，也为近代长城边塞诗的升华做好了创作上的充分准备。

（三）近代以来：升华为民族精神的长城赞美诗

近代以来对长城的总体认识有重大突破，这是特定历史条件的产物。中国自鸦片战争以来，外来列强，特别是一些资本主义国家加紧了对中国的侵略，中国逐渐由封建社会演变为半殖民地半封建社会，与此同时，中国展开了反帝反封建运动,资产阶级、无产阶级相继登上历史舞台,成为革命的领导力量。社会和革命性质的转变,促使人们的思想观念发生变化。

古来人们便常常将"众志"或良将、边防喻作城或长城,早期在民居、要地或边塞设置的城,其基本功能就是防御,而在实践中人们逐渐领悟到物质变精神、精神变物质的道理,长城也就有了物质与精神的二元概念。物质的长城是伟大的军事防御工程,精神的长城最通常地被比作守边的良将,[①]而在近代民族矛盾上升、民族救亡高涨的时刻,长城升华为民族精神。

长城的升华是特定历史条件下民族精神的体现,而大众传播媒介的宣传对长城民族精神的升华发挥了重要作用。其中比较重要的宣传是以下几事:

1931年日本侵略者发动"九一八"事变,占领了东三省,并准备进一步侵占华北。此时,东北民众组织抗日义勇军,全民抗日呼声高涨,上海明星电影制片厂拍摄教育片《万里长城》,使观众产生以长城抵御日军侵入华北的联想。1933年日本关东军侵占承德后,向长城冷口、喜峰口、古北口等要隘进攻,中国展开了"长城抗战",给日军以重创。此时,暨南影片公司摄制了《热河血战史》、慧冲影片公司摄制了《热河血泪史》、独立制片人张汉忱拍摄了《长城血战史》和《榆关大血战》等新闻纪录片,进一步将抗战与长城相联系,在广大观众心目中留下了深刻的印象。为激发广大民众的抗日斗志,增强抗日必胜的信心,剧作家田汉以1932年"一二·八"事变前上海码头工人拒绝给日本侵略者搬运军火的报纸纪事为素材,创作了歌剧《扬子江的暴风雨》,写下了"我们不做亡国奴"、"让我们结成一座铁的长城,把强盗们都赶尽"的歌词。这歌词配以音乐家聂耳的谱曲,很快传唱开来。1935年电通影片公司摄制的讲述古北口长城抗战的电影《风云儿女》上映,片中主题歌《义勇军进行曲》由田汉作词、聂耳作曲,其中写道:"起来,不愿做奴隶的人们,把我们的血肉筑成我们新的长城!"歌声震撼大地,长城以新的面貌,唤起了全民族的爱国情感,升华为中华民族的伟大精神。[②] 中华人民共和国成立后,《义勇军进行曲》被正式定为国歌。

新的时代赋予长城以新的生命、新的寓意。它的巍巍雄姿、不屈性格,作为中华民族伟大精神的象征,受到人们的赞美。自中国抗日战争以来,有关长城诗歌的内涵,大都围绕这一主题继续多方开拓。毛泽东所作《清平

---

① 参见《南史》卷15《檀道济传》,《新唐书》卷196《秦系传》。
② 参见中国长城学会编:《长城百科全书》"总论",吉林人民出版社,1994年。

乐·六盘山》:"天高云淡,望断南飞雁。不到长城非好汉,屈指行程二万。"《沁园春·雪》:"北国风光,千里冰封,万里雪飘。望长城内外,惟余莽莽,大河上下,顿失滔滔。"将雄伟的长城与壮美的山河景色紧密结合,抒发了热爱祖国、顽强奋斗的情怀,成为千古绝唱。在改革开放的今天,各类不同题材的长城赞美诗,激励着中华儿女为民族的振兴与繁荣而奋勇前进。

  长城诗歌的历史演变主要与长城的功能作用、中华民族传统意识、文学艺术及政治军事形势有关。长城诗歌经过不断加工、改造和升华,已成为我国优秀历史遗产的重要组成部分。长城诗歌已发展为诗歌长城,在我国文学艺术史中留下了光辉的一页。

(原载于《中国传统文化通论》,北京图书馆出版社,1998年)

我所敬重的吴小如先生

一

我与吴小如先生相识是在1982年底。当时他从北京大学中文系、我从北京大学历史系（研究生刚毕业）同时调到北京大学中国中古史研究中心工作。该中心自1983年开始在宋史专家邓广铭先生主持下，接受一项整理标点宋赵汝愚《国朝诸臣奏议》的任务。这部大书现存有二十几部刻本，但皆有不同程度的残缺，而残存部分又与传世的有关宋臣文集的内容文字有不少歧异，点校任务繁重。邓先生要求我们年轻的同志作为一项治史基本功训练，先手抄原文，在抄本上荟萃点校，然后请几位资深学者审阅，合格后方能过录到复印件上。我分担点校该书职官、兵制及边防门部分奏议，由吴先生审阅。我们两家居地相近，又有业务关系，因而往来较多。当我将点校稿送审几次后，不仅为先生的学识所折服，而且为其认真负责的态度所感动。我每次送阅几卷，他对重要疑难问题都亲自翻检有关宋人文集检对，修改意见一般在行文上加眉批，有时加以总体说明。先生常利用清晨时光审阅，不积压稿件，同时要求"校完多少，盼先交来，随看随即奉还，以便尽快完工"。先生在审阅我校的卷133《边防门》奏议后批示："此卷校勘详细，钞配辛苦，在所阅诸卷中，此卷最见功力。勉之，勉之！"这激励我更加细心工作，力争不出错。后来，我在点校此书的基础上，撰写了《赵汝愚国朝诸臣奏议初探》（载《文献》1989年第1、2期）一文，先生阅改后于1987年5月给《文献》杂志予以推荐。我于1990年被聘为副教授时，此论文起了重要作用。1992年此论文又得到先生的推荐，获北京市高校第二届哲学社会科学中青年优秀成果奖。

在该中心工作期间，我利用资料之便编写了《包拯年谱》一书，编写期间自然少不了请教。如先生在为此书所作的《题记》中云："凡是我提的几点不成熟的意见，他都经过考虑，酌予改订，并在内容上屡有增补。"先生阅稿之细举两个字可见。一是《包拯集》附录引有包拯所作五言诗八句。其中一句说"草尽狐兔愁"。先生阅后指出清人厉鹗《宋诗记事》卷 11 引录此诗,其中"狐兔"作"兔狐",请我考订一下。这两字之倒是很容易忽略的,而作"兔狐"更符合近体诗的平仄、格律。又《文物资料丛刊》登载的"文革"中发掘的《孝肃包公墓志铭》,其中说到包拯"声烈表爆天下人之耳目"。先生怀疑"爆"作"襮"(bó)字。我核对发表的文字仍作"爆"字。后托人查墓志碑文,辨认作"襮"是,作暴露解。《新唐书·李晟传》中云:"将务持重,岂宜自表襮为敌饵哉?"可惜我在发表时未做改正。

《包拯年谱》于 1986 年出版后我又断断续续用了十二年时间撰成《包拯研究》一书。此书已跳出单纯的史学思考与研究范畴,由历史人物扩及文学人物、故事人物。我作为历史专业出身又去涉足文学艺术领域,尽管阅读不少文学资料,但仍有力不从心、"门外谈艺"之感。为此我又去麻烦先生。先生对我所写"包公故事与清官文化"一节书稿修改较多。如我在写包公故事流传的背景中提道:"宋代城市经济及文化繁荣,像北宋开封、南宋杭州这样的大城市,聚集着大批达官贵人以及商人和手工业者等市民阶层。"先生在其后批道:"说唱艺术的听众还有很大一部分人,即《水浒》上所说的'八十万禁军'。宋代军队集中于京师者人数至多,且闲散无事,多在勾栏瓦舍消遣娱乐,应于'市民阶层'中补此一项。"我在分析包公故事流传的原因时写到"社会不公加剧",先生批道:"此语含糊,应说贫富两极分化,社会矛盾加剧。"类此从内容到语句多有改动。在文后又提出总体性意见:

> 在民间流传的各种艺术品种的包公故事,其主要内容仍在反权豪势要以及贵族阶层的非法行为。从"陈州粜米"到"铡美案",在反贵族权势这一点上是一脉贯通的。但文末所说的儒家思想,还应深入挖掘。小撖古为老张撖古报仇是"孝",秦香莲故事则是维护妇女儿童的权益,"仁宗认母"是宣扬孝道。应如何把它们贯穿起来而不应罗列。有的属于母慈(按,此指"灰阑记"故事),即于孝的前提。文中未说清楚。故事中的鬼神问题还有包公蔑视鬼神的一面,也应稍加强调(如"铡判官")。
>
> 此文引述资料丰富,渊源脉络亦清楚,问题还在于末段的分析,即包公故事与人物的文化意蕴问题,包括对儒家思想的吸收与突破,对鬼神的运用与艺术处理等。仍须进一步加工。

这段意见对我认识包公故事的主题思想、文化意蕴等具有重要意义。此外，先生还将他于80年代初出版的《台下人语》一书借给我，其中有一篇是谈秦香莲故事与《珍珠记》关系的，供我参考补充。他还与我面谈所谓清官的阶级局限问题。这些意见在我后来的修改稿中都吸收进去了。我知道先生繁忙，一般不轻易打扰，但涉及文章修改较大而又吃不准的地方，我仍送呈先生审阅。令我感动的是，先生不仅没有厌烦，反而称赞我"用锲而不舍的顽强的写作态度不惜把自己的文章一改再改"（《题记》中语）。据我了解，先生对文章的认真阅改并非只对个别人，凡向他请教的年轻人的文章，或由他把关的待出版的论著，他皆一丝不苟。先生近来兼任《燕京学报》编委，组织部分文史方面稿件，尤对年轻人的指点十分细致，并争取修改到正式发表的水平。我发表过的二十几篇论文，约有一半经过先生的审阅与推荐。后来我了解到先生自身的经历，在学术道路上也是经过师友的培植一步步成长起来的，先生是"将心比心"，用心血浇灌年轻幼苗。先生曾对自学的青年朋友撰文说："既要坚持自学，也要主动求师。""没有老师的教诲提掖，没有朋友的切磋商榷，独学无偶是很难在治学方面找到途径并有所提高的。"这里稍微具体谈了一下先生对文章的阅改，一个重要原因是我了解一些教师对指导学生写学年或毕业论文（这本是教学任务）过于草率敷衍，这里有水平问题，更有责任心问题。实际上我们对学生的帮助如同渴望他人对自己的帮助一样。

先生长期讲授中国古代文学史，内容涉及诗歌、散文、小说、戏曲几大类。记得1984年先生给历史系大二学生及留学生开设此课，我抽时间听了几讲，后因一日本留学生每听此课必录音，请我做辅导，这样，我随录音边学习边辅导。可以说，先生讲课神采飞扬，有声有色；内容深入浅出，有理有据。听课者如同进入角色，身临其境，感受心扉敞开，精神振奋。如我听他讲宋代词人张先《天仙子》"云破月来花弄影"句、苏轼《水调歌头》"明月几时有"句，真是叫绝。对诗词的吟读，真是悦耳。每次听后感到先生讲课太投入、太疲惫了，其学识、其态度令人敬佩。后来我看到先生的著作，他所讲的内容都有研究成果，所以能运用自如。先生曾在1984年写过《我爱讲坛》一文，其中说："我一生已度过六十二个寒暑，除在校读书和当过几天业余编辑外，我只干过教书这一种工作。……1952年院系调整，我留在北京大学。三十多年来，我讲过各种各样课程，送走了一班又一班同学。我爱本职工作，爱讲堂，爱青年人，对读书、查资料、备课、写讲稿，感到由衷的乐趣。近年来身体差了，还生过一场大病，尽管下了课疲乏得抬不起腿，吃不下饭，但只要走上讲坛，面对着朝气蓬勃的年轻人，把自己一得之愚贡献给他们，立感活力顿增，浑不觉老之已至。"我想，凡聆听过先生讲课的人，会理解、感受、体贴到这种心境的。

先生为人耿直热情。近些年请他写职称评定、论著评奖材料的单位和个人较多。先生说对此类事一是要成人之美，符合条件的要多说几句好话，争取能上去。二是要实事求是，不能不负责任地随意拔高，写得离谱。对请他写书评、书序的大致也是采取这两条原则。先生很看重邓小平同志"尊重知识，尊重人才"的指示，尤其对有真才实学的青年人大力举荐。对我个人也写了一些推荐材料，使我很受鞭策。先生秉承家学，擅长书法，并与当今一些书法家有交往。我编写的《包拯年谱》一书的书名是请他书写的。我主编的《历代名人咏长城》一书的书名是经他介绍请书法大师启功先生书写的。启功先生称赞吴先生的书法有功底，高兴之余，又为我题写了一首小诗。先生有时也让我办点事或买点东西，但托我买东西必付款，有些东西价甚廉，如除垢剂之类，我拒收，先生竟托人捎给我。这些事虽属小节，但也能反映先生为人之诚挚。先生奉行的大概是君子之交淡如水吧。

与先生相识十几年，对我学术及为人处世方面的殷殷指教，使我铭刻难忘。先生曾用草体书录杜句"文章千古事，得失寸心知"赠我，勉励我做好学问，教好书。1997年我被选拔到副局级领导岗位，主管学院的教学与学生工作。我与先生谈及此事，他一方面说"官差不好当"，做工作比做学问操心，但现在的领导工作需要有这样一批懂得业务的年轻同志担任，同时希望我尽量兼顾一些学术工作。他认为培养一个学者不比培养一个干部容易，要有长期的功力，而且从长远来说，不能将干部作为终身职业，工作一段时间后最好仍回到业务岗位，继续从事学术工作。当然这里是指学校干部而言的。

我现在虽然工作岗位变了，但我仍希望继续聆听先生的教诲。我每次看望先生，都得到一些启迪，我的学术成长有先生的一份心血，我深为在人生道路上遇到这样的恩师而庆幸。

二

吴先生是我国著名的古典文学研究家、戏曲评论家、教授，先后有十几本大作出版，总字数逾 300 万。我对此学习领会很肤浅，对其学术价值不敢妄下结论，但有一个基本印象是先生的知识渊博、思想敏锐、求真务实、敢说真话、笔锋犀利。先生的读书治学历程据其自身的回忆文章，首先是受其父亲影响与师友帮助甚大。父亲吴玉如先生平生嗜好读书作诗，尤擅长书法，是本世纪内我国有数的书法家。先生自小耳濡目染，养成读书习惯。上小学时就爱读《三国》、《水浒》、《说唐》、《七侠五义》等，后扩充到神魔小说、谴责小说、武侠小说、侦探小说甚至于新老鸳鸯蝴蝶派的作品。进了初中，开始读鲁迅、茅盾、老舍、冰心等大师"五四"以来的作品，后又拼命阅读翻译小说，以及当代文学作品等。先生认为"做学问诚然必须读书，而读书却不等于做学问"。从做学问的角度看，先生受朱经畬、俞平伯、游国恩三位老师的影响最深。

先生上高中时，开始听朱经畬老师语文课，内容涉及《诗经》、《楚辞》及《左传》、《国策》、《史记》、《汉书》等，知道了康有为、梁启超、胡适、钱玄同、顾颉刚、罗根泽等学者的著作和观点，从而也知道治《诗经》有姚际恒、方玉润，治《左传》要看《新学伪经考》和《刘向歆父子年谱》，读先秦诸子要看《先秦诸子系年考辨》和《古史辨》，以及什么是经学上的今、古文，史学上的"六家"与"二体"等。由此开了眼界，开始向"五四"以来学术研究的殿堂迈进。先生自 1945 年时拜俞平伯先生为师。俞平伯先生治经、史、诗、词，以及研究《红楼梦》，始终是从原始材料出发，经过独立思考，在具体问题上时出新见和胜解。从俞平老受业 40 余年，时常聆听他的教诲，学会了如何有根有据地开动脑筋，研究问题。先生自 1947 年秋考入北大中文系三年级做插班生，用两年时间听游国恩先生讲授中国文学史、楚辞、古文选读及唐宋文学史。1955 年至 1959 年参与了游老主持的《先秦文学史参考资料》和《两汉文学史参考资料》两书的注释工作。先生体会游老的治学方法和途径是："首先尽量述而不作，其次以述为作，最后水到渠成，创为新解；而这些新解却是在祖述前人的深厚基础上开花结果的。""所谓述而不作，就是指研究一个问题、一个作家、一篇作品或一部著作，首先掌握尽可能找到的一切材料，不厌其多，力求其全。这是第一步。但材料到手，并非万事大吉，还要加以抉择鉴别，力求去伪存真，汰粗留精，删繁就简，惬心贵当，对前人的成果进行衡量取舍。这就是以述为作。如果步前贤之踵武而犹不能达到解决问题的目的，就要根据自己的学识与经验，加以分析研究，最后得出自己的结论，这就成为个人的创见新解。"先生总结游老的治学经验，包含了他自己的体会，认为自己也是走的这条路子，并认为"此势所必至，非力可强而致也"。

家庭影响与师友帮助毕竟是外因，关键还在自身努力，外因要通过内因起作用。作为自身努力的主要要求是读书。先生总结自己的读书经验及治学方法，先后发表了《读书要点、面、线结合》、《多读、熟读、细读》、《与自学青年朋友自勉》、《积累与思考》、《读书是求师的桥梁》等文章，其主旨就是刻苦读书，读书要讲究数量与质量，要学与思，知与能，点、面、线结合。先生在文章中特别勉励年轻人要刻苦读书，并深有感慨地说自己："半个世纪以来，无论是做学问或写文章，主要是靠几位老师的提携和培植。而几位老师之所以能对我一见如故，则由于我在受业以前已遍读他们的著作，初见面便能声入心通，彼此引起思想共鸣。在老师方面觉得这个年轻人算得上知音，而自己则通过读书对老师已有了较全面、较深细的理解，其崇敬景仰之心是由衷而发的，不存在任何功利主义的目的。如果说我同上述这几位老师（按，指林宰平、俞平伯、废名先生等）有缘分，那么，遍读诸家著作乃是先决条件，更是我求师的不可缺少的桥梁。"通过转引先生上面的自述，以及他所写的大量《师友怀想录》等文章，我们还看到他在求师问业的同时，始终抱着一颗尊师重道的心，对提携、培养过他的老师们至今怀着深挚虔诚的敬意。这一点也是值得青年人学习的。

先生历来主张培养通才，青年人要博览群书，将基础"夯实"。"真正在学术坛坫上有新见解、新发现乃至新创造发明的人，无疑都是对前人科学成果吸收得最多，汲取得最广，钻研得最深的人。"青年人不仅要知道专家学者、艺术大师的成名之作，也要了解他们所付出的艰辛，如王安石《题张司业》诗所说："看似寻常最奇崛，成如容易却艰辛。"先生认为读书是艰苦的，但真正钻进去了会是一种享受，会对某些知识发生兴趣，通过逐步积累，反复思考，有所创获。先生倡导学理工的学生学一点文、史、艺术方面的知识，学文史的学生选学一门自然科学。同时指出："如果要求学理工的或学文史的都兼通文理，未免悬准过高的话，那么，在自己的本行、本专业中应培养通才，有一专多能的过硬本领，总该不算是苛求的了。现在做学问往往分工太细，如治西方文学的不懂本国文学，治文学的不搞语言，治古典文学的不搞现、当代文学，治诗歌的不搞小说戏曲，甚至治先秦一段的连两汉以下的部分都不闻不问，这实在是自己把路给走窄了，看似很专，其实却脱离实际。"这是吴先生在1985年8月说的话，与今天我们教育界提出的要转变人才培养模式，培养基础扎实、知识面宽、适应能力强、文化素质高的人才正相符合。值得指出的是，有些知识面甚窄的所谓"专家"却瞧不起"通才"，甚至以"杂家"讽之。其实翻翻先生十几本大作，便会感觉其知识之渊博，见解之卓越，文笔之优美，远非某一些所谓"专家"可比。真正的"专家"是由博返约，知识面很宽，专家与通才应是辩证统一关系，鄙视"通才"者实非真正的"专家"。

先生在1987年北京大学出版社出版的《读书丛札》一书的"后记"中说道：

> 我平生读书治学，是从述而不作开始的。后来逐渐进入以述为作阶段，即在前人各种不同意见中选择自己认为正确合理的东西加以肯定。近年来为自己写文章订了两条守则：一是没有自己的一得之见决不下笔，哪怕这看法与前人只相去一间，却毕竟是自己的点滴心得；二是抱着实事求是的态度，决不人云亦云，稗贩前人旧说，更不偷懒用第二手材料。这姑且称之为述中有作吧。

先生曾把自己的读书经历归结为六个字："多读、熟读、细读。"读书治学的经验则是十二个字：述而不作、以述为作、述中有作。先生于"述中有作"所遵循的两条守则，在近些年出版的他的大作中得到充分体现，我拜读之后感到还有两个特色：一是与教学内容紧密结合，所作侧重于中国古典文学的诗歌、散文、小说、戏曲方面；二是与现实生活紧密结合，内容涉及现代人和现代事，包括师友怀想、读书经验、语言文字及学风、文风等。尤其是对古籍整理、编辑出版、影视宣传、学术道德诸方面存在的学术、学风、文风及语言文字等问题，皆涉及今人今事。先生敢于秉笔直书，实话实说，而且笔锋犀利，酣畅淋漓，体现一个正直学人的风骨。先生在《读书拊掌录》一书的"自序"中指出：

> 最近有好几篇文章指出，有人写文章专爱找别人的茬儿，对人吹毛求疵，以显示自己有学问。且认为这是当前文坛上的一种不良风气。收在本书里的短文，确有不少是对写别字、读讹音、乱用成语、滥写病句诸般现象挑毛病的。但我对上述意见却不想"对号入座"。我只是本着一个老教书匠的责任和良心，希望祖国的语言文字得以纯洁而健康地发展，不让我们的文化窗口闹出笑话。

实际上指出文化窗口中的问题当今做得还很不够，护短的现象还不少，先生不计个人得失，关心文化事业健康发展的精神是非常值得倡导的。当然，先生在自己所写文章或主编的著作之中也偶有失误之处，但一经发现或别人指出，则本着"知之为知之，不知为不知"、"闻过则喜，闻善言则拜"的诚挚态度，公开撰文承认失误或承担责任，并向指出者致谢。我所见先生的《就〈人境庐集外诗辑〉答钱钟书先生》、关于《范仲淹岳阳楼记考析》一文的"校后补记"两文即是如此。先生认为学无止境，是非愈辩愈明；人无完人，但反对文过饰非。

今天经济科技发展已进入信息时代，但电脑代替不了人脑，信息时代更需要知识创新。先生读书治学的经验，为人处世的风范，仍值得我们年轻一代学习和借鉴。

附：吴小如先生简历

吴小如，本名吴同宝，原籍安徽泾县茂林。1922年出生于哈尔滨，1932年因"九一八"沦陷随家迁居北平，1935年在北平私立育英小学毕业，升入私立育英中学。1936年入天津南开中学，抗日战争爆发，转入天津私立工商学院附中。毕业后入天津私立工商学院商科会计财政系。1943年始先后在天津私立达文中学、志达中学、圣功女中等校教国文。1945年抗战胜利至1947年，先后考入燕京大学文学院、清华大学中文系就读，又转入北京大学中文系三年级肄业。1949年毕业于北京大学中文系。

1949年至1951年在天津津沽大学（今河北大学）中文系任教员，1951

年秋到燕京大学国文系任助教。1952年全国大专院校合并调整，留至北京大学中文系任讲师。1982年底调至北京大学中国中古史研究中心任教授。1991年退休。1992年2月，受聘为中央文史研究馆馆员。

先生在读大学时，即在京津报刊发表书评，对一些古典与现代文学作品进行大胆评论。后来又撰写不少书序、回忆录及杂文等，散见于报纸杂志之中。自1995年以来，搜集整理这批文稿，先后编成《书廊信步》、《今昔文存》、《读书拊掌录》和《心影萍踪》等。

先生自1955年即出版了《中国小说讲话及其他》，后来又出版《古典小说漫稿》以及与人合撰的《小说论稿合集》，近年来又对话本小说、武侠小说、讽刺小说、公案小说发表一些专题论文。从1957年至1964年，先生在北京大学连续讲授古代散文选的课程，积累了一批分析从先秦到近代的古典散文的讲稿，后经整理出版《古文精读举隅》一书，可反映先生对中国古代散文史和古文作家作品的心得和观点。先生对古典诗词尤感兴趣，先后出版了《诗词札丛》、《古典诗歌习作与欣赏》、《古典诗文述略》等专著。

先生自幼喜好中国传统戏曲，从五六岁即随家人外出看戏，十三四岁即学写剧评，20岁前后开始用"少若"的笔名在报纸上发表有关戏曲评论的文章。新中国成立后陆续写有大量剧评，集中收入《台下人语》、《京剧老生流派综说》等著作中，后汇集为《吴小如戏曲文录》一书，此书1996年荣获北京大学优秀文化著作奖。

先生学殖渊深，博览群书，撰有综合类的学术性著作有48万余字的《读书丛札》，还有工具书性质的《中国文史工具资料书举要》，皆先后在香港、北京两地出版。

先生有子女四人，皆不在身边。自80年代以来，师母患慢性疾病，生活逐渐不能自理。先生一方面坚持"伏枥"，勤于"笔耕"，愿为国家社会文化事业略尽绵薄之力，同时需要花费大量精力照顾多病的妻子并料理家务。因此，先生的晚年生活是十分可敬的，同时也是比较艰难的。

（原载于《炎黄春秋》增刊《炎黄文化研究》1999年第6期）

回忆当工农兵学员的那些事

我是共和国的同龄人,经历过共和国的风风雨雨。从工作经历来说,有40多年是在大学度过的。特别是作为北京大学历史系首届工农兵学员,于1974年毕业,迄今正好40周年。回忆当工农兵学员那些事,几许欣慰、几多感慨。可能一直是历史专业的缘故,我特别重视保存史料。这次为写此文,我翻箱倒柜,竟然找到类似文物一样的图片资料。有上大学时的单位介绍信,有听课笔记,有考试试卷,有运动会的奖品和运动员的合影,有野营拉练的诗歌集,有师生合编的作品,有学生会的工作记录,有接待外宾注意事项文件,有毕业时全系师生合影,有同学间往来信件等。看着这些第一手资料,回眸时光的痕迹,许多往事萦绕心头,不免回忆"激情燃烧的岁月",或者说"蹉跎难忘的岁月"。

1973年北京大学历史系第一届工农兵学员毕业留念

一、从上山下乡到工农兵上大学

1966 年"文革"开始,我刚初中毕业,当了"红卫兵",到 1968 年又当知识青年上山下乡,"接受贫下中农再教育"。这段经历我留下较多日记资料,我报着一种参加"革命"、争当"闯将"的心,积极作为,今天看来很幼稚可笑,但也经历了磨炼。

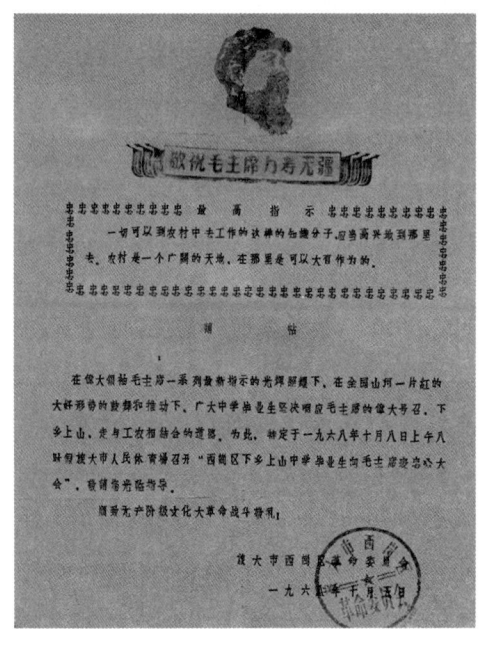

1968 年下乡请帖

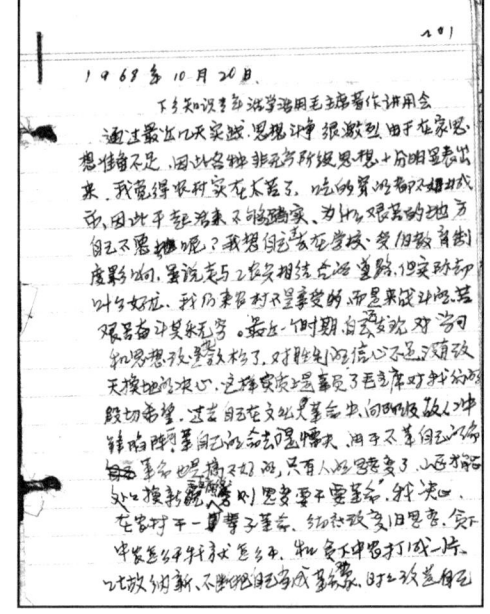

1968 年知青日记

当时《丹东日报》三次报道我的事迹,题目是《在毛泽东思想阳光下茁壮成长》(1969 年 7 月 8 日)、《在三大革命中锻炼成长》(1969 年 12 月 22 日)、《伟大的毛泽东思想哺育我成长》(1970 年 8 月 22 日)。

回忆当工农兵学员的那些事

《丹东日报》的三次报道：1969年7月8日、1969年12月22日、1970年8月22日

1968年7月毛泽东主席讲大学还是要办的，但要从有实践经验的工人农民中间选拔学生。1970年8月部分大学开始招收工农兵学员。由于我在农村表现不错，1970年1月加入中国共产党，又成为辽宁省活学活用毛泽东思想积极分子，被丹东市推荐上北京大学（同去的有张书仁、孔菊兰等），成为历史系首届工农兵学员。

二、在校学习生活

1970年8月上北京大学单位介绍信

北大历史系首届工农兵学员146人，其中部队的有15人（包括从江西鲤鱼洲过来的2人，只有一名女性叫洒荣新），分成9个班，住36号楼。年龄小的邹成香不到20岁，年龄大的吴末金近40岁。文化程度从小学到高中都有，多数为初中。我在第五班。当时历史系教职工百人左右，师生摸爬滚打在一起，关系很融洽。系领导有军宣队的高松栓，权最大。本校的有周恩厚、张万仓、徐华民等，还有工宣队的贾师傅、王师傅等。

1974年旅大（大连）赴北京大学首届工农兵学员毕业留影

工农兵上大学时的响亮口号是"上大学、管大学、用毛泽东思想改造大学",简称"上管改"。可以说当时受极左思潮影响,不断开展"教育革命",参加一些政治运动,尤其是提倡所谓"又红又专",反对"背着口袋装知识",学业大受影响。好在我年纪偏小,刚20岁,初中文化程度,思想单纯上进,政治实质不懂,有时瞎掺合,学业基础薄弱,但比较用功上心,成绩也不错。1971年"以社会为工厂"时间长,1972年"右倾回潮"时,我们系统读了一些书。给我们系统讲课的老师,中国古代史:孙淼、顾德融、张传玺、祝总斌、吴宗国、李培浩、张仁忠、许大龄等,邓广铭、商鸿逵、田余庆等做过专题讲座。中国近代史:陈庆华、荣天琳、张寄谦、林华国、范勖之、王晓秋、徐万民等。中国现代史(中共党史):向青、郝斌、丁则勤、张培森、王汝丰、罗正楷、王树棣、成汉昌等。陈仲夫、郭心晖讲古汉语。讲世界史的老师有:周一良、黄绍湘、张芝联、高望之、谭圣安、罗荣渠、谢有实、杨立文、周贻天、梁志明、何芳川、齐文颖、郭华榕、陆庭恩、林被甸、徐天新、沈仁安、夏应元、李玉、宋成有等。还有考古专业老师开一些讲座,不一一列举。他们讲课各有特点,共同点就是很有吸引力,今天看大都是大师级或学科带头人的水平。举一例,我见过两次张寄谦老师备课,书本摆了满满一大桌,真下功夫。平时她穿着不讲究,讲课时神采飞扬,令人钦佩!

以下是我的部分听课记录。

张寄谦老师课记录　　　　　**王晓秋老师课记录**

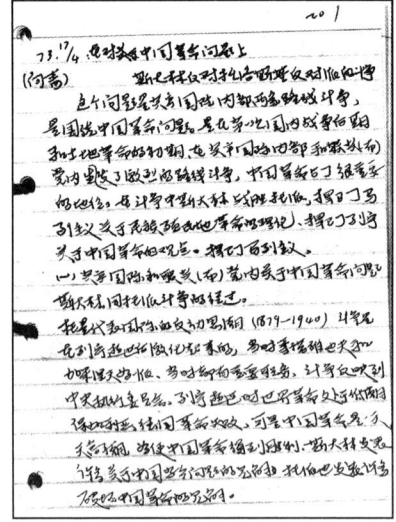

向青老师课记录　　　　　　郝斌老师课记录

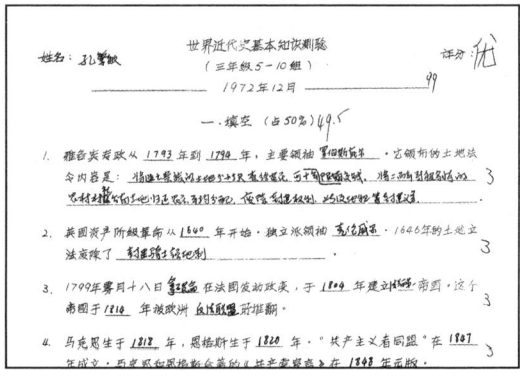

王汝丰老师对我作业的批语　世界近代史基本知识测验，听说我考了全系最高分——99分

中国古代史的老师，基本各讲自己研究的一段，讲得深入浅出，其讲课记录大都转化成我后来的讲稿，记录原本大都没有保存下来。邓广铭老师在文史楼做过王安石专题讲座，我留校后又系统听了邓老师给中国史73级工农兵学员等讲授的宋辽金史，为其博学、严谨所感染，邓老师的弟子李培浩常和我在一起，提到邓老师的学问和宋史研究的空间，促使我后来考上邓老师的研究生，真正走上历史研究之路。

三、以社会为工厂

当时提出执行毛主席的无产阶级教育路线,坚持"以社会为工",开门办学,把教育革命和现实阶级斗争、路线斗争紧密结合,努力为现实斗争服务,在三大革命中培养无产阶级革命事业接班人。历史系的教学安排,约有 1/2 在校教学,还要经常参加校系一些政治运动;1/2 到工厂、农村等调查实践,也有编书、教学等任务。我记忆深的是我们教学小分队到南口机车车辆

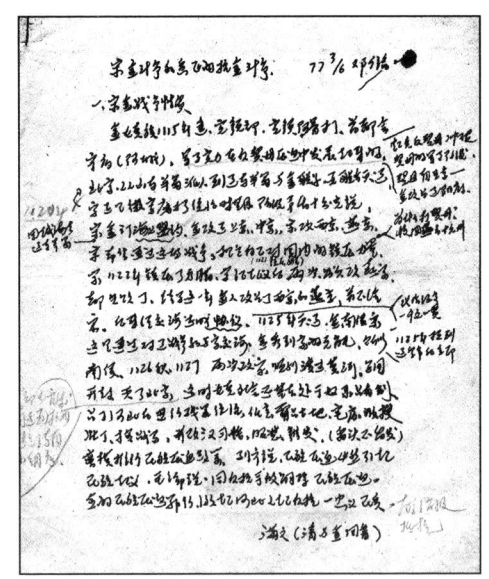

邓广铭先生课记录

厂、门头沟煤矿、清河毛纺厂,结合劳动、调查,学习近代反帝反封建历史。老师与学生同甘共苦,其中发生许多趣事。

(一)南口机车车辆厂

1971 年上半年到该厂。南口厂是在近代詹天佑修"人字形"铁路基础上成立的,有光荣革命传统。我与李成言等同学在老师带领下,"一路春风下南口"(可能是成汉昌老师说的),大家常在一起开玩笑。我找到 1971 年 11 月 24 日写的《于南口厂调查研究的几点体会》,其中写道:"我们原五班今年第一次以社会为工厂,在南口厂四个月(三月十日至七月十五日)。我们教育革命任务是学习民主革命时期党史,搞南口厂 65 年厂史。我们分二组……在总结时,我们认为:我们以社会为工厂,搞厂史调查方向对头。学历史搞四史是毛主席提倡的,使教育为无产阶级政治、为现实斗争服务,可以锻炼调查研究基本功,使学书本历史和活的历史结合,促进我们向工人阶级学习,改造世界观,洗刷唯心精神,提高分析和解决问题的能力及写作水平。同时感到,这次厂史调查由于没有经验,是第一次的试验,走了不少弯路。下面把经验和教训总结以下,以供同志们借鉴……"(共 5 页,当时写作水平不高,但写的篇幅不少,而且有激情。)

回忆到南口厂正搞"一打三反",清理阶级队伍,在厂史调查基础上,

又搞了厂史展。我撰写了"第二部分：为巩固无产阶级专政而战斗——庆解放翻身作主人，举红旗永掌革命印"（保留了底稿）。记得后来厂史名为"居庸烽火"，出版了小册子。我写的体会是为我们赴门头沟煤矿的调研做借鉴。

我1974年留校以后做中国史73级工农兵学员班主任，又带他们到南口厂，与该厂工人理论组合编《历史上劳动人民的反孔斗争》。在南口熟人较多。我爱人后从大连调到南口中学，结束两地生活，真与南口有缘！

与南口厂合编的小册子

（二）门头沟煤矿

1971年秋冬季到该厂边劳动、边学习。当时近代史老师和我们在一起。我记忆深的是林华国老师，和我们住一个房间。他胃口不好，经常吃药，还要吃零食，讲课很风趣。当时的学习调查是为了解帝国主义（英国、日本）对中国资源的掠夺，了解工人的生活。我记得工人中流行的一句话："煤窑的饭拿命换。"我们和工人一样下矿井劳动。下一次井工作时间长，一般要带饭，出来要洗澡。一次劳动我不小心被铁锹碰到右手食指，伤到表皮流血。因为是夜间，没有及时去医疗室治疗。到第二天已止住流血，也没再看病。结果有一厘米半的食指上留有煤的痕迹，皮肤表面看得很清楚。因无不良反应，我也不去医院清洗治疗。有的同学知道底细，开玩笑说我有"煤毒"，遗留至今。

（三）清河毛纺厂

我们1973年的毕业实践在该厂。当时学习很重视写作，编写调查报告或小册子，对写作能力提高很大。在该厂除劳动调查外，师生合作编写了《辛亥革命后几个短命政权》小册子（1974年，北京人民出版社出版）。我在老师指导下，分工撰写"曹锟、吴佩孚控制下的北京政权"（第38至44页）。经老师修改的底稿尚存。

四、千里野营拉练

1970年11月24日,毛泽东主席对北京卫戍区《关于部队进行千里野营拉练的总结报告》做了批示,要求全军"利用冬季实行长途野营训练一次,每个军可分两批(或不分批),每批两个月,实行官兵团结、军民团结"。从1970年冬一直持续到1971年夏,在半年多的时间里,军队及工人、农民、学生普遍开展野营拉练活动。

北京大学历史系的野营拉练时间自1970年12月下旬至1971年1月下旬,大致一个月。地点从北大校园出发,沿通县、顺义、怀柔、密云、昌平方向转一个大圈后,再返回校园。拉练中,学校及各系普遍组织了宣传队,沿途打快板,唱革命歌曲,朗诵诗歌,为大家鼓劲加油。

历史系《千里野营舒豪情》小册子是在蜡纸上刻写后油印的。当时很多资料都是这样干的。收入小册子作品有80余篇,主要是九连工农兵学员,部队学员李永晨有十几篇,数量最多。另外有教师、工宣队成员。内容并非都合辙押韵、符合体例,但反映精神饱满、豪情满怀。今天读来不免哑然失笑。抄一段李永晨的《如梦令(吃窝头)》:

> 行军窝头兜装,挂满千里寒霜,胸海腾万浪,红军艰难不忘,不忘不忘,炼就红心向阳。

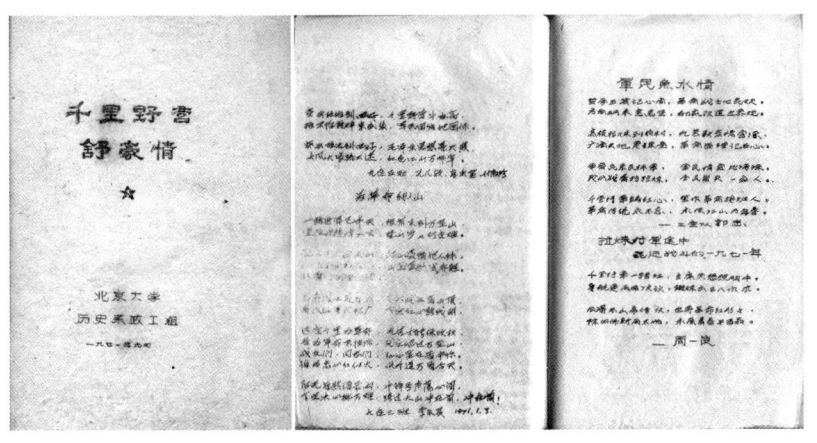

1971年北京大学历史系编《千里野营舒豪情》小册子

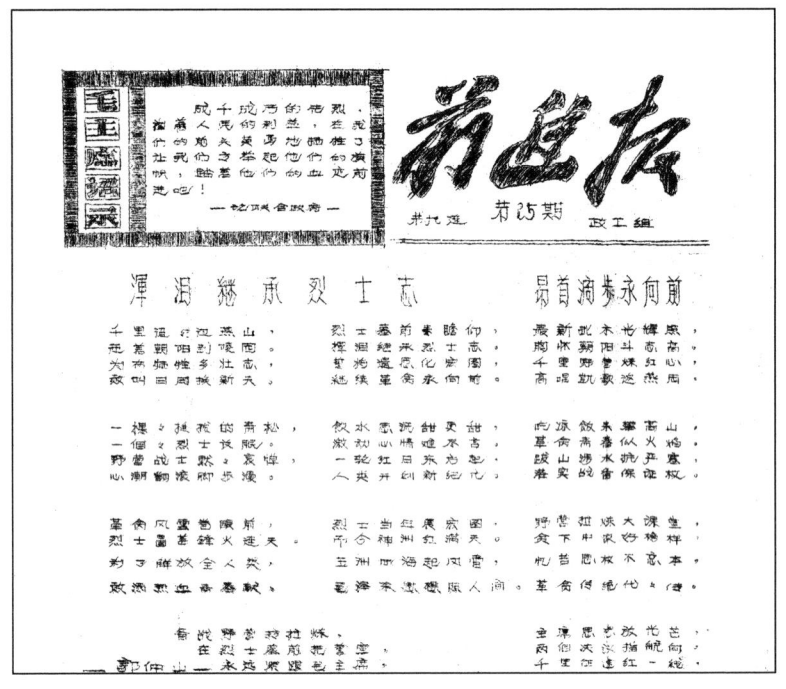

北京大学历史系在野营拉练中编写的《前进报》

五、学生会工作

毕竟是工农兵学员，有工作经验，自主性强。我经常在系里做学生会宣传工作，与教师王通讯、同学崔世国等接触多。1972年初，我被选到学校任学生会宣传组组长（副组长何文潮，部队学员，学习外语，后回到南京，有通信往来）。当时校系常把我名中的"繁"字写成"凡"，我有时也这样写，省事呗。

历史系学生会主席是徐凯，其他成员有文娱委员原永堂、体育委员于学强、生活委员岳昇等。宣传委员可能是崔世国，我只是帮忙的。学生会与各班班委会联系，又有一批工作骨干，开展工作内容很丰富，发挥作用很大。以下选录历史系学生会1973年的工作总结"开头语"：

我们历史系学生会成立以来，在校党委和系党总支的领导下，积极开展了工作。宣传方面，配合开展批修整风，进行思想和政治路线方面的教育，结合教育革命的任务，办好黑板报，为"内部通讯"与广播电台组织稿件，在宣传群众、组织群众、教育群众方面起到了一定的作用；军体方面，抓了试行体育锻炼标准这个中心环节，举行了系秋季田径运动会和冬季越野比赛；文娱工作，在开展群众性大唱革命歌曲的基础上，举行了全系师生的歌咏比赛。系和各班都建立了业余文艺创作组和文艺队；在生活管理方面，抓了作风纪律，加强了集体观念的教育，经常检查作息制度、室内外卫生，预防疾病，协助食堂搞好伙食。实践使我们体会到：学生会是学生自己教育自己、自己管理自己的一种形式。

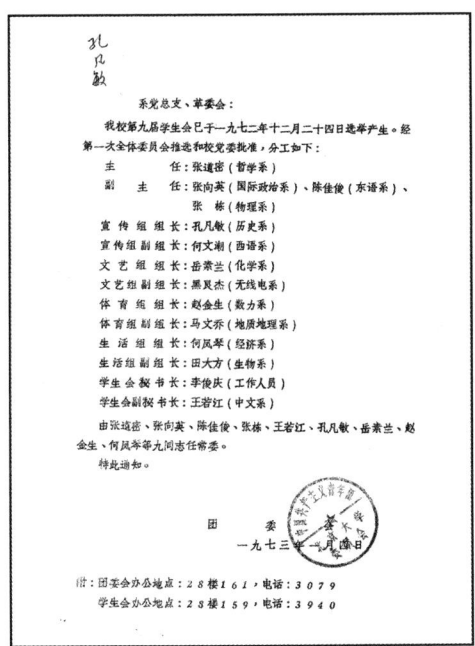

我被选到学校任学生会宣传组组长

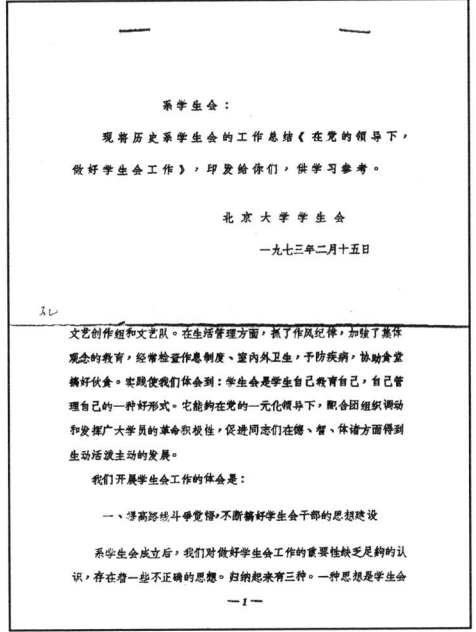

学生会工作总结

六、运动会及游泳等

我们在学习之余，经常开展文体活动。当时的生活补贴，按照《关于北京大学、清华大学关于招生（试点）的请示报告》，地方来的学员每月发给伙食费和津贴费19.5元（十年以上工龄的老工人由原单位照工资发放），解放军学员的伙食费和津贴由原部队供给，只是标准有所降低。粮食标准一般学员为32斤，部队学员45斤。发的钱粮虽不多，但大家玩得很快乐，身体普遍棒。有时为改善伙食，到校外的"长征食堂"，吃油条几分钱一根，被大家称为"学七食堂"（校内有6个）。历史系参加校运动会，成绩不错。

我参加过北京大学1971年田径运动会，跑400米得第二名，奖了一个日记本

北京大学1973年田径运动会，历史系获奖运动员

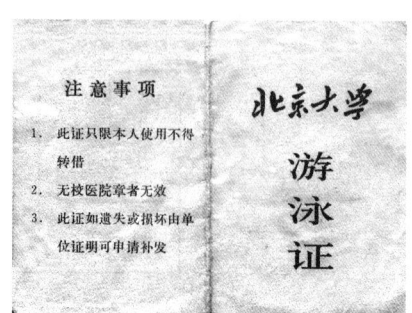

我们参加了北大五四操场建设工作，早上上操常去搬石头。后来常在游泳池游泳

七、参加外事接待工作

自1971年开展乒乓外交，1972年美国总统尼克松、日本首相田中角荣相继访华，国门打开，外交频繁。北京大学是外事接待的重点单位。为做好外宾接待工作，北京大学外事组于1971年12月、1972年3月和9月整理了《关于外宾提出的一些问题》以及《接待外宾需要回答的问题和我们准备提出的问题》等材料，内容涉及国际政治、教育革命、"文化大革命"、工农兵学员等，反映当时的观点。比如说问题：尼克松访华能对美国人民反帝有利吗？拟回答：社会主义国家的外交不影响美国人民的反帝斗争，谈判也是斗争。尼克松来是人民斗争的结果。尼克松如果继续推行战争政策，美国人民的反帝斗争不能停止。如果问到对聂元梓的看法，回答：她是中央委员，"文化大革命"开始起了积极作用，后来犯了错误，搞分裂武斗，现在检查，群众帮助她。见她不方便。

我作为北京大学工农兵学员代表参加过接待美国代表团，其中有黑人。清华大学工农兵学员代表是荣泳霖（听说后来他做了清华同方的董事长）。参加外宾接待前接受学习培训，具体接待内容记不清了。

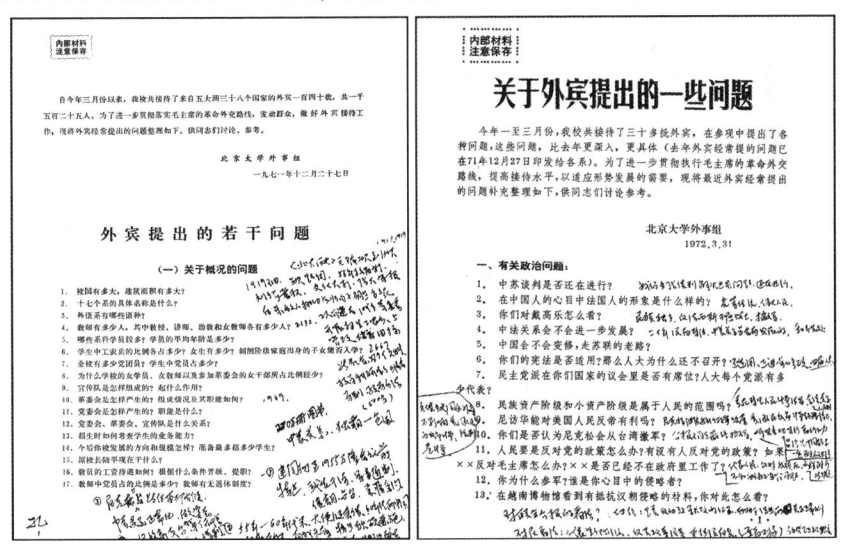

1971至1972年，北京大学外事组为做好外宾接待工作而整理的"内部材料"

八、1974 年毕业留校以后

留校以后任 1973 级班主任、中国古代史教研室党支部书记（师生合编支部）。留校开始准备让我研究中国近代史，后由于留校的马朝军、王桂玲调到市委宣传部，让我和刘华祝到中国古代史，中国近现代史分别是潘庆德、彭咏梅。王春梅当系领导、徐凯当校领导。李成言、卢自海分到外系任职。当时北大工会还利用晚间开外语班，我自愿参加日语班，坚持业余学习。当 1979 年北大历史系首次招收中国史专业研究生时，我报考邓广铭老师的研究生，顺利通过全国考试，成为北京大学历史系中国史专业首届研究生。

北京大学历史系欢送 1973 级支边务农学生留念

1982 年北大研究生毕业后又留校在中国中古史研究中心工作，继续研究宋代历史和整理古籍，兼任党支部书记。1986 年调到北京大学分校历史系，担任历史系党支部书记兼副系主任。1997 年以后先后任北京联合大学应用文理学院副院长、院长和党委书记。1997 年从大学教师走到党政领导岗位，主要原因是当时北京市改革干部任免制度，实施公开招聘局级领导干部，我当时可能是后备干部人选，领导组织我们参与，我想试一下也好，结果考中，一直在局级岗位工作 14 年，到 2011 年退休。

回忆当工农兵学员的那些事

北京大学历史系 1979 级研究生返校留念

回顾我个人的成长历程，一直和祖国同呼吸、共命运。我们所亲身经历过的特殊年代、特殊事件、特殊环境，使我们受到特殊历练。我要特别感谢北大，培育了我的心灵，增强了我的才干，引领了我的未来。从历史长河看，不同时期有着不同背景、不同发展、不同局限。我能在全国政治、文化中心地学习，能接触到那么多高水平的老师，能亲身经历那么多重大事件，这是很幸运的。在"蹉跎难忘的岁月"、复杂的客观条件下，每个人有自身的选择和价值取向，也难免留下一些遗憾事。历史就是历史，历史总在曲折中发展。我虽然受到"文革"的负面影响，"先天不足"，但也汲取了很多有价值的营养，特别是随着拨乱反正、改革开放，"后天大补"。比较一些同龄人的酸甜苦辣、百味人生，我是比较顺畅的。我的成长历程也是一部分有志青年在党的培养下曲折成长的生动写照。

2014 年春节期间写迄

（原载于北京大学历史系纪念集《岁月留痕》，2014 年）

附录：著述目录

独立或合作撰写学术著作

1. 《包拯年谱》，黄山书社，1986年。
2. 《国史镜鉴（谏诤篇)》，北京出版社，1993年。
3. 《包拯研究》，中国社会科学出版社，1998年。
4. 《中国古代监察制度发展史》（合著），人民出版社，2004年。
5. 《奥林匹克文化研究》（合著），人民体育出版社，2005年。
6. 《建设应用型大学之路》（合著），北京大学出版社，2006年。
7. 《应用型本科人才培养的实证研究》（合著），北京师范大学出版社，2010年。
8. 《北京体育文化研究》（合著），光明日报出版社，2011年。
9. 《中央苏区体育文化研究》（合著），人民体育出版社，2012年。

主编或参编图书资料

1. 《中国通史参考资料》参加编写（古代部分第五册），邓广铭主编，中华书局，1982年。
2. 《历代名人咏长城》（主编），北京大学出版社，1990年。
3. 《二十五史导读词典》（编委），华龄出版社，1991年。
4. 《北京建设与发展研究报告集锦》（主编），北京燕山出版社，2003年。
5. 《汉英北京2008年奥运会、残奥会常用词语手册》（副主编），世界图书出版公司，2008年。
6. 《奥林匹克与中国》（主编），北京出版社，2008年。
7. 《走向成功——北京奥运组织运行工作报告》（主编），北京体育大学出版社，2010年。

参加整理、校点、翻译等书目文献

1. 参加整理《全宋诗》（负责6人诗作的整理，收入第37、38册），北京大学出版社，1998年。

2. 参加校点《宋朝诸臣奏议》（总150卷，承担20余卷），上海古籍出版社，1999年。

3. 参加翻译北京大学人口理论研究所编《控制人口与发展经济》（大渊宽〔日〕《经济人口学の产生》部分），北京大学出版社，1985年。

4. 参加翻译刘俊文主编《日本学者研究中国史论著选译（第三卷）》，中华书局，1993年。

课题项目（省部级以上）

1. 《中国古代监察制度发展史》，国家社会科学基金一般项目，负责人贾玉英，本人第二作者，1998年。

2. 《奥林匹克文化研究》，北京市哲学社会科学"十五"规划项目，2002年。

3. 《北京体育文化发展现状与对策研究》，北京市哲学社会科学"十五"规划项目，2005年。

4. 《中央苏区体育文化与实践研究》，江西省高校德育研究基地重点招标课题，2006年。

5. 《北京奥运会筹办工作历程及经验借鉴》，北京市哲学社会科学"十一五"规划项目，2008年。

6. 《遵循科学发展观，建设高等教育强国——做强地方本科院校》，国家社科基金"十一五"规划教育学重点课题，负责人潘懋元，本人第三作者，子课题负责人之一，2008年。

音像专题

1. 《中国古代史新视点》（20讲VCD光盘），半岛音像出版社（"九五"国家重点音像出版工程），2000年。

2. 《千秋史话》之"包拯"（VCD），中国中央电视台，1997年。

3. 《千古包公》10讲，安徽新安大讲堂，2007年。

学术论文

（一）历史文化

1. 《江西出土宋代"澂海"军印简释》，《考古》1984年第11期。

2.《新版〈宋史·兵志〉校点补正》,中国历史文献研究会编《中国历史文献研究集刊》第 5 集,岳麓书社,1985 年。

3.《包拯奏议的版本及系年校补问题》,《江淮论坛》1985 年第 6 期。

4.《包拯仕履考略》,《安徽史学》1986 年第 3 期。

5.《南宋初年的诸大将兵》,《南开史学》(半年刊) 1986 年第 2 期。

6.《〈包拯奏议系年考〉补正》,〔日〕木田知生、孔繁敏,《中国史研究》1987 年第 1 期。

7.《明代南京仓场及残存的公文资料》,《文献》1988 年第 2 期。

8.《南宋的三衙诸军》,《北京联合大学学报》1988 年第 1 期。

9.《赵汝愚〈国朝诸臣奏议〉初探(上)》,《文献》1989 年第 1 期。

10.《赵汝愚〈国朝诸臣奏议〉初探(下)》,《文献》1989 年第 2 期。

11.《梅原郁〈宋代官僚制度研究〉述要》,《中国史研究动态》1990 年第 5 期。

12.《略论中国封建皇帝的后妃》,《北京联合大学学报》(哲社版) 1991 年第 1 期。

13.《宋代杭州的驻军》,《北京联合大学学报》1992 年第 2 期。

14.《明代赋役供单与黄册残件辑考(上)》,《文献》1992 年第 4 期。

15.《明代赋役供单与黄册残件辑考(下)》,《文献》1993 年第 1 期。

16.《包拯与庆历新政》,《河南大学学报》1993 年第 1 期。

17.《论中国古代谏诤的几个问题》,《北京大学学报》(哲社版) 1994 年第 5 期。

18.《宋国史及〈宋史·包拯传〉辨正》,《安徽史学》1995 年第 1 期。

19.《"青天"依旧在,正气贯千秋》,《东方文化》1995 年第 2 期。

20.《唐代广东的佛教》,孔繁敏、张连城,《中外关系史论丛》第 5 辑,书目文献出版社,1996 年。

21.《危素与〈宋史〉的纂修》,《燕京学报》新 2 期,北京大学出版社,1998 年。

22.《漫谈元修辽金宋三史》,《二十五史故事全编》,中国书籍出版社,1998 年。

23.《清官与清官文化》,《天人之际 古今之间——中国传统文化通论》,北京图书馆出版社,1998 年。

24.《历史丰碑,文学瑰宝——长城沿革与长城诗歌》,《天人之际 古今之间——中国传统文化通论》，北京图书馆出版社，1998年。

25. 《包拯与廉政》，《澳门日报》1999年3月29日。

26. 《我所敬重的吴小如先生》，《炎黄春秋》增刊《炎黄文化研究》第6期，1999年。

27. 《包公传说研究》，《北京联合大学学报》1999年第4期，收入苑利主编《二十世纪中国民俗学经典》，社会科学文献出版社，2002年。

28. 《包拯、清官与廉政》，《包拯研究与传统文化》（纪念包拯诞辰千年论文集），安徽人民出版社，2001年。

29. 《包拯史学研究述略》，《包拯研究与传统文化》（纪念包拯诞辰千年论文集），安徽人民出版社，2001年。

30. 《略论北宋初年的中央集权》，《丰盛文集》，北京燕山出版社，2001年。

31. 《吴小如先生教我怎样读书》，《文史知识》2002年第7期。

32. 《文化的多元交融与竞争》，《北京联合大学学报》2002年第16卷增1期A辑（2002国际交流研讨会论文专辑）。

33. 《晚清对韩政策的演变与教训》，《北京联合大学学报》2002年第3期，2002年。

34. 《从台湾包公庙看两岸文化之传承》，《中国评论》2002年第4期，香港中国评论文化有限公司出版发行。

35. 《考索包家源流　弘扬包公精神》，《孝肃包公家族考略》序言，见http://blog.sina.com.cn/s/，2003年1月。

36. 《论忽必烈统一中国及其历史作用》，《蓟门集·元世祖研究》，北京燕山出版社，2006年。

37. 《略论中国古代谏诤的理论依据与实践经验》，《蓟门集·历史档案学研究》，北京燕山出版社，2006年。

38. 《试论中国古代谏诤的理论依据》，杨杰、孔繁敏、艾晶，《南昌教育学院学报》2008年第1期。

39. 《努力推进文化北京的形象建设》，北京蓝皮书：《北京文化发展报告（2007—2008）》，社会科学文献出版社，2008年。

40. 《中外饮食文化概述》，蔡同一主编，《食品科技与食品安全》，2008年。

41. 《包拯在宋代的地位及影响》，《邓广铭教授百年诞辰纪念论文集》，中华书局，2008 年。

42.《从朋党之争看包拯与范仲淹》，《第二届中国范仲淹国际学术论坛论文集》，2008 年。

43.《元朝的两都巡幸及长城边塞诗》，《北京联合大学学报》2009 年第 2 期。

44.《突出北京文化创新的特色》，《北京精神百家谈》，北京出版社，2011 年。

45.《宋元时期"清官"含义的变化及其原因》，《北京联合大学学报》2011 年第 2 期。

46.《包拯的法治思想与断案特色》，《北京联合大学学报》2011 年第 4 期。

47.《包公的人格魅力与历史价值》，台湾何福田主编《包青天》，乐学书局、新人类文明文教基金会出版，2014 年。

48.《儒家思想与现代教育（台湾）》，《台鲁儒家文化与现代化论文集》，2014 年。

49.《〈宋史·职官志〉史料来源考辨》，《史学史研究》2014 年第 4 期。

50.《回忆当工农兵学员的那些事》，北京大学历史系纪念集《岁月留痕》，2014 年。

（二）高等教育

1.《坚持应用学科的办学方向》，《改革报》1999 年 6 月 11 日。

2.《正确处理大学英语教学中的矛盾关系》，《北京联合大学学报》2000 年第 14 卷增 1 期 B 辑（外语教学研究专辑）。

3.《访谈：大学校长面对面》，《北京信报》2002 年 12 月 11 日（上篇、人才培养）第 12 版，12 日（下篇、办学理念）第 12 版。

4.《努力办好应用学科　为首都现代化建设服务》，《北京教育（高教版）》2003 年增刊。

5.《积极利用国际教育资源　促进学院的建设与发展》，孔繁敏、滕菁、宋清，《北京教育（高教版）》2003 年增刊。

6.《高等教育发展的新阶段与提高教育教学质量》，《北京观察》2003 年第 8 期。

7.《留学新形势与我国居民教育消费的增长》，《中美韩〈生活质量〉国际学术论文集》，2004 年。

8. 《关于加强高校领导廉政建设的思考》，北京联合大学《党建和思想政治工作研究》2004 年第 4 期。

9. 《应用型教育的抉择与探索》，《中国高等教育》2004 年第 15、16 期。

10. 《对近年留学新形势与人才流动现象的思考》，《出国留学工作研究》2004 年第 4 期。

11. 《关于创建应用型大学的几点思考》，《北京教育（高教版）》2004 年第 7 期。

12. 《应用型大学：普通教学型本科院校的发展方向》，《光明日报》2005 年 6 月 15 日第 5 版。

13. 《普通教学型本科院校向应用型大学发展的思考》，孔繁敏、陈朝雁，《北京教育（高教版）》2005 年第 10 期。

14. 《以德治国与"两课"建设》，《教学·理论·新探索》，冶金工业出版社，2006 年。

15. 《美国大学的分类特点及对我们的启示》，《学习与思考——北京高校正职领导干部赴美教育管理培训成果汇编》，首都师范大学出版社，2006 年。

16. 《发展应用性教育的理论与实践探索》，《北京联合大学学报》2006 年第 20 卷增 1 期（教育教学研究专辑）。

17. 《我国近年留学工作发展与人才流动的思考》，《北京联合大学学报》2008 年第 1 期。

18. 《关于高校领导干部廉洁从政的思考》，《高等学校纪检监察工作研究（六）》，中国人民大学出版社，2008 年。

19. 《应用文理学院"十五"时期应用型办学定位的思考与表述》，《心中的记忆》，北京出版社，2008 年。

20. 《应用型学科专业的改革与实践探索》，《北京教育（高教版）》2008 年第 7、8 期。

21. 《应用型本科院校的结构与分类》，《中国教育报》2010 年 5 月 17 日（高等教育周刊）。

（三）体育文化

1. 《奥林匹克文化论》，《体育与科学》2003 年第 1 期。

2. 《奥林匹克教育与大学》，孔繁敏、邹美华，《2003 北京奥运经济报告》，北京出版社，2004 年。

3.《小平与奥运》,《投资北京》2004年第10期。

4.《在大学中实施奥林匹克教育的调查与思考》,孔繁敏、李岩,《北京联合大学学报》2004年第4期。

5.《论奥林匹克文化的交融、内涵与创新》,《体育文化导刊》2005年第5期。

6.《北京奥运文化遗产的内涵及实施方式》,孔繁敏、李岩,《体育与科学》2005年第4期(总第155期)。

7.《北京市社区体育发展现状及对策建议》,孔繁敏、李岩、冯霞,《体育文化导刊》2006年第2期。

8.《奥运对增强民族凝聚力的作用》,《2005北京奥运经济报告》,北京出版社,2006年。

9.《首都体育文化的范畴及建设措施》,《人文奥运与文化北京:2008北京文化论坛》,吉林大学出版社,2006年。

10.《从海外华人情系奥运看增强民族凝聚力》,《北京联合大学学报》2006年第3期。

11.《奥林匹克运动与中华民族凝聚力》,《体育文化导刊》2007年第1期。

12.《借助北京奥运 塑造文化北京》,《北京联合大学学报》2007年第2期。

13.《北京人文奥运与体育道德建设》,孔繁敏、万月红,《人文奥运文明北京》,大众文艺出版社,2007年。

14.《我国青少年奥林匹克教育的成就及改进建议》,《2007北京奥运经济报告》,北京出版社,2008年。

15.《现代奥运会突发事件的类型、背景成因及处理对策》,孔繁敏、李岩,《2007北京奥运经济报告》,北京出版社,2008年。

16.《奥林匹克运动——增强民族凝聚力的新引擎》,《前线》2008年第6期。

17.《从龙舟赛艇发展看中西体育文化差异》,《体育文化导刊》2008年第9期。

18.《首都体育文化的范畴及建设措施》,北京蓝皮书:《北京文化发展报告(2007—2008)》,社会科学文献出版社,2008年。

19.《北京奥运的精神遗产"永不贬值"》,《大地》双周刊,2008年第

19期。

20.《北京奥运与大学教育》,《北京教育(高教版)》2008年增刊("奥运与首都高等教育"优秀论文选编)。

21.《奥林匹克文化之旅》,《工会博览》2008年第11期。

22.《北京奥运会志愿者系统工程及其成果转化》,北京蓝皮书:《北京文化发展报告(2008—2009)》,社会科学文献出版社,2009年。

23.《北京奥运惠及百姓的精神遗产》,《2008北京奥运经济报告》,北京出版社,2009年。

24.《人文奥运遗产与"人文北京"建设》,《北京联合大学学报》2009年第4期。